KNAUR

Über das Buch:
Aufgewachsen als Nachkriegskind in Berlin, wurde Carmen-Maja Antoni früh fürs Fernsehen entdeckt und als jüngste Studentin an der Film- und Fernsehhochschule Potsdam aufgenommen. Mit der Gage half sie ihrer alleinerziehenden Mutter, die Familie zu ernähren.
Ob in der Rolle der Grusche in Bertolt Brechts *Der kaukasische Kreidekreis*, als Shen Te in seinem Stück *Der gute Mensch von Sezuan* oder als Eva in *Herr Puntila und sein Knecht Matti:* Schauspielerin Carmen-Maja Antoni ist ein Ausnahmetalent und eine Verwandlungskünstlerin.
In ihrer Autobiografie wirft sie einen Blick zurück: auf ihre Kindheit in Berlin, ihre ersten Erfahrunglen im Fernsehen als gerade mal Elfjährige, ihre Zeit an der Volksbühne und am Berliner Ensemble in der DDR und die Zeit vor und nach dem Fall der Mauer.

Über die Autorin:
Carmen-Maja Antoni, 1945 geboren, hat mit der Journalistin und Autorin Brigitte Biermann ihre Autobiografie geschrieben. Nach dem Studium war sie am Hans Otto Theater und an der Berliner Volksbühne engagiert und kam 1976 ans Berliner Ensemble. Sie übernahm viele Film-, Fernseh- und Hörspielrollen und arbeitete als Dozentin an der Filmhochschule »Konrad Wolf« und der Schauspielschule »Ernst Busch«.

CARMEN-MAJA
ANTONI

mit Brigitte Biermann

Im Leben gibt es keine Proben

KNAUR

Besuchen Sie uns im Internet:
www.droemer-knaur.de

MIX
Papier | Fördert gute Waldnutzung
FSC® C014496

Vollständige Taschenbuchausgabe Juni 2025

Ein Imprint der Verlagsgruppe Droemer Knaur GmbH & Co. KG
Maria Luiko-Straße 54, 80636 München

Covergestaltung: Verlagsgruppe Droemer Knaur
Coverabbildung: Ute Mahler/OSTKREUZ
Satz und Layout: Adobe InDesign im Verlag
Druck und Bindung: GGP Media GmbH, Pößneck
ISBN 978-3-426-56229-1

Kontaktadresse nach EU-Produktsicherheitsverordnung:
produktsicherheit@droemer-knaur.de

2 4 5 3 1

Für Jacob und Jenny

Inhalt

Die Antoni

In der Spielzeit 1971/72 lernten wir uns kennen, als wir gemeinsam von der Berliner Volksbühne engagiert wurden. Die Schauspielerin Carmen-Maja Antoni kam vom Potsdamer Theater, wo die kleine Frau bereits große Erfolge gefeiert hatte. Einar Schleef hatte Bühnenbild studiert und war nach Exmatrikulation und erneuter Immatrikulation Meisterschüler an der Akademie. Und ich kam mit einem Logik-Diplom als Dramaturg zu Benno Besson zurück, bei dem ich ein paar Jahre zuvor schon gearbeitet hatte. Drei Anfänger, jung und ehrgeizig und gewillt, das ganze alte Theater umzukrempeln.

Schleef legte vor. Er entwarf für den *Don Gil von den grünen Hosen* ein Bühnenbild in Schwarz. Alles war schwarz, die Wände, die Bühnenbauten, die Kostüme. Revolutionär eben. Der großherzige Besson war außer sich, versuchte in langen Gesprächen, uns diesen ästhetischen Unsinn bei einer Komödie auszureden, und verbot schließlich, da Schleef sich heftig wehrte, ein solch niederdrückendes Bühnenbild. Carmen-Maja gelang es mit ihrem Witz und Charme, den wütenden, laut tobenden Schleef wieder ins Haus und an die Arbeit zu holen. Mit dem Trotz eines Kindes kippte er alles um 180 Grad, das vormals schwarze Bühnenbild wurde weiß. Alles, aber auch wirklich alles auf der Bühne war nun weiß. Nur Carmen-Maja, die die Hauptrolle spielte, steckte in einer grünen Hose, mit der sie auf dieser weißen Bühne und von den weißen Kostümen ihrer Mitspieler ungemein hervorstach. Und sie raste über die Bühne, verzückte das Publikum, bezauberte es.

Sie strahlte Spielwitz, Theaterlust, Präsenz aus, und ihr Publikum liebte sie. Das blieb so, an der Volksbühne, an den Theatern, an denen sie gastierte, am Berliner Ensemble. Sie war der Narr, ein weiblicher Clown, der zuweilen bösartige Schalk. Witz und Ironie sprühen aus ihren Augen. Mit ihrem Lachen, einem Glucksen und Krähen, entkrampfte sie schwierige Arbeitssituationen und brachte die Bühne zum Leuchten. Die Komödie, schien es, war ihr Fach, und je älter sie wurde, desto komischer konnte sie sein.

Mit der gleichen Eleganz und Vollkommenheit von Gestik und Körpersprache eroberte sie sich mit den Jahren die großen, ernsten, tragischen Rollen der Bühnenliteratur. Die älteren und auch alten Frauen, die sie nun spielt und mit denen sie zu einer der führenden und das Theater tragenden Schauspielerinnen wurde, ergreifen das Publikum. Wenn sie mit dem Wagen der Courage kämpft oder die stumme Verzweiflung einer ohnmächtigen Mutter mit einer winzigen Geste andeutet, zeigt sie uns den Irrsinn der Welt und das Leid der Kreatur.

Nach wie vor erobert Carmen-Maja Antoni ihr Publikum – in Berlin, in Deutschland, bei den Gastspielen und Auftritten in aller Welt. Die Liste ihrer Kinofilme und Fernsehproduktionen ist lang, außerordentlich lang, als habe diese Schauspielerin täglich mehr als nur vierundzwanzig Stunden zur Verfügung. Und ungebrochen sind ihre Kraft und ihre Energie. Noch immer sprühen aus ihr Lebenslust und Spielfreude. Diese kleine große Kämpferin vermag mit ihren leuchtenden Augen, ihrer unverwechselbaren Stimme, ihrem Körper die größten Bühnen zu füllen, das Publikum zu verzaubern und zu begeistern. Diese Frau ist eine der ganz Großen des Theaters, des Films, des Spiels.

Christoph Hein

Prolog

Wohin ich auch kam, fast immer war ich die Kleinste, meist die Jüngste, und dann auch noch komisch – so landet man leicht in einer Schublade. Alles, was in der Kindheit durchaus vorteilhaft war, erwies sich im Erwachsenenleben als Problem: Groß und blond ist besser als klein und blond, zumindest in meinem Beruf, langes Haar ist besser als kurzes, gelocktes noch besser als glattes, und lange Beine wirken mehr als kurze. Nicht, dass ich Minderwertigkeitskomplexe hätte, davon bin ich weit entfernt, aber derartige Urteile klangen häufig in Besetzungsbüros in Ost und West durch: »In der Rolle sehe ich Sie nicht.« »Ich glaube, wir nehmen einen anderen Typ.« »Toll gespielt, aber wir haben uns anders entschieden.«

Was mich jedes Mal aufs Neue verwunderte, denn sie hatten mich ja bestellt, wussten, wie ich aussehe.

Schon bei der DEFA entsprach ich nicht dem Frauenbild der Regisseure. So bekam ich sehr viele kleine, ein paar mittlere und selten große Rollen. Doch ich habe nie gehadert, ich nenne es meine »Lichter-Karriere«, weil jede Figur leuchtete. Immer hatte ich eine Große oder einen Großen als Partner, und ich hielt mit.

Zwei dieser »Lichter« strahlen für mich besonders hell. In Michael Hanekes *Das weiße Band* war ich die Nachbarin, die eine Leiche zu waschen hat. Die lebensnahe, dunkle Thematik des Films faszinierte mich, ließ mich schaudern. Ich war neugierig darauf, Haneke bei der Arbeit zu erleben. Ein sehr strenger, sehr bestimmter, sehr ernster Mann mit einem garstigen österreichischen Humor, präzise bis in die kleinste Einstellung. Obwohl ich im Film nur kurz zu sehen bin, stellte er an meine Figur so hohe Anforderungen wie an die Hauptdarsteller. Seine Anweisungen bei den Proben kamen als sanfte Forderungen: »Ein wenig mehr …, weicher, bitte, nicht so streng … Schauen Sie sehr lange auf den Partner … So ist es gut, ja, danke, das ist gut.« Und später, als die Szene im Kasten war: »Das war eine wichtige kleine Szene. Sicher zu klein für Sie, aber sehr gut – Sie verstehen mich?«

Ich verstand, denn solche Worte geben einem das Gefühl, wertvoll zu sein, und das spornt an.

Und dann die Begegnung mit Regisseur Stephen Daldry und Kate Winslet in *Der Vorleser.* Der Duft von Hollywood in Berlin, und ich durfte daran schnuppern. Das Casting in englischer Sprache, ein Jauchzer, als ich besetzt war, Herzrasen beim Dreh, Staunen über das ganze Drumherum: Ich betrat den Drehort mit einem Bodyguard, der mich zu einer Kontaktperson eskortierte, die wiederum brachte mich zum Costumer, dem Kostümmann, wieder ein anderer junger Mann, ein sogenannter Setrunner, geleitete mich zur Garderobiere, die mich anzog. Der Nächste ging mit mir zur Maske in ein Wohnmobil, wieder ein anderer zum Warten in ein anderes Mobil, von wo mich erneut ein Bodyguard zum Dreh brachte. Dort saß eine junge Frau, die in Figur und Farben Kate Winslet entsprach, sie war das Licht- und Spieldouble. Mit ihr probierte ich die Szene, bis alles geklärt war, dann erschien Miss Winslet.

Einen solchen Aufwand, eine solche Sorgfalt und Fürsorge am Drehort kannte ich nicht.

Am Set sprach man – bei internationalen Produktionen selbstverständlich – Englisch, und ich fuhr meine Antennen zu hundert Prozent auf Sendung. Am Wall Street Institute hatte ich mein Englisch aufpoliert.

Später synchronisierte ich meine eigenen englischen Sätze ins Deutsche.

Ich spielte im *Vorleser* eine Gefängnisbibliothekarin, und als ich mit Kate Winslets Double probierte, schaute ich die kleine Gefängnisbibliothek durch, die für diesen Take aufgebaut war. Im Film verlangt Kate nach der *Dame mit dem Hündchen,* aber bei der Probe spielte das keine Rolle, ich sollte irgendein Buch nehmen. Ich griff nach dem *Untergang der Titanic* und musste in mich reinkichern. In dem Moment kam Kate, ich breitete meine Arme aus, wie sie es in dem Film vor Leonardo DiCaprio an der Reling getan hatte, und sie bekam einen herrlichen Lachanfall. Das Eis war gebrochen, wir plauderten kurz miteinander, und später ließ sie uns beide zusammen fotografieren, obwohl das Fotografieren unerwünscht war. An diesem Tag bekam ich eine Ahnung von Hollywoods Filmfabrik.

Kleinste Rollen sind also nur kurz, nicht klein. Sie sind das Salz in der Suppe der Hauptdarsteller.

Eine Hauptrolle spielte ich in dem Film *Kindheit.* Viele unbekannte Kolleginnen und Kollegen spielten mit. »Das ist doch der Film mit den sehr guten Gesichtsfünfen«, hieß es. Ich weiß nicht, wer den Begriff erfunden hat, und eigentlich ist das ungerecht, denn fünf ist fünf, auch wenn sie gut sind.

Meine Chancen sind Milieustudien oder historische Filmstoffe – *Wege übers Land, Kleiner Mann, was nun?, Johannes Kepler, Der Laden.* Dabei gelten andere Kriterien, Gott sei Dank. Denn manchmal bin ich doch erschüttert, wer was spielt und wie wenig gut …

Man nannte mich die Ost-Masina, bescheinigte mir Verschmitztheit, fand mein Spiel hinreißend komisch und herzzerreißend traurig, clownesk und spitzbübisch, überzeugend und kraftvoll, ein Energiebündel mit beeindruckender Stimme – solche Kritikermeinungen wiegen geschmäcklerische Ablehnungen allemal auf.

Ich habe viel darüber nachgedacht, warum Blond durch Männerfantasien spukt, angefangen bei Darstellungen der Aphrodite über die Jungfrau Maria, die beide garantiert schwarzhaarig, weil südländisch waren, bis hin zu Marilyn Monroe, auch von Natur aus brünett. Es muss mit dem uralten Vorurteil zusammenhängen, Blondinen seien nicht nur erotisch und verführerisch, sondern auch kindlich-naiv und unterwürfiger.

Auch am Theater ist die Besetzung Glückssache. Ich hatte oft Glück, erwischte grandiose Rollen, wahre Träume. Aber Theaterregisseure bevorzugen ebenfalls bestimmte Typen. Deshalb singe ich ein Loblied auf meine Zeit am Hans Otto Theater Potsdam. Dort durfte ich alles spielen, alles ausprobieren, es zählte das Experiment, nicht nur die Wirkung.

Ich bekam etliche Hosenrollen, die eigentlich Männerrollen heißen müssten, denn die Hose ist ja kein Requisit: Don Gil, Gigolotti, Horatio, Herakles, Max Gericke, Arlecchino.

Don Gil von den grünen Hosen bot meine erste Begegnung mit Einar Schleef. Sein Bühnenbild war so fantastisch, poetisch, vergleichbar nur mit dem der *Doña Rosita* von Horst Sagert am Deutschen Theater. Von Schleefs Ausstattung lebte die ganze Inszenierung. Wir trugen Papierkostüme, die ausgeschnitten, bemalt, gefaltet worden waren – jedes ein Unikat, ein Kunstwerk. Ursula Karusseit und Walfriede Schmitt sahen aus wie riesige, aufgetakelte Schiffe, ab der Taille ausfahrend, monumental.

Don Gil, den die Frauen liebten, war meine weiblichste Rolle, dieser kleine, zarte Mann mit der feinen Lebensart, der unter diese Röcke passte und in Wirklichkeit Doña Elvira hieß.

Den *Arlecchino* von Busoni spielte ich 1985 beim Hans-Werner-Henze-Festival in Montepulciano als kleinen Macho mit Lederjacke, Rockerhosen und Glatze. »Androgyn« nannte das Regisseur Peter Konwitschny. Er scheuchte die Sänger über die Bühne, versah sie mit modernen, ungewohnten Requisiten, ließ sie auf Leitern klettern und über Stühle springen. Einige vergaßen auf den Proben das Singen und moserten lauthals, weil sie sich so erschöpft fühlten. »Rigorose Qual«, schimpften sie. Für mich bedeutete, von der Musik diszipliniert und gejagt zu werden, große Aufregung und neue Erfahrung. Konwitschny beherrscht die Musik, somit hat er die Sänger verändert, denn sie übten Gehorsam gegenüber dem Fakt des Schauspiels.

Ich legte Frauen flach, agierte wie ein Rüpel, sprang durch ein Fenster. Das Publikum tobte. Mitten in den Abschlussapplaus hinein zischte mir Peter Konwitschny zu: »Nimm die Glatze ab!«

Das Publikum reagierte geschockt, der Beifall wurde dünner, ging über in Getuschel. Ich war sehr stolz, beim Spiel nicht als Frau erkannt worden zu sein. Die Machos im Publikum schienen irgendwie getroffen, die Frauen riefen »bravo!«. Und Konwitschny lachte sein triumphales Lachen. Der Saal brodelte. Und die zweite Vorstellung wurde der Brüller. Offenbar hatte sich herumgesprochen, dass Arlecchino von einer Frau gespielt wurde.

Früher gab es an allen deutschen Bühnen das sogenannte Fach, das benannte eine Einstufung. Man begann zum Beispiel als muntere Naive, spielte dann Mütter und Charakterfach, später die Alte und kurz vor Schluss die komische Alte. Den Begriff Fach gibt es nicht mehr, er wurde durch das Wort Individualität ersetzt. Wie auch immer, da jede Rolle ein Traum für mich ist, wird es auch immer wieder Traumrollen geben.

Nachkriegskindheit

Ich war ein Nachkriegskind, ein Künstlerkind, ein Nachbarskind unter vielen. Und ich war immer zu klein. Vielleicht zeichnet das ein Kind aus oder zeichnet es. Meine Eltern heirateten 1942 schnell und katholisch unterm Tannenbaum. Hochzeit unterm Tannenbaum – kurzer Traum, wie der Volksmund sagt. 1944 erstes Kind, meine Schwester, 1945 zweites Kind, ich – das Nichtwunschkind, das nicht mehr gewollte in diesen Zeiten, und dann nicht mal ein Junge. Einmal hörte ich über mich sagen, »dass dieses Kind nicht nötig gewesen wäre«. Schon damals war der Traum meiner Eltern von der Liebe ausgeträumt, fünf Jahre später ihre Ehe zu Ende.

Wir wohnten in einer Reihenhaussiedlung in Berlin-Adlershof, in der wegen der Nähe zum Fernsehfunk und der Akademie der Wissenschaften etliche Künstler, Schriftsteller und Wissenschaftler lebten. Klein-Worpswede nannte man die Siedlung. Die Häuschen sind winzig: oben zwei Zimmer und Bad, unten Wohnzimmer und Küche, davor ein Stück Garten.

Mein Vater war Kunstmaler. An ihn habe ich wenige und sehr seltsame Erinnerungen, eigentlich erinnere ich mich nur an meine Sehnsucht nach ihm.

Wie gesagt, ich war sehr klein, und wenn er mich mitnahm zu potenziellen Kunden, um seine Bilder zu verkaufen, lief er wahnsinnig schnell. Ich rannte an seiner Seite, war froh, wenn wir irgendwo angekommen waren und sitzen konnten. Er hatte seine Bilder fotografiert und zeigte den Leuten die Fotos. Als ich längst erwachsen war, traf ich gelegentlich Menschen, die mir erzählten, dass in ihrem Wohnzimmer ein Bild meines Vaters hinge.

Der Beruf des Kunstmalers war in damaliger Zeit genauso brotlos wie heute. So drehte sich jeder Streit im Haus ums Geld.

Mein Vater hatte sich sein Atelier mit Staffelei auf dem Dachboden eingerichtet. Dort fand er Ruhe zum Malen und seine Form von Freiheit. Meine Mutter hingegen war temperamentvoll, ungestüm. Wie oft ignorierte er ihre minutenlang wiederholten Rufe nach ihm: »Pedro, komm essen! Pedro, Essen ist fertig …!« Nicht nur einmal schmiss sie den Topf mit dem heißen Essen vor seine Ateliertür, weil Pedro sich nicht blicken ließ. Um Stunden später die Kartoffeln und das Gemüse zusammenzuklauben und die Treppe zu wischen. Da tat sie mir immer leid.

Es gab Kräche oder Totenstille im Haus. Bei Krächen war mein Vater passiv, bei der Stille meine Mutter. Sie schrieb dann stundenlang auf ihrer Continental-Schreibmaschine kleine Geschichten oder beschäftigte sich mit Handarbeiten.

Vor lauter Kinderstress und Geldsorgen vergaßen meine Eltern, miteinander zu sprechen. Sie waren einfach zu jung, um alle Probleme zwischen zwanzig Windeln pro Tag – wir Schwestern waren ja nur eineinhalb Jahre auseinander –, dem Haushalt und dem Geldverdienen lösen zu können. Sie trennten sich, aber geschieden wurden sie später aus der Ferne durch Professor Kaul, der auf derartige Problemfälle spezialisiert war. Da war mein Vater nämlich schon längst über alle Berge.

Er zog aus, sein Atelier verlagerte er nach Köpenick. Nur selten klappten die Verabredungen mit ihm. Er teilte meiner Mutter wohl mit, dass er uns Kinder sehen wolle, aber dann sagte er plötzlich ab, oder er tauchte unangemeldet auf.

Er brachte mir merkwürdige Dinge mit, ein kleines rotes Spielzeugauto zum Beispiel, mit dem ich nichts anfangen konnte. Mal eine Tüte getrockneter Apfelschnitze aus seinem Garten in Zeuthen, mal ein Taschentuch, bestickt mit einer Blume, mal drei Blümchen – für mich sinnlose Gegenstände. Nie schenkte er mir, was ich mir gewünscht hätte. Ihm fehlte jeglicher Sinn für das, was Kinder mögen.

Für mich war es wunderschön, wenn ich ihn im Atelier besuchen durfte. Ich fuhr mit der Straßenbahn-Linie 84 vom S-Bahnhof Adlershof bis zum Rathaus Köpenick, wo ich an den Hauptmann denken musste, der alle so lustig betrogen hatte mit seiner Uniform.

Die Goldrahmen für seine Bilder baute mein Vater selbst. Im Atelier roch es nach Knochenleim, der auf einem gusseisernen Ofen vor sich hin brodelte, in einem Wasserglas schwammen die Leimperlen, zwischen Blattgold, Zigaretten, einem Aschenbecher zum Zuklappen lag Brot auf einer Zeitung. Fragte ich nach Fett oder Butter, sagte er, Butter sei zum Kochen, nicht fürs Brot. Ich saß auf seinem Schoß und sah zu, wie er Ansichten von Sorrent und Genua malte, den Markt von Sizilien und Tiroler Berglandschaften. Er kopierte auch Bilder großer Meister. Wir redeten kaum miteinander, manchmal malte auch ich, und Stunden später brachte er mich zurück zur Straßenbahn.

Nach meiner Einschulung trat Funkstille ein, dann hörten wir: Er war mit einer anderen Frau und unserem Setter Asta nach Westdeutschland abgehauen. Meine Mutter hatte keine Ahnung, wo er abgeblieben war.

Da war ich acht, ein kleines Mädchen, das einen Vater gebraucht hätte, das so lange auf einen Vater hoffte, sich nach ihm sehnte, bis es die Vater-Arbeit im Haushalt selbst erledigte und schon mit zehn Jahren Geld verdiente.

Er fehlte mir sehr, deshalb erfand ich viele Geschichten um meinen Vater, habe ihn in meinen Träumen idealisiert und mich nach diesem Ideal gesehnt.

Ich glaube, in diesem Verlust, in dieser Sehnsucht lag die Ursache für die retardierenden Momente in meinem Frau-Werden.

Später erfuhr ich, dass er Spezialist für italienische Farbmischungen war. Als unsere Klasse einen Ausflug in die Dresdener Gemäldegalerie machte, sah ich ihn auf einem Foto: In weißem Kittel mit schwarzer Baskenmütze stand er auf einer Leiter, aus der Bildunterschrift ging hervor, dass er mitgeholfen hatte, die Sixtinische Madonna zu restaurieren. Da war ich unglaublich stolz.

Wiedergesehen habe ich ihn, als ich zwölf war. Meine Mutter hatte erfahren, dass er in Hessen lebte und dass seine Mutter ihren hundertsten Geburtstag feierte. Die Verwandten luden mich und meine Schwester ein. Als ich ihm gegenüberstand, bin ich fast umgefallen: Die gleiche Nase wie meine, ich bin ihm wie aus dem Gesicht geschnitten.

Wir konnten nicht viel miteinander anfangen. Mein Vater klapste mir auf den Hintern, behandelte mich wie das kleine Mädchen, das er einst verlassen hatte, und seine Frau mochte ich überhaupt nicht. Mit dieser Begegnung war meine Vatersehnsucht erloschen. Ich litt, weil ich fühlte, dass er mich nicht in den Arm nehmen wollte. Er tat es auch nicht, konnte es nicht. Er war offenbar enttäuscht von mir und meinem Wesen.

Viel später, 1985, ich spielte am BE, erschien nach einer Vorstellung ein Mann in meiner Garderobe und fragte, ob ich verwandt sei mit Pedro Antoni. Der Mann, so stellte sich heraus, war einer meiner Cousins. Er überredete mich, mit meiner Schwester zum siebzigsten Geburtstag unseres Vaters zu kommen. Ich war Reisekader, wie das damals hieß, reiste mit dem Ensemble um die Welt. Für meine Schwester übernahm ich die Bürgschaft, denn für sie bedeutete es unglaublich viel, den Vater noch einmal zu sehen.

Wir schrieben uns danach noch einige Briefe, besuchten uns einmal, und zehn Jahre später starb mein Vater.

Er hinterließ zwei Frauen mit gleichem Vor- und Zunamen.

Meine Mutter war achtzehn, als sie meinen Vater, der zehn Jahre älter war als sie, heiratete, mit fünfundzwanzig hatte sie zwei Kinder, ein Leben hinter sich und die Hoffnung auf ein neues. Es gab genug Männer, die sie begehrten, denn sie war schön: rabenschwarze Haare, wunderschöne dunkelgrüne Augen, ein Körper wie eine Gazelle und Beine wie die von Marlene Dietrich.

Und sie war vielseitig begabt, eine Lebens- und Allroundkünstlerin. Eine Zeit lang arbeitete sie in Westberlin in einem Geschenkeladen als Verkäuferin. Später fand sie Arbeit als Moderatorin beim Radio in der Masurenallee. Um zusätzlich Geld zu verdienen, entwarf sie für andere Leute Kleider, Blusen und Hosen, zeichnete die Schnittmuster auf Zeitungspapier und schnitt sie aus. Ich sehe sie vor mir, wie sie mit dem Schnittmusterrädchen hantierte, einem gezackten Rad an einem Holzgriff. Sie war unglaublich erfinderisch, häkelte in feinster Gabelarbeit Schals. Sie bestrickte uns aus Wollresten, nähte aus abgelegten Sachen Kleider für uns, immer für jede das Gleiche. Mein Einschulungskleid bestand aus einer gestreiften Gardine, rechts oben prangte ein gesticktes C. Weil auf einem Spann meiner Schuhe ein Loch war, montierte sie auf beide breite Lederlaschen.

Meine Schwester sah toll aus in den Kleidern, ich hingegen, nun ja, vorsichtig ausgedrückt: nicht ganz so toll.

Meine Mutter benähte unsere Puppen und schneiderte die Kleidchen, die wir beim Eiskunstlauf trugen, wo sie uns gleich nach der Einschulung angemeldet hatte. Sie spielte Tennis und lief hervorragend Rollschuh und Schlittschuh. In der warmen Jahreszeit trainierte sie mit uns auf der einzigen Asphaltstraße unserer Siedlung Rollschuhlaufen. Mir war es unglaublich peinlich, wenn die Nachbarn alle aus den Fenstern glotzten, meine Mutter als Trainerin sahen und ihre Ansagen hörten: »Bitte, jetzt möchte ich einen Dreisprung sehen ... und jetzt eine Pirouette!«

Das Geld war immer knapp, aber Kultur durfte nicht zu kurz kommen. Auf Blockflöte und Mundharmonika spielte sie jede Melodie, die sie nur einmal gehört hatte. Wir durften nicht, wie andere Kinder in der Nachbarschaft, die Schlager im Soldatensender AFN hören, bei uns wurde sonntags die *Melodie des Hörers* eingeschaltet. Das erste Nachkriegsradio ging leider kaputt, weil ich unbedingt wissen wollte, wie der Mann aussieht, der darin spricht. Meine Mutter besorgte ein neues, und so kannte ich bald die *Perlenfischer* und Rusalkas *Lied an den Mond* und *Wenn bei Capri die rote Sonne …*, Opernarien und viele, viele Lieder. Wo wir gingen und standen, sangen wir: Wanderlieder, Volkslieder, Abendlieder, alle Kanons, die es gibt. Zu jedem Lied fand meine Mutter die zweite Stimme.

Was für die Musik galt, galt auch fürs Lesen – es war Pflicht in unserem Haus. Meine Mutter meldete uns in der Kinderbücherei an, die kurz nach dem Krieg geöffnet hatte. Ich las querbeet, was ich bekommen konnte: Arkadi Gaidars *Timur und sein Trupp*, Eva Bakos' *Die silberne Brücke*, Erich Kästners *Doppeltes Lottchen.*

Das erste eigene Buch bekam ich im ersten Schuljahr zu Weihnachten: *Paul allein auf der Welt* von Jens Sigsgaard. Die Geschichte eines kleinen Jungen, der davon träumt, viel Geld zu besitzen, um alles machen zu können, worauf er Lust hat. Schließlich sitzt er vor seinen Schätzen, die er mit niemandem teilen kann, und ist einsam. Das hat mich sehr beeindruckt.

Gab es Erziehungsprobleme, die für meine Mutter nicht zu klären waren, drohte sie mit der Kellertreppe. Sie schloss dann hinter mir die Tür, und ich hockte auf der zweiten Stufe im Dunkeln, denn um das Licht anzuknipsen, hätte man die Stiege hinuntergemusst, dorthin, wo die Briketts, das Werkzeug und das Eingemachte von Oma lagerten – Obst, Gemüse, Regale voll Apfelmus – und wo das Gruseln lauerte!

Heute verstehe ich, dass wir manchmal bestraft werden mussten. Wir klauten in der Laubenkolonie vor dem Wald nicht nur Blumen, sondern auch Obst und Gemüse, um unsere Hungeranfälle zu besänftigen. Manchmal erwischte uns der Abschnittsbevollmächtigte, und wenn der petzte, gab es Stubenarrest. Dabei waren wir mehr als einmal mit einem flotten Durchfall genug bestraft gewesen, denn uns war es egal, ob die geklauten Äpfel reif oder noch grün waren. Einmal kam er zu uns, um sich bei meiner Mutter zu beschweren. Er legte seine grüne Mütze auf ihr Bügelbrett, und ich klaubte die restlichen der gemopsten Schoten aus meiner Tasche und tat sie in die Mütze. Später haben wir darüber gelacht, und seitdem nannten wir ihn »Schotentopp«.

Stubenarrest erschien uns wie die Hölle. Nicht rausgehen dürfen zu der Clique, kein Rumturnen an der Klopfstange, kein heimlicher Treff am alten Bunker, keine Bücherei, kein Völkerball, dazu die Scham vor den anderen, wenn meine Mutter an der Tür absagte: »Sie haben Stubenarrest.« Das empfanden wir als Freiheitsberaubung, obwohl wir das Wort dafür noch nicht kannten. Eine weitere schlimme Strafe hieß Kinosperre, denn zum Sonntag gehörte, dass jede von uns 25 Pfennige bekam, um ins nahe Kino zu gehen.

Meine Mutter nahm viele Arbeiten an, um uns durchzubringen. Wir hatten sehr wenig Geld, immer zu wenig, und das macht erfinderisch. Bis 1958, da war ich zwölf, dreizehn, gab es für Fleisch, Fett, Zucker Lebensmittelkarten. Als wir noch kleiner waren, legte sie, bevor sie zur Arbeit ging, ein paar Lebensmittel auf den Tisch und sagte, macht euch was daraus. Meine Schwester hatte wenig Lust zum Kochen, aber ich erklärte die Küche zu meinem Reich und konnte mit zehn Jahren schon ganz gut kochen und improvisieren. Aus einem Teig aus Brot, Milch und Zucker, beidseitig gebacken, machte ich Eierkuchen. Aus Kartoffeln, einer Mohrrübe und Binowürfeln kochte ich Suppe. Senfeier gelangen mir gut, und Bockwurst oder Bratwurst reicherte ich mit einer Soße aus Bier, Brühwürfeln und Senf an.

In meine Klasse ging der Sohn vom Gemüsehändler um die Ecke. Tag für Tag musste er nach der Schule seinem Vater helfen. Er hat hart gearbeitet, immer die schweren Kisten geschleppt. Wir halfen ihm in der Schule, dafür durften wir uns gelegentlich bei ihm eine Portion Sauerkraut für zehn Pfennige abholen, das in einer gedrehten, spitzen Tüte aus Zeitungspapier verkauft wurde. Ich musste dann schnell nach Hause rennen, sonst wäre die ganze Tasche nass geworden. Unterwegs hab ich immer mal kräftig davon gefuttert, es schmeckte herrlich. Ab und zu bekam ich von ihm auch kaputte Kisten für Kleinholz zum Anheizen.

Sauerkraut und Kartoffeln, Schmorgurken und Quetschkartoffeln machten ebenfalls satt. Im Sommer gab es dazu Gurken- oder Tomatensalat. Wenn ich Schlompse – also Bonbons – machte, stank die Küche fürchterlich, aber sie schmeckten uns gut: Dazu wird Zucker in der Pfanne karamellisiert. Tauchten wir Stäbchen in die heiße Masse und ließen sie abkühlen, entstanden eine Art Lutscher.

Einmal bekam unser Goldhamster Baldur die Lebensmittelmarken zu fassen. Wir waren furchtbar erschrocken, denn für diese Karten gab es keinen Ersatz, und wir drei brauchten sie dringend, um zu überleben. Meine Schwester und ich warteten, bis Baldur geruhte, seine Backentaschen zu leeren. Mit diesem feuchten Knäuel, in dem immerhin noch einzelne Abschnitte erkennbar waren, fuhren wir nach Schöneweide zur Kartenstelle. Wir müssen einen so erbarmungswürdigen Eindruck auf die Frau hinter dem Schalter gemacht haben, dass sie uns neue Karten aushändigte.

So wurde die Küche meine Hauspflicht und bald auch die Heizung im Keller. Ich heizte, bevor ich zur Schule ging. Es gelang mir leicht, ein wenig Holz und Papier so zum Glühen zu bringen, dass sich der Braunkohlengrus entzündete. Dann musste ich im richtigen Moment den Schieber schließen, sonst donnerte die Hitze durch das ganze Haus. Damit die Braunkohle nicht die Rohre verdreckte, füllte ich regelmäßig in jedem Zimmer das Wasser in den Röhren auf, das durch das Haus zirkulierte. Heizen hatte mir Herr Gehrke gezeigt, der Hausmeister, der ein paar Straßen weiter wohnte.

Das war Drecksarbeit, bei der ich natürlich nicht sauber bleiben konnte. Also bekam ich eine Trainingshose und für den Sommer eine kurze Lederhose aus dem Westen, die brauchte man nicht zu waschen. Nein, ich wurde nicht wie ein Junge erzogen, es war einfach praktisch. In einem Kleid zu heizen und zu putzen, wäre lächerlich gewesen.

Meine Schwester war für die Pflege des Vorgartens zuständig, den Rest unserer Verpflichtungen entnahmen wir einer Liste, die meine Mutter für jeden Tag erstellte.

Sonntags gingen wir in die Kirche, nach der Schule zum Religionsunterricht, und immer baten wir den lieben Gott um mehr Geld.

Mit neun Jahren hatte ich Erstkommunion, wie es sich gehört in weißem Kleid mit weißer Kerze. Von da an ging man jeden Sonntag zur Kommunion. Um sich aber vorn die Oblate abzuholen, musste man nüchtern sein. Wir sind halb acht aufgestanden, um pünktlich neun Uhr in der Kirche zu sein, viertel vor elf waren die Messe und wir am Ende. Wir hatten ohnehin immer Hunger, waren klein und dünn. Etliche Male sind die Antoni-Mädchen in der Kirchenbank vor Hunger umgesunken. Vielleicht lege ich deshalb bis heute Wert auf ein gutes Frühstück. Jedenfalls holte meine Mutter beim Kaplan die Erlaubnis ein, dass wir vor der Messe etwas essen durften.

Ihre Versuche, einen neuen Mann für sich und für uns einen Vater zu finden, scheiterten. Also blieben wir allein. Meine Mutter begann zu rauchen, auch mal einen Kummerschluck zu nehmen. Das hatte eine Magenoperation zur Folge, ein Drittel ihres Magens wurde entfernt. Meine Oma und wir Mädchen begleiteten sie ins Krankenhaus. Nachdem wir uns von Mutter verabschiedet hatten, drückte eine Krankenschwester unserer Oma ein Beutelchen mit Mutters Schmuck in die Hand. »Falls sie es nicht schafft«, sagte sie zu Oma. Was diese sehr erschreckte.

Meine Mutter hat es geschafft, war aber nicht mehr so belastbar. Ich glaube, sie resignierte ein bisschen. Es gab viele Männer, die sie erobern wollten, aber keinen zum Heiraten. Hin und wieder flog auch einer aus der Wohnung. Heute verstehe ich meine Mutter, damals verstörten mich solche Erlebnisse.

Kinderfernsehen und erwachsen werden

Als ich zehn Jahre alt war, änderte sich vieles. Eine Frau vom Kinderfernsehen erschien in der Schule, sie suchte Kinder, die ohne Hemmungen sprechen, singen und etwas vortragen konnten. Die Lehrerin zeigte auf mich. Am nächsten Tag marschierte ich zum Fernsehfunk, von unserem Haus brauchte ich nicht länger als zwanzig Minuten.

1953 war das Studio 1 des Deutschen Fernsehfunks in Adlershof eröffnet worden, ab 1956 wurde ein reguläres Programm gesendet. Sendungen für Kinder und Jugendliche gehörten von Beginn an dazu, in der ersten Zeit etwa fünfzig Minuten pro Woche. Die Darstellerkinder wohnten in der Nähe des Fernsehfunks, soziale Herkunft und schulische Leistungen spielten keine große Rolle bei der Auswahl, wichtig war nur, dass wir Lust am Spiel hatten und natürlich blieben. Das war bei mir gegeben.

So unbekümmert und zuversichtlich, wie ich Kochen, Heizen und Eiskunstlaufen gelernt hatte, so lernte ich nun, vor der Kamera zu agieren. Ich glaube, ich bestach durch meine Frechheit und das fehlende Lampenfieber.

Es begann mit einer Reportage über schlechte Schüler, ich sang eine Moritat, machte mit bei einem Berufe-Rate-Quiz für Kinder, spielte eine Märchenfigur. Ich wurde gelobt, und binnen weniger Wochen war ich beachtet und begehrt, das Beste aber: Ich verdiente Geld. Das steigerte mein Ansehen innerhalb unserer Familie enorm, denn nun stand ich nicht mehr im Schatten meiner schönen älteren Schwester.

Es folgten größere Sendungen, erste Serien, ich war überall dabei. Im Frühjahr 1959, ich war dreizehn, begann ein Experiment, aus dem eine gern gesehene Reihe wurde: das Kinderkabarett *Die Blauen Blitze.* Sonntags von zehn bis elf wurde es live ausgestrahlt. Mein Freund Ingo hieß Zack, ein anderes Mädchen, Marlies, war Zuck und ich Zick. Wie der liebe Gott wohnten wir auf einer Wolke und deckten von dort Unzulänglichkeiten und Fehler bei den Pionieren auf der Erde auf: Wenn Kinder keine Altstoffe sammeln wollten oder keine Lust hatten, eine Wandzeitung zu gestalten, wenn sich einige in der Schule immer wieder prügelten und den Unterricht störten. In jeder Folge gab es zehn bis fünfzehn gereimte und ungereimte Szenen aus dem Schulalltag und dem Leben Junger Pioniere:

»Die Blauen Blitze Zick, Zack, Zuck,
die schlagen plötzlich ein.
Sie fahren – sssst – mit einem Ruck
den Sündern ins Gebein.
Wer angibt oder albern ist,
den stellen wir euch vor.
Wer Fleiß und Höflichkeit vergisst,
den nehmen wir beim Ohr.«

Ich fand das überhaupt nicht seltsam, sondern meist lustig, wir haben bei den Produktionen viel gelacht. Aber beim Umgang mit den Fernsehleuten beobachtete ich zum ersten Mal, dass etliche mit zwei Zungen redeten: Es gab eine offizielle und eine private Sprache. Ich begann, die Widersprüche des Lebens in der DDR zu begreifen, denen ich mich später stellen musste.

Ich spielte also einen Jungen Pionier mit weißer Bluse und blauem Halstuch, war aber keiner. In der Schule hatte ich verkündet, meine Mutter sei Pazifistin und wünsche das nicht. Keine Ahnung, was Pazifistin bedeutet, habe ich es so vorgetragen, als sei meine Mutter Theologin und ihr Wort Gesetz. Erstaunlicherweise bin ich damit erst einmal durchgekommen.

Nun allerdings musste sich das ändern. Ausschließlich die finanzielle Situation unserer Familie bewog meine Mutter, von ihrem Credo abzurücken und zuzustimmen, dass ich Pionier wurde. Denn das Geld, das ich verdiente, sicherte uns fast das tägliche Brot. Als ich dreizehn oder vierzehn war, kaufte ich den ersten Fernseher, einen Dürer. Der kostete ungefähr das Zehnfache eines Durchschnittslohnes. Damit konnte meine Familie endlich verfolgen, was ich spielte. Wenn auch auf winzigem Bildschirm – 27 mal 36 cm – und in Schwarz-Weiß, aber immerhin.

Einen Kühlschrank für uns und ein altes Klavier für mich kaufte ich ebenfalls von meinen Gagen.

Meist bin ich gleich nach der Schule in die Kinderbaracke gegangen. Eine Kinderbetreuerin beaufsichtigte die Schularbeiten, gab uns die Texte, probte mit uns. Dann zog uns eine Kostümfrau an, und schon ging es auf Sendung, alles live, weil man noch nicht aufzeichnen konnte.

Leuchtete an der Kamera ein rotes Licht, ging es los. Man konnte das Knattern vom Fahren der Kamera hören. Die Tonmenschen hielten den Galgen, also das Mikrofon, und andere Mitarbeiter zeigten Karten, auf denen Hinweise standen: »Sprich über …«, »Nicht vergessen …«, »Jetzt sag …«. Ich redete wie aufgezogen, guckte auf den Zettel, schaltete im Kopf um, redete weiter.

Versprach ich mich, machte ich völlig unaufgeregt ein Extempore, das heißt, ich improvisierte in die Situation hinein, quasselte ungeniert weiter. Mir kam sicher zugute, dass meine Mutter streng auf Hochdeutsch und gute Aussprache geachtet hatte. Niemals durften wir berlinern. Und wenn wir Slang sprachen, hörten wir: »Würdest du bitte ein anderes Wort dafür wählen! Gib dir ein bisschen Mühe!«

Später assistierte ich Professor Flimmrich, indem ich den Märchenfilm einlegte. Professor Flimmrich hieß Walter E. Fuß, und von 1959 bis zum Ende des DDR-Fernsehens berichtete er zunächst montags, dann samstags in der *Flimmerstunde* über neue Kinder- und Märchenfilme, zeigte Spielfilme, auch mal Reportagen oder Dokumentationen. Häufig diskutierte er mit Kindern und Jugendlichen im Studio über die Filme.

Ein ebenso fester Programmpunkt war Taddeus Punkt, den Heinz Fülfe gab. Er war der malende Märchenonkel, der mit seinen lustigen Geschichten zum Sandmännchen und zu Flax und Krümel gehörte. Ich war seine Sonderreporterin, beim *Abendgruß* sprach ich den Kasperle und den kleinen Maulwurf. Ich spielte im Jugendbasar mit dem blutjungen Dieter Mann und 1959, mit knapp vierzehn Jahren, in dem Musical *Der Dieb im Warenhaus.*

Jedes Jahr im Mai fand die Friedensfahrt statt, die durch die DDR, Polen und die Tschechoslowakei führte. Die Friedensfahrer fuhren natürlich auch durch Berlin, und ich durfte einmal den Studiogast Täve Schur interviewen. Der Radrennfahrer war so berühmt wie die Klitschkos heute. 1961 begrüßte ich in einer Livesendung den ersten Kosmonauten Juri Gagarin; wir standen am Adlergestell, der breiten Ausfallstraße nach Süden, auf einem Holzturm, den man extra für die Kamera gebaut hatte. Das war eine besondere Situation, und ich war zum ersten Mal richtig aufgeregt.

In den Drehpausen aß ich mit Meister Briefmarke, Meister Nadelöhr, Karl-Eduard von Schnitzler und all den anderen Fernsehgrößen in der Kantine im Turmkasino Bockwurst mit Brot. Schnitzler moderierte von Anfang an eine politische Fernsehdiskussion mit westlichen Journalisten, ab 1960 dann dreißig Jahre lang jeden Montag den *Schwarzen Kanal,* ein aggressives Gewetter gegen das westdeutsche Fernsehen, das sich kaum jemand freiwillig ansah. So wuchs ich in diese Film- und Fernsehwelt hinein, als sei es das Normalste von der Welt.

Und dann trainierte ich noch Eiskunstlauf. Nahm auch an kleinen Wettkämpfen und Meisterschaften teil, blieb aber die ewige Zweite. Soviel ich auch trainierte, ich sprang zwar immer besser, drehte aber immer schlechter meine Kreise. Ich war eben mehr ein kleiner Springer als eine elegante Eisprinzessin. Bald verlor ich die Lust, auch weil mir die Wertungen beim Eiskunstlaufen wie Beschiss erschienen. Leistungen in Metern und Sekunden zu messen, fand ich nachvollziehbarer, also wechselte ich zum Eisschnelllauf. Ich hielt ziemlich lange und mit sehr guten Ergebnissen durch.

Helga Haase wurde auf mich aufmerksam. Sie war die erste DDR-Sportlerin, die bei Olympischen Spielen – 1960 in Squaw Valley – Gold holte, und das, obwohl ihr Trainer nicht mitreisen durfte. Mich trainierte Günter Bräuer für Dynamo Berlin, und ich erhielt eine Nominierung für die Olympischen Winterspiele in Innsbruck 1964. Ich lief sehr gute Zeiten, aber das häufige Training kollidierte mit den Fernsehauftritten, und ich wollte beides.

Auch wenn ich mich später für die Kunst entschieden habe, so lockt mich die Eisbahn noch immer. Bin ich gut drauf, laufe ich mit den alten »Eisgirls« meine Bahnen im Sportforum. Manchmal ist auch Günter da und ruft nicht wie einst: »Los, los, Tempo!«, sondern: »Pass auf in den Kurven, denk an deinen Rücken!« Und ich gehorche ihm wie einst.

Meine Mutter bekam ein Angebot von der »Berolina Eisrevue«. Die entstand 1958 als Zweigbetrieb des Zirkus Aeros, musste allerdings 1962 wieder eingestellt werden, weil es an professionellen Eislaufkünstlern mangelte. Ich glaube, damals kamen einige von »Holiday on Ice« dazu, meine Mutter erzählte zum Beispiel von der holländischen Landesmeisterin Nelly Maas. Die Revue gastierte in Polen, Rumänien und der Tschechoslowakei. Eine verlockende Aufgabe für meine Mutter, aber wohin mit uns Kindern? Ich war zwölf, meine Schwester vierzehn Jahre alt.

Meine Großmutter Toni war zum zweiten Mal verheiratet. Gustav hatte ein Auto mit drei Rädern und einen Gemüseladen in Adlershof. Mein Opa ersäufte kleine Katzen, und wenn er auf dem Hof Kaninchen und Hühner schlachtete, lenkte mich meine Großmutter vom Fenster ab. Auch wenn Gustav in der Küche in den Ausguss pinkelte – das Klo war auf dem Hof –, hielt mich Oma auf dem Flur zurück: »Wart mal einen Moment …« Ich hab es aber einmal gesehen, als ich durch die angelehnte Küchentür blinzelte.

Nach der Schule ging ich gern zu ihr, bekam heiße Milch und eine dicke Stulle mit Wurst. Aber dass meine Schwester und ich bei ihm wohnten oder Oma bei uns im Haus, das wollte Gustav nicht. Also versuchte meine Mutter, uns in einem nahe gelegenen Kinderheim unterzubringen. Von dort aus hätten wir unser Leben fast normal fortsetzen können. Leider nahm uns das Kinderheim in Königsheide nicht, und das Jugendamt wies uns zwei Plätze in Werftpfuhl bei Werneuchen zu. Das bedeutete raus aus der Schule, aus dem Sport, aus dem Kinderfernsehen, denn dieses Heim lag im Nordosten Berlins außerhalb des S-Bahn-Bereiches.

Zu Anfang des 20. Jahrhunderts war das inmitten eines schönen Parks gelegene Haus eine karitative Stiftung für Waisenmädchen gewesen, seit den Fünfzigerjahren ein Spezialkinderheim für sogenannte Schwererziehbare, die zu »vollwertigen Mitgliedern der sozialistischen Gemeinschaft« geformt werden sollten. Nicht vollwertig konnte schon ein Kind sein, das die Schule schwänzte oder nachmittags auf der Straße rumlungerte, weil die Mutter arbeiten musste. Es waren Kinder, die sich zu wehren wussten, die überleben mussten ohne liebevolle Unterstützung von Eltern, eine uns bis dahin fremde Gesellschaft.

Ich glaube nicht, dass meine Mutter geahnt hatte, in welche Umgebung sie uns gab und mit welch drakonischen Maßnahmen dieses »Formen« vonstattenging: Schläge, Sport bis zur Erschöpfung, demütigende Strafarbeiten. Es dauerte nicht lange, und besonders ich wurde als ebenso schwierig eingestuft, denn ich war zwar klein, aber sportlich und stark. Wurde ich angegriffen, teilte ich aus und verteidigte meine Schwester.

Der Einzige, der uns mochte und sah, dass wir nicht in diese Umgebung gehörten, war unser Deutschlehrer. Er hat sich aber leider am Fensterkreuz aufgehängt. Das übrige Personal lehrte uns das Fürchten, besonders vor einer Lehrerin hatte ich richtig Schiss. Hatte eine den Spind oder das Bett nicht ordentlich gemacht, flog alles raus auf den Flur. Wer Widerworte gab, bekam eine Ohrfeige oder wurde eingesperrt. Zu Nikolaus erhielten die Braven eine Süßigkeit in den Schuh, die anderen eine Rute. Und immer wieder mussten wir das Linoleum der langen Flure bohnern mit Bohnerwachs und einem dieser entsetzlich schweren Bohnerbesen. Der Boden musste auf Hochglanz poliert werden, bis er so glatt war wie eine Eisbahn und auch so gefährlich.

Neulich traf ich zufällig eine Verbündete aus jener Zeit, die auf mich zustürzte und rief: »Meine Carmen! Weißt du noch – Werftpfuhl? ›Wenn man mich hier nicht rausholt, bringe ich mich um‹, hast du damals gesagt!«

Ich erinnere mich an meine Notrufe, Mama solle uns dort rausholen. Kurz vor Weihnachten durften wir nach Hause. Es wurde ein herrliches Fest mit großartigen Geschenken. Meine Schwester und ich bekamen neue, hochmoderne Anziehsachen: hellgrüne Dufflecoats, Wollmützen und schwarze Wildlederschuhe. Dazu eine Wochenendreise nach Warschau, um unsere Mutter in ihrer Eisrevue zu sehen. Sie musste laut Vertrag noch ein halbes Jahr bei dieser Revue arbeiten.

Wir wollten auf gar keinen Fall zurück nach Werftpfuhl. Wir wollten in unsere alte Schule, in den Sportverein und ich zum Fernsehen. Also suchte meine Mutter eine neue Unterbringung. Sie gab uns zu den Ursulinerinnen ins St. Josefsheim, das liegt in der Pappelallee in Prenzlauer Berg. An der Pforte eine Nonne, im Hof ein kleiner Klostergarten mit einer Kapelle.

Wir Schwestern wurden in unterschiedlichen Gruppen untergebracht. Das war die Zeit, in der wir uns voneinander entfernten. Meine Schwester war glücklich, endlich fand sie Ruhe. Sie fügte sich und wurde fromm. Und ich noch rebellischer. Mit niemandem konnte ich reden, hörte immer nur Gebete und Geschichten vom lieben Jesulein, begriff nicht, dass mich der liebe Gott, wenn er mich doch so lieb hat, so beschissen behandelte. Ich durfte zwar mit der S-Bahn in meine alte Schule fahren, aber wenn ich nur fünf Minuten zu spät zurückkam, wurde ich zur Rede gestellt. Nein, schlagen durften die Schwestern nicht, sie fanden andere Strafen. Zum Beispiel musste ich mit Schwester Cherubina in einem Zimmer schlafen, zwischen uns ein Paravent. Ich erschreckte sie mit Finger-Schattenspielen, sah an ihrem Schatten, dass ihr Kopf geschoren war, und als ich sie am Morgen danach fragte, setzte es die nächste Strafe. Oder ich musste morgens vor der Schule in der Kapelle, auf einem Bein stehend, ich weiß nicht mehr wie oft »Gegrüßet seist du, Maria« beten. Auf der Empore saß eine Nonne und achtete darauf, dass ich nicht das Standbein wechselte oder mich gar hinsetzte.

Ich hasste es, wenn man mich in eine Ecke schickte mit der Aufforderung, meine Schandtaten zu überdenken: »Wenn du fertig bist, sagst du, was du Gott gebeichtet hast und was du an dir verändern willst!«

Ich bin fast verrückt geworden, was sollte ich an mir verändern, worüber nachdenken? Ich schrie in meiner Verzweiflung: »Dem sag ich gar nichts, keinem sage ich mehr was, ich will auch keinen lieben Gott mehr!«

Ein derart aufsässiges Kind störte den Hausfrieden. Wir durften endlich wieder nach Hause, obwohl meine Mutter weitere drei Monate mit der Eisrevue unterwegs war. Wir beiden Mädchen blieben allein im Haus, versehen mit Haushaltsgeld und dem Appell meiner Mutter, vernünftig zu sein. Das waren wir, immer hungrig und manchmal am Rande des Chaos. Einmal in der Woche sah Oma nach uns, half bei der Hausarbeit wie Wäsche waschen und Strümpfe stopfen. Das war die schönste Zeit mit meiner Schwester.

Wir hielten zusammen, und wir waren unglaublich brav. Haben uns geschworen, keine Geschichten mit Jungen anzufangen. Uns hatte nie jemand aufgeklärt, aber wir wussten: Vom Küssen mit Zunge kriegt man Kinder. Wir schwärmten den jungen Kaplan aus der Gemeinde an, der trat uns nicht zu nahe. Nachts lagen wir in unseren Betten und malten uns unser künftiges Leben aus: Wenn wir mal groß sind und einen Mann haben, werden wir alles richtig machen, immer ein bisschen Geld beiseitelegen und uns niemals scheiden lassen. Und unsere Kinder sollen nie allein sein.

So haben meine Schwester und ich es gehalten. Wir haben beide nur einmal geheiratet, haben uns nie scheiden lassen, ich bin bei meinem Mann geblieben, bis uns sein Tod schied. Und wir haben beide zwei Kinder bekommen, für die wir immer da sein konnten.

Kein Jugendamt krähte nach uns. Ich ging morgens in meine alte Schule und nachmittags zum Sport oder zum Kinderfernsehen, meine Schwester besuchte die Sportschule, trainierte Paarlauf auf dem Eis. Wir grüßten artig die Nachbarn, schlossen nachts ab und wurden still und allein erwachsen.

Mauer-Sommer

Trotz Fernsehen und Sport – ich trainierte immer noch Eisschnelllauf – bekam ich einen Platz an der EOS, der Erweiterten Oberschule, die von der 9. Klasse zum Abitur führte. Nur zwei bis vier Kinder einer Klasse schafften diesen Sprung. Bevorzugt wurden Arbeiterkinder, Voraussetzung war ein Zensurendurchschnitt von mindestens 1,7 und die Teilnahme an der Jugendweihe.

Die lehnte meine Mutter für ihre Töchter kategorisch ab: »Für Jugendstunden hast du überhaupt keine Zeit, und geloben musst du gar nichts, nächstes Jahr ist Firmung, du hast in allen wichtigen Fächern eine Eins, mehr geht nicht, und wenn die in der Schule Theater machen, komme ich hin und rede mit ihnen.«

So fand der feierliche Eintritt ins Erwachsenenalter – die einen mit Jugendweihe, die anderen mit Konfirmation – ohne mich statt. Der Unterschied wurde für mich sichtbar am ersten Oberschultag im September. Während meine neuen Klassenkameradinnen stolz in wippenden Röcken und Perlonstrümpfen antanzten, die halblangen Haare an den Seiten zu Sechserlocken gezwirbelt, munter die nagelneuen Aktentaschen schwenkend, erschien ich in Kniestrümpfen und einem Latzrock, dessen breite Träger sich auf dem Rücken unter dem Ranzen kreuzten. Vorn baumelte die S-Bahn-Fahrkarte am Hals, damit ich das teure Ding nicht verliere. Meine Haare waren schon immer kurz und strubbelig, und auch in dieser Klasse war ich die Kleinste. Ich fühlte mich wieder mal wie »Paul allein auf der Welt«.

Unsere Schule trug den Namen Klement Gottwald, der war bis 1953 Staatspräsident der Tschechoslowakei gewesen. Deshalb wurde Tschechisch gelehrt, doch ich kam in eine Klasse, in der außer Russisch und Latein Französisch auf dem Lehrplan stand. Französisch fand ich ätzend. Schon wenn die Lehrerin mich »Carmong« nannte, sträubte sich mein Fell. Die slawischen Sprachen gefielen mir besser, aber man konnte es sich nicht aussuchen.

Wahrscheinlich habe ich aus dieser Zeit eine kleine Frankreich-Phobie zurückbehalten. Auf jeder meiner Frankreich-Reisen passierte etwas. Einmal, es war ein Gastspiel mit der Volksbühne, machte ich eine Flanke über die Barriere der Pariser Metrostation, um Fahrgeld zu sparen. Dafür gingen meine Tagegelder als Strafe drauf. Später, als ich mit dem Berliner Ensemble in Paris war, streikte das dortige Theater: Draußen demonstrierten Leute, drinnen kämpften die Kollegen um irgendwelche Rechte, deshalb versagten sie auch uns das Spielen. 1983, beim letzten Frankreich-Gastspiel mit dem Berliner Ensemble, lag meine Mutter im Sterben, und ich fuhr vom Flughafen gleich ins Krankenhaus, um sie noch einmal zu sehen.

Die privaten Reisen nach dem Mauerfall verliefen nicht besser. Als ich mit meinem Mann und den Kindern in der Bretagne war, fiel genau vor der Tür unseres Ferienhauses ein Golfspieler tot um. Auf Korsika aß ich am ersten Urlaubstag einen Krabbensalat, auf den ich mich lange gefreut hatte. Der war offenbar nicht frisch gewesen, denn mir wurde derart übel, dass ich zu sterben glaubte. Erst nach drei Tagen nahm mein Magen wieder feste Nahrung auf. In der Normandie besuchten wir mit den Kindern ein Volksfest, bei dem es zur Tradition gehört, Wildgänse zu schießen. Die toten Vögel wurden auf dem Festwagen präsentiert, die Kinder waren kaum zu trösten in ihrer Wut und ihrem Entsetzen. Vive la France!

Aber zurück zum Sommer 1961. Am 13. August, einem Sonntag, wir hatten gerade die Kunde vom Mauerbau im Radio gehört, rief die Mutter von Ingo an, dem Blauen Blitz Zack aus dem Pionierkabarett. Ich möge bitte schnell mal vorbeikommen. Ich war häufiger bei Ingo zu Hause gewesen, einem großzügigen Arzthaushalt, zwei S-Bahn-Stationen von uns entfernt. Ingos Mutter teilte mir kurz und knapp mit: »Wir verlassen am Nachmittag die Stadt, bitte hole später ein paar Sachen aus der Wohnung und bring sie zu Freunden.« Sie befürchtete, dass die Freunde beschattet und durch eine solche Aktion gefährdet werden könnten. Sollte mich jemand fragen – den Schlüssel hätte ich von Ingo, meinem Schulfreund.

Und so trabte ich gutmütiges Huhn mit meiner Schwester und einem Nachbarjungen mehrere Male in die fremde Wohnung und brachte Fotoalben, Nippsachen, Kleidungsstücke, Bücher, Schallplatten zu diesen Freunden, bis wir ein paar Tage später die Wohnung von Ingos Familie versiegelt vorfanden.

Abgesehen von der Tatsache, dass Ingo fort war und ich seinen Weggang im Kinderfernsehen verkündet hatte, ließ mich der Mauerbau unberührt. Die Konsequenzen begriff ich erst viel später. Das Land zu verlassen, lag mir fern. Meine Mutter war schon sehr krank, Schule, Fernseharbeit, Sport füllten mich aus, von Verwandten im Westen wusste ich nichts, und um Ostmark zum Kurs von 1:5 in Westmark zu tauschen für Kaugummi und Kakao, Petticoat oder Hula-Hoop-Reifen, hat es bei uns nur sehr selten gereicht. Dass ich nicht mehr im Westen ins Kino gehen konnte – denn in einigen Kinos galt »Ost-Besucher zahlen 1:1« –, fand ich doof, mehr nicht. Auch fühlte ich mich nicht, wie viele Christen, in der Ausübung meines Glaubens behindert, denn damit hatte ich abgeschlossen.

Die Erklärungen für den Mauerbau erschienen mir damals sogar plausibel: Man musste dem Ausbluten des Landes einen Riegel vorschieben. Westberliner hatten bei uns Lebensmittel eingekauft, hatten unsere spottbilligen Dienstleistungen – Friseur, Schuster, Reinigung – in Anspruch genommen. Unsere Ärzte, Wissenschaftler, Künstler verließen reihenweise das Land. Erst als ich auf der Filmhochschule studierte, und noch später, als ich am Potsdamer Hans Otto Theater spielte, sah ich, was die Teilung einer Stadt auch bedeutete.

Gab es bis zum Mauerbau eine schnelle S-Bahn-Verbindung durch Westberlin nach Potsdam, fuhr nun der sogenannte Sputnik über den Außenring um Berlin. Die Fahrt dauerte viel länger als eine quer durch die Stadt.

Im September 1961 begann also mein zehntes Schuljahr. Der Mauerbau war Thema Nummer Eins, der Direktor führte mit uns Gespräche über unsere Einstellung zur DDR. Fragte zum Beispiel, auf welcher Seite der Mauer man ideologisch stünde – im Osten? Im Westen? Ich sagte: »Auf der Mauer.« Das fand er nicht originell. Aber damals war mir die Politik wurscht, ich hatte andere Sorgen.

Viele meiner Mitschülerinnen brezelten sich auf und gaben an mit einem Freund. Ich hatte viele Freunde. Aber die drucksten rum, ich sei so streng, ich könne immer alles, das würde sie einschüchtern, und meine Nase wäre zu lang, und ich hätte auch gar keinen Busen, und meine Schwester sei sehr schön, ob sie die nicht mal treffen könnten. Sie fanden mich toll – als Kumpel. Das nützt einem Mädchen, das Sehnsucht nach Romantik hat, wenig. Ich wollte auch geküsst werden. Stattdessen schrieb ich Gedichte, malte, hockte zu Hause stundenlang am Fenster, träumte und litt.

Beim Kinderfernsehen lud mich mal ein junger Tontechniker zum Eisessen ein. Ich schwebte auf Wolke sieben, denn ich war verknallt in ihn. Ich freute mich sehr auf mein erstes Rendezvous – und dann stand er vor mir mit seiner Freundin. Daran hatte ich mächtig zu knabbern. Fortan misstraute ich jedem noch so nett gemeinten Kompliment.

Einige Zeit später sagte ein verflixt gut aussehender Junge etwas zu mir, das meinen Gefühlshaushalt durcheinanderbrachte. Ich kannte ihn schon länger, er erinnerte sich, dass ich ihm einst auf dem Spielplatz in Adlershof meine Lieblingstaschenlampe und eine Kinokarte geschenkt hatte. Da waren wir zehn oder elf gewesen.

Jedenfalls sah ich ihn beim Schulsportfest in der Oberschule wieder. Ich saß gerade auf einer Bank und guckte zu, wie er eine Standwaage machte. Nun ist eine Standwaage keine wirklich männliche Turnübung. Wie er da so auf einem Bein stand, das andere Bein in der Luft, die Arme wie zum Fliegen ausgebreitet, das Gesicht hochgereckt, die Augen schwarz voller Zorn – da trafen sich unsere Blicke, und er wurde puterrot. Er hasste derartige Verrenkungen, erfuhr ich später, arbeitete lieber mit dem Kopf. Er war ein Jahr älter als ich, überaus beliebt und ständig umringt von Mädchen, die ihn anschwärmten. Ausgerechnet mir sagte er an jenem Sportfest-Nachmittag: »Du bist die Einzige auf der Welt, die mich versteht! Du bist ein kleines, schönes Weibchen.«

Davon habe ich jahrelang gezehrt. Er wurde mein Mann, viel später.

Ich werde Schauspielerin

In der zehnten Klasse der Oberschule hatte man sich für einen Beruf zu entscheiden. Ich dachte eine Zeit lang an eine Karriere als Zoo-Tierärztin, weil ich Tiere liebte und wir daheim immer welche zu versorgen hatten. Bei näherem Hinsehen stellte sich heraus, dass man vor einem Veterinärmedizin-Studium ein Berufspraktikum auf dem Land absolvieren musste. Ein Jahr lang arbeiten im Rinderoffenstall einer LPG? Nein, dazu hatte ich keine Lust. Jetzt musste ich wählen. Auf die Sportschule gehen und im Leistungssport weitermachen? Das verwarf ich. Blieb die Schauspielerei.

Die Regisseurin der *Blauen Blitze,* Gisela Schwartz-Martell, erzählte mir von der Filmhochschule in Potsdam. Dass es in unserem Nachbarbezirk Schöneweide die berühmte Schauspielschule, seit 1982 heißt sie »Ernst Busch«, gibt, wusste ich nicht, und sie erwähnte es nicht. Sie half mir aber bei der Vorbereitung aufs Vorsprechen. Die Arbeit vor der Kamera war mir seit Jahren vertraut. Sooft ich Geld zusammenkratzen konnte, war ich ins Theater gegangen; was auf einer Theaterbühne passiert, wusste ich also auch.

An einem Tag im Februar 1962 zog ich meine gute Hose an und fuhr nach Potsdam zum Vorspiel. Spielte das Lieschen und das Gretchen in der Brunnenszene des *Faust,* die Mira aus der *Ravensbrücker Ballade,* die ich an der Volksbühne mit Marianne Wünscher, Doris Abeßer und Wilfried Ortmann gesehen hatte. Ich gab alles. Die Kommission dankte und schwieg. Maßlos enttäuscht fuhr ich nach Berlin zurück.

Zwei Wochen später kam ein Brief:

»Sehr geehrtes Fräulein Antoni!
Wir freuen uns, Ihnen mitteilen zu können, dass Ihre Prüfung ein positives Ergebnis gehabt hat. Damit haben Sie die erste Hürde genommen. Die endgültige Entscheidung, ob Sie an unserer Hochschule immatrikuliert werden, kann allerdings erst in der im April stattfindenden Aufnahmeprüfung gefällt werden.
Wir sind der Meinung, dass Sie eine günstige Rollenauswahl getroffen haben, die Sie auch für die Aufnahmeprüfung beibehalten können. …
Wir wünschen Ihnen für die Aufnahmeprüfung alles Gute und grüßen Sie
hochachtungsvoll

Wieland
Fachrichtungsleiter Schauspiel

PS: Wir bitten, bei der Aufnahmeprüfung nicht in Hosen vorzusprechen, sondern einen Rock anzuziehen.«

Natürlich hab ich mich gefreut. Was aber sollte die Bitte um einen Rock? Dachten die, ich hätte was an den Beinen?

Ob ich jemals eitel war oder meine Eitelkeit bei dem Pensum, das ich zu absolvieren hatte – Haushalt, Schule, Sport, Fernsehen –, verloren gegangen war, ich weiß es nicht. Jedenfalls besaß ich nur einen Faltenrock und besagten Latzrock mit den breiten Trägern, beides zu mädchenhaft für den Anlass. Meine von meiner Mutter gearbeitete Ausgehgarnitur für Theater und Oper – ein schöner grauer Rock mit breiter rot-grüner Borte am Saum, dazu ein grauer Pullover, ebenfalls rot-grün abgesetzt – ging auch nicht. In dem gestrickten Pullover hätte ich mich beim Vorspiel totgeschwitzt.

Ich lieh mir die Pumps meiner Schwester, und sie half mir, einen giftgrünen, engen Kostümrock meiner Mutter zu kürzen. Meine Schwester und ich konnten sehr viel, doch keine von uns konnte nähen. Aber wir hatten eine probate Methode entwickelt, Gardinen, Bettlaken und auch Röcke zu kürzen: Wir bestrichen den Saum mit farblosem Latex, knickten ihn um und drückten ihn fest. Geht nie wieder auf.

So ausgestattet, fuhr ich an einem Tag im April erneut nach Potsdam. Leider litt ich an einer Darminfektion, wovon ich das Publikum, die Dozenten und die ebenfalls im Saal sitzenden Absolventen des letzten Studienjahres, vor meinem Auftritt in Kenntnis setzte. Ich musste zweimal während des Vorspielens raus, machte aber, wenn ich zurückkam, genau an der Stelle weiter, an der ich aufgehört hatte. Ich sprang also abwechselnd als Lieschen und als Gretchen hin und her und war ziemlich sauer, dass alles schallend lachte.

Das Thema Schauspiel konnte ich nun wohl auch vergessen.

Und dann kam, sozusagen als Ostergeschenk, die Zusage an das »Sehr geehrte Fräulein Antoni!« …

»Wir gratulieren Ihnen herzlich zu Ihrer Aufnahme an unserer Hochschule für Filmkunst und hoffen, dass Sie mit vorbildlicher Disziplin studieren, um ein positives Mitglied der Theater- und Filmschaffenden unserer Republik zu werden …«

Ich sang und tanzte vor Glück. Meine Mutter teilte meine Freude nicht. Erst als ich versprach, den Eislauf-Sport endgültig zu streichen und auf der Abendschule das Abi zu machen, durfte ich studieren.

Ich war mit siebzehn Jahren die Jüngste an der Filmhochschule, aber nicht nur das, die anderen waren viel weiter im Kopf und körperlich entwickelter, lauter schöne junge Frauen und Männer, frech, begabt und ein bisschen irre.

Ich hatte zwar ungezählte Kinderbücher gelesen, von Belletristik für Erwachsene jedoch kaum Ahnung. Einige Studenten besaßen Bücher, die es in der DDR nicht gab, die gingen von Hand zu Hand. Kafka, Hesse, Joyce – wie ein Mülleimer schluckte ich diese und auch Theaterliteratur. Und verstand keineswegs alles. Aber wer von den Jungen verstand schon den *Ulysses*? Auch Marxismus-Leninismus hab ich nicht kapiert. Oder Maurice Maeterlincks *Die vierte Dimension*. Seine Theorie: sich die vierte Wand der Bühne, also die zum Publikum, geschlossen vorstellen, dagegen spielen, es sei unwichtig, gesehen zu werden. Keine Ahnung, wie das praktisch anzustellen sei, aber wenn man beiläufig erwähnte: »Ich hab gestern mal den Maeterlinck gelesen«, gehörte man zu einer Art innerem Zirkel und galt als schlau.

Mir blieb viel Unverdautes von der Lektüre im Kopf, was mir dennoch half, Rollen zu erarbeiten. Auch das Nichtverstehen gehört zum Handwerkszeug, und wenn es die Erinnerung an das Gefühl des Nichtverstehens ist. Einmal hatte ich eine Stumme zu spielen, die nichts versteht: Die Scham, die Unsicherheit, die ich beim Lesen solch schwieriger Literatur empfunden hatte, die konnte ich nun abrufen.

Das entsprach der Stanislawski-Methode, die uns Werner W. Wieland, ein erfahrener Schauspieler und Hörspielregisseur, lehrte. Konstantin Stanislawski, der russische Theaterreformer, setzte auf die Erfahrung eigener Erlebnisse, um eine Rolle zu erarbeiten. Im Gegensatz zu Brechts Technik der Verfremdung, aber das kam später.

Mir lag der pure Naturalismus, wie wir Stanislawski gedeutet haben, besonders, als ich *Vor Sonnenaufgang* von Gerhart Hauptmann spielte. Die geforderte Genauigkeit in Gestik, Mimik, Sprache zwang mich zu innerer Ruhe. Ich war immer sehr schnell, wollte schnell durchkommen, schnell etwas erreichen, hatte demzufolge immer gute Einfälle und äußerte spontan eine Meinung. Das kann positiv sein, aber auch hinderlich, wenn man weitere Möglichkeiten erwägen sollte. Durch dieses naturalistische Spiel des Kleinbürgerlichen wurde ich zu Gründlichkeit gezwungen, bis hin zum penetrant Peniblen.

Auch im Etüden-Seminar, was heute Grundlagen-Seminar heißt, ist das wertvoll: Man geht zum Beispiel über die Bühne, in deren Mitte hält man inne und spielt eine Begebenheit. Die Kommilitonen müssen die Situation erraten. Ist der Vorgang zu klein, erzählt er nichts, gibt es nichts zu erraten. Wenn ich zum Beispiel verharre, erschrocken gucke, an die Tasche greife, mich ratlos umblicke und die Zuschauer erkennen: Portemonnaie verloren, dann habe ich diesen Vorgang genau zerlegt und präzise dargestellt.

Wir lernten, Tiere zu spielen, fremde Typen und Menschen nachzuahmen. Improvisation von Texten in verschiedenen Situationen, Gesten, einen Gang, Gefühlsausbrüche – all das, was ich intuitiv längst erfasst hatte, wurde mir klar und verständlich und brachte meine Fantasie auf Hochtouren.

Auch die Sprechtechnik, wie wir sie gelernt haben und wie sie an der Filmhochschule und der Hochschule für Schauspielkunst »Ernst Busch« heute noch gelehrt wird, kommt mir zugute. Wir lernten, so zu flüstern, dass wir bis in die letzte Reihe verstanden werden, denn erst dann ist der Schauspieler präsent in der Rolle.

Am Anfang mochte ich Sprecherziehung überhaupt nicht. Wir mussten unsere Zungen festhalten, sie weit herausstrecken, herumdrehen und dabei irgendwelche Laute formen, das alles vor einem Spiegel. Meist endete es in einem Lachkrampf oder in einer Rüge der Sprecherzieherin Frau Konrad-Gäbel. Sie arbeitete nach der Methode von Luise Kepich-Overbeck, die in den Fünfzigerjahren ein Standardwerk veröffentlicht hatte.

An der »Ernst Busch« in Berlin wird Sprecherziehung nach Egon Aderhold gelehrt. Heute lernen angehende Schauspieler auf den Schulen selten nach einer bestimmten Lehre, sie lernen harmonisch fühlen statt Sprechtechnik, sie üben Gruppenverhalten, im Kreis Kontakt aufnehmen, wir spüren uns, piep, piep, piep, wir haben uns alle lieb – und dann sind die meisten nach einmal spüren heiser. Oder sie brüllen, was eine unsinnige Kraftverschwendung ist.

Etliche der jungen Kolleginnen und Kollegen schreien auf der Bühne, und man versteht sie nicht, sie sind ohne Technik.

Wobei brüllen natürlich auch geübt werden muss. Und atmen, entspannen, das Stimmvolumen stärken. Ich lernte ganze Buchstabenfolgen in Tonleitern auswendig: a e i o u ä ö ü ei eu au und bewegte dabei meine Lippen in der gewünschten Richtung, plapperte jeden Morgen am offenen Fenster blabliblablablablu.

Hatten unsere »Männer« keine Lust auf Sprecherziehung, baten sie mich: »He, Kleene, kannst du nicht mal einen Fehler erfinden, damit du eine Einzelstunde bekommst und wir freihaben? Meine Freundin kommt Freitag zu Besuch.« Da erfand ich, v und w nicht ordentlich auszusprechen. Frau Konrad-Gäbel, ihr Mann war unser Fechtlehrer, war entsetzt, weil ich w wie v aussprach und umgekehrt. Das übte sie allein mit mir. Am Ende des Studienjahres wurde mir enormer Fleiß bescheinigt. Und von den »Männern« bekam ich was Schönes aus dem Konsum als Dank.

Frau Konrad-Gäbel war eine sachliche, ernste, rationale Frau mit hohen Anforderungen. Ich habe heute noch ihren Spruch im Ohr: »Wenn du hier rausgehst, meine Liebe, musst du brüllen können wie ein Tiger, heulen wie ein Schlosshund, wispern wie eine Zauberin, singen und Texte sprechen, dass ein Heiratsantrag folgt, sonst war's nix.«

Im Fach Diktion ging es mit ihr durch die Weltliteratur. Wir interpretierten Texte, Gedichte, Balladen, untersuchten das Versmaß, bekamen Beispiele großer Mimen vorgespielt. Verse sind nicht langweilig, sondern darin stecken Geschichten, vermittelte uns Frau Konrad-Gäbel, und sie bot uns Brecht als »das große Fressen«, vom kleinen Reim bis zum großen Poem.

Am Ende des Studiums spielte sie jedem von uns vom Tonband vor, was er beim Vorsprechen im ersten Jahr geboten hatte. Das waren die komischsten Nummern des ganzen Studiums. Ich hatte die *Fragen eines lesenden Arbeiters* gewählt, und das hörte sich so an:

»We baute dis siebntürige theb
In den büchan stehn die nam von könign ...«

und so weiter.

Damals haben wir darüber sehr gelacht. Heute sind auf vielen Bühnen die Endsilbn ja häufg verschwundn, nich? Zuschauer mit einem Hörproblem, die weiter hinten sitzen, haben eben Pech.

Bereichernd waren die Begegnungen mit Studenten der anderen Fakultäten, wie Regie, Dramaturgie, Kamera, Produktion. Wir wurden in die Filmarbeit einbezogen, lernten unsere zukünftigen Regisseure kennen, sie die kommenden Schauspieler. Die Dozenten kannten uns alle, denn sie unterrichteten in den Grundfächern, so konnten wir mit ihnen über jeden Fachbereich diskutieren.

In der Kantine der Schule wurden internationale Filme gezeigt, die nicht in unseren Kinos liefen: Antonioni, Fellini, Visconti. Ich ließ möglichst keine Vorführung aus. Es war eng wie in einer Sardinenbüchse, wir hockten auf der Erde dicht vor der Leinwand, Hauptsache, wir durften die Filme sehen. Ich weiß noch, wie ich bei *La Strada* gar nicht mehr aufhören konnte zu heulen.

In Potsdam besuchte ich die Abendschule, um das Abi zu machen. Wurde es zu spät zum Heimfahren, konnte ich im Internat der Schule übernachten. Oben, in den besseren Zimmern, wohnten die älteren Semester wie Jutta Wachowiak und Hannelore Telloke, unten Petra Kelling, Ute Boeden, die spätere Frau von Herbert Köfer, und andere. Ich hatte eine kleine Kammer, und im ersten Jahr überprüfte eine Frau von der Jugendhilfe durch Stippvisiten, ob ich pünktlich und nüchtern im Bett lag. Das fand ich ziemlich doof, wurde ich doch wieder nicht als Frau akzeptiert.

Ich hatte immer noch keinen nennenswerten Busen und war Jungfrau. Einmal bat mich ein Dozent zu einem Gespräch auf die Probebühne, er wolle etwas mit mir probieren, weil ich doch so begabt sei. Aber kaum stand ich vor ihm, riss er mich an sich und mit einem Ratsch die Bluse auf, sodass alle Knöpfe umherkullerten. Ich hab sie nicht mal aufgesammelt, so schnell war ich weg.

Mir erging es wie schon in der Oberschule, viele der Jungen mochten mich als guten Kumpel. Hab auch mein Zimmer für 5 Mark die Stunde oder eine Schachtel Zigaretten, Marke Juwel, vermietet und Schmiere gestanden, wenn zwei miteinander schlafen wollten. Wichtig zu sein und gebraucht zu werden, fand ich ziemlich aufregend.

Wolfgang Winkler – er spielte Jahrzehnte später mit Jaecki Schwarz im *Polizeiruf* – passte auf mich auf wie ein großer Bruder. Er bürgte als Seminargruppensekretär für mich, nachdem ich das zweite Mal durch die Prüfung in Marxismus-Leninismus gefallen war. Eigentlich hätte das mein Ende auf der Hochschule bedeutet. Wolfgang versicherte den Dozenten, dass ich auf dem besten Wege sei, vieles zu begreifen, und in den anderen Studienfächern war ich ja gut. Er büffelte mit mir, ich lernte stur auswendig und bestand.

Natürlich sehnte ich mich nach einem festen Freund, geriet aber deshalb nicht in Panik. Meine Zeit würde kommen, wie immer alles zu mir gekommen ist. Denn künstlerisch fand ich überall Anerkennung.

Wir hatten wundervolle Lehrer: Werner W. Wieland, zu unserer Zeit Fachbereichsleiter Schauspiel, er war erst Anfang fünfzig, aber wie ein Papa zu uns; Peter Kupke, Regisseur, Direktor der Hochschule, anschließend Intendant am Hans Otto Theater; Fritz Marquardt, der Szenenstudium lehrte und mit dem ich später etliche Male arbeiten durfte. Besonders Papa Wieland beschützte und verteidigte mich, wenn meine Fantasie zu weit hinausflog.

Als wir im dritten Studienjahr die *Komödie der Irrungen* einstudierten, war Kupke so angetan von meinen Vorschlägen für die Regie, dass er mir antrug, mit dem zweiten Studienjahr Shakespeare-Szenen zu erarbeiten. Das war mein erster Unterricht an meiner Hochschule und machte mich sehr stolz.

Schon im dritten Studienjahr gastierte ich am Potsdamer Hans Otto Theater. Ich habe noch ein Schreiben vom Oktober 1963, in dem der Intendant Gerhard Meyer »der Ordnung halber unsere mündliche Vereinbarung« bestätigt, wonach ich die Rolle der Pamela in Luckes Lustspiel *Pechmühle* übernehme: »Sie stehen uns für sämtliche Proben und Vorstellungen zur Verfügung und erhalten dafür ein Honorar von viermal 170,-- Mark brutto (einhundertsiebzig) ... mit vorzüglicher Hochachtung ...«

Die Uraufführung fand Mitte November in Kleinmachnow statt. Damals gab es am Hans Otto Theater auch ein Tourneetheater, das gastierte in festen Abstechern – so hieß das. Ein Ensemble – Oper oder Schauspiel – spielte regelmäßig in Ludwigsfelde, Luckenwalde, Rheinsberg, Havelberg, Pritzwalk, Neuruppin und Kleinmachnow, meist in Kulturhäusern oder Werkhallen. Zu diesem Ensemble gehörte nicht die erste Garde, aber auch von denen wurden einige hin und wieder dazu verdonnert.

Für mich bedeutete die Rolle in der *Pechmühle* statt Vorlesungen im Bus über die Dörfer fahren, aus dem Fenster träumen, lesen, lachen, den älteren Schauspielern zuhören. Wieder war ich die Jüngste, wieder die einzige Studentin, wieder eine Extrawurst.

Zur Premiere erschien alles von Film und Fernsehen, was in Kleinmachnow wohnte. Ich erlebte zum ersten Mal, was es bedeutet, vor einem vollen Saal zu spielen, den Applaus zu genießen und danach entspannt zu plaudern.

Vor dieser Premiere aber überreichte mir ein Kollege ein Telegramm. Er wollte mir eine Freude bereiten, weil er ein Toi-toi-toi oder einen Glückwunsch vermutete. Der Text lautete: Oma tot sofort kommen. Ich musste raus auf die Bühne.

Meine Großmutter Toni hatte sich umgebracht. Auch sie war sehr klein gewesen, ein adoptiertes Kind und irgendwie schwermütig. Schon einmal hatte sie versucht, sich mit Gustavs Hosenträgern aufzuhängen, aber die Höhe falsch berechnet, und Gustav kam unerwartet früh heim. In jenem eiskalten Winter 1963 sprang sie in den Teltowkanal. Sie konnte nicht schwimmen.

Meine Mutter lag wieder einmal im Krankenhaus, meine Schwester und ich wagten nicht, ihr die Wahrheit zu sagen, Aufregung hätte auch sie umgebracht. Bei jedem Besuch dachten wir uns neue Lügen aus: Oma lässt grüßen, für sie ist es zu kalt ... Oma kann schlecht laufen, Oma hat so viel zu tun ...

Nur meine Schwester und ich, Gustav, Tante Berte und einige Nachbarinnen saßen in der kleinen Kapelle, als Oma beerdigt werden sollte. Der Sarg wurde ins Grab gelassen, aber die Erde war über Nacht gefroren, sodass es nicht zugeschüttet werden konnte. Man trug den Sarg zurück in die Kapelle. Eine oder zwei Wochen später ließ Gustav uns wissen, dass nun genug Erde vorhanden sei, um den Sarg vollständig zu bedecken. Zu mehr reichte es nicht. Erst im Frühling wölbte sich über dem Grab ein Hügel.

Im Schlafzimmer der Großeltern fanden wir Schwestern später zwei rosa Flanellunterhemden, Omas Weihnachtsgeschenke für uns.

Nach diesem Ereignis nabelte ich mich endgültig ab von zu Hause und von Berlin-Adlershof.

Meine Schwester fuhr wieder nach Rostock – sie studierte Geschichte und Sport, wurde Historikerin –, ich nach Potsdam. Ich spielte Theater, drehte hin und wieder einen Film bei der DEFA und dem Fernsehen, alles nur kleine, komische Rollen. Aber ich war nun eine »Diplom-Schauspielerin« mit dem Prädikat »sehr gut«.

HO-Theater Potsdam

Große Einschnitte in meinem Leben kamen nie mit einem Paukenschlag, sondern wie auf leisen Sohlen. Immer ergab sich eins aus dem anderen. So war es auch mit meinem ersten Engagement am Potsdamer Hans Otto Theater.

Wer in den Sechzigerjahren dort beschäftigt gewesen war, bespielte oder leitete später die Berliner Theater. Es galt als Experimentiertheater und Sprungbrett, das heißt, auch Neulinge bekamen die Chance zu inszenieren. Thomas Langhoff, Siegfried Höchst, Jürgen Gosch waren Schauspieler, keine Regisseure, aber sie durften Regie führen. So ein Experiment hätte dumm ausgehen können, doch in den meisten Fällen krönte Erfolg diese Versuche. Auch wurden Rollen häufig gegen den Strich gebürstet besetzt. Jeder und jede spielte alles. Die *Minna* hätte ich an keinem anderen Theater spielen können, weil ich nicht dem Typ entspreche. In Potsdam spielte ich sie, mit Thomas Langhoff als Tellheim.

Intendant war Gerhard Meyer, einer der fähigsten der DDR. Ein Theatermann sagte 1995 in einer Rede zu Meyers 80. Geburtstag: »Du warst freundlich wie ein Vater, listig wie ein Fuchs, störrisch wie ein Esel, spaßig wie ein Clown, weich wie Samt und hart wie Eisen.«

Besser kann ich es auch nicht sagen, und an dieser Stelle lege ich eine Gedenkminute für ihn ein. Damals war er um die fünfzig und für mich – wie Papa Wieland an der Filmhochschule – wie der Vater, nach dem ich mich immer gesehnt hatte. Um nicht allzu naiv zu erscheinen, dachte ich mir wilde Geschichten aus von einem tollen Freund, den ich in Berlin hatte, mit dem ich interessante Reisen machte. Als ich einmal zu spät zur Probe kam, entschuldigte ich mich, mein Motorroller sei unterwegs kaputtgegangen. Damals träumte ich noch von einem Motorroller.

Meyer nahm solche Geschichten gelassen hin, schwieg und durchschaute mich. Er sagte mal: »Komm zu mir, wenn dich was drückt.« Ich wusste damals noch nicht, was alles hätte drücken und wobei er mir hätte helfen können, aber seine Worte taten mir gut. Er setzte große Erwartungen in mich, und welche Tochter enttäuscht schon gern den geliebten Vater, auch wenn er ein Theatervater ist? Schade, dass ich ihn nur kurze Zeit erleben durfte, er ging 1966 nach Karl-Marx-Stadt.

Meyer nannte man den Talentefischer. Er förderte junge Talente, und deren Namen haben einen guten Klang: Peter Kupke, Fritz Marquardt, Thomas Langhoff, Siegfried Höchst für Regie, Jutta Wachowiak, Heide Kipp, Arno Wyzniewski, Günter Junghans für das Schauspiel in Potsdam. Chemnitz bzw. Karl-Marx-Stadt wurde seine zweite Talenteschmiede mit Cornelia Schmaus, Ursula Karusseit, Ulrich Mühe, Uwe Kockisch, Michael Gwisdek, Jürgen Hentsch.

Ich glaube, er war es auch, der Frank Castorf rettete, als der 1984 in Anklam als Oberspielleiter rausflog, weil seine *Trommeln in der Nacht* einigen in irgendeiner SED-Kreisleitung nicht passten.

»Ihr müsst alles geben – auch wenn ihr nur auf einer Parteiversammlung ein Kampflied singen sollt. Bitte, immer mit voller Kraft, denn ihr werdet gesehen, ihr werdet bewertet, ihr müsst überzeugen. Das gilt für Operette, Märchen, die Klassiker, Gegenwartsdramatik gleichermaßen.« So sein Credo, für das wir lebten.

Gerhard Meyer starb 2002, er wurde 87 Jahre alt. Daran kann man sehen, dass Theater jung hält. »Stunk hält jung« war einer seiner Sprüche.

Bei meinen kleinen Gastrollen als Schauspielstudentin hatte ich ihn in der Arbeit erlebt, aber meine besondere Meyer-Stunde schlug beim Intendantenvorspiel. Das ist der große Verkaufstag der

Schauspielstudenten, die Engagement-Börse, bei dem Theaterleiter aus dem ganzen Land im Saal sitzen. Wir Studenten nannten das Fleischmarkt.

Um dabei zu brillieren, suchte man sich aus den in vier Studienjahren erarbeiteten Rollen die attraktivsten aus, den Feinschliff besorgte man mit seinem Mentor. Ich hatte etwas Ernstes von Hauptmann gewählt, dann die *Heilige Johanna,* die entsprach meinem Typ, und eine Hosenrolle, die Victoria Balance aus *Pauken und Trompeten.*

Ich spielte an diesem Tag ziemlich gelassen vor. Meyer hatte mich nämlich zuvor beiseitegenommen und gesagt: »Schnupsi, du kommst zu mir. Gib mir den Handschlag, das ist wie ein Vertrag.«

Warum er mich Schnupsi nannte, blieb sein Geheimnis. Ich vertraute ihm, schlug ein, Angebote vom Landestheater Halle und der Volksbühne aus. Und das war gut so.

Aus dem Handschlag wurde im Dezember 1965 ein Vertrag, ab dem darauffolgenden August war ich festes Ensemblemitglied des Hans Otto Theaters Potsdam für das Kunstfach Schauspiel und Operette und das Aufgabengebiet Schauspielerin nach Individualität. Das monatliche Gehalt betrug 425 Mark.

Mit dem Sputnik fuhren all jene vom Theater, die in Berlin wohnten, außer mir Heide Kipp, Jürgen Gosch, Thomas Langhoff, Günter Junghans, Damen vom Ballett, Bühnenbildner und Autoren. Zweimal täglich eine Stunde Fahrt Berlin–Potsdam–Berlin, das schweißt zusammen. In diesem Regionalzug lernten wir ganze Rollenbücher auswendig, wir machten Durchsprechproben und Schachturniere, debattierten Vorschläge für Stücke, lasen Krimis, tratschten und schliefen, es gab auch Skatkurse, denn Skat spielen zu können, war Bedingung für jedes fahrende Theatermitglied, und die Fußballergebnisse des Wochenendes zu kennen, ebenfalls Pflicht. Thomas Langhoff besaß ein kleines Kofferradio, an dem hingen wir wie am Tropf, hörten die Theaterkritiken von Friedrich

Luft aus dem Westen, manchmal berichtete er auch etwas über ein Ostberliner Theater.

Im Winter hatten wir unsere Wärmfläschchen mit Adlershofer Wodka in der Tasche und kamen entsprechend heiter im Theater an. Der Fahrplan war eher eine Empfehlung als bindend. Wir formulierten eine der üblichen Ansagen um in »Reisende in Richtung Potsdam laufen bis Ostkreuz vor und fallen dort um«. War 10 Uhr Probe angesetzt, fuhr ich meist schon mit dem 7.30-Uhr-Zug, um garantiert pünktlich im Theater zu sein. Zuspätkommen war peinlich, dennoch trafen die Berliner häufig morgens als Letzte auf der Probe ein, und am Abend gingen sie als Letzte, weil sie nicht zu lange auf dem zugigen Bahnsteig auf den Zug warten wollten. Fiel der aus, verbrachten wir lustige Nächte bei den Potsdamer Kollegen oder in der Kantine, und dann – ja, dann waren wir Berliner morgens die Ersten.

Manchmal schliefen einige von uns bei Mutter Michaelis, der Wirtin von Jutta Wachowiak und Arno Wyzniewski, dem Traumpaar des HO, wie wir unser Theater nannten. Mutter Michaelis hatte genug Platz. Oder Mike Gerber und Renate Usko beherbergten uns in ihrer Altbauwohnung, die direkt neben dem Theater lag. Nicht selten fand ich mich mit einem Kollegen auf einer dieser Gastliegen, rollte mich, so gut es ging, zusammen und verdrängte Gedanken an dies und das. Auf der morgendlichen Probe fit zu sein, war wichtiger als eine durchliebte Nacht.

In Sommernächten verpassten wir oft den Zug, die Proben zu lang, die Euphorie zu groß, die Gespräche zu laut, der Sputnik-Fahrplan aus dem Kopf. Das waren die Schwenzer-Nächte. Schwenzer hieß der Wirt der Theaterkantine. Er blieb so lange, wie wir trinken wollten, denn er wollte verdienen. Das klappte aber nicht immer. Siggi Höchst erfand den FA, französischen Abgang, das heißt, die Männer gingen irgendwann einzeln aufs Klo, entfernten vom Fenster der Toilette einen Eisenstab und kletterten raus. Wir Frauen saßen da, taten so, als warteten wir, behaupteten auf Nachfrage von Herrn Schwenzer: »Stellen Sie sich vor, der hat meine Geldbörse mitgenommen!« oder »So eine Gemeinheit, dem hab ich schon was geborgt …« und was der blöden Ausreden mehr sein können. Da war eben die Kunst des Schauspielens gefragt. Herr Schwenzer blieb gelassen. Manchmal bezahlten die Männer das erste Bier, um den Eindruck zu erwecken, sie hätten an dem Abend genug Geld; manchmal hatte auch Frau Schwenzer Dienst, die nicht wusste, wie viel man ihnen schuldete. Am Monatsende war die Rechnung doch fällig, und wenn das Geld vom Gehalt abgezogen wurde.

Wir schliefen in den Garderoben oder im Frauenruheraum, einem Zimmer mit Liege, das für jeden größeren Betrieb gesetzlich vorgeschrieben war. Einmal, es war im Hochsommer, holten wir Decken aus dem Theater und richteten uns unter der ausladenden Tanne auf dem Theatervorplatz ein. Um neun Uhr konnten wir die Kantine stürmen, Kaffee trinken. Wir aßen ein trockenes Brötchen, rauchten die erste Zigarette. Wer mehr brauchte, war eigentlich schon ein Spießer.

Nicht nur, weil im Sputnik die Aufführungen der Berliner Theater diskutiert wurden und ich mitreden wollte, ging ich an spielfreien Abenden ins Theater. Meine Ausgehuniform: Faltenrock und Blüschen für die Oper, eine gute Hose mit Weste für die Sprechbühne. Damals legte man noch Wert auf schicke Kleidung an einem solchen Abend. Heute ziehen sich viele Leute an, als gingen sie zum Fußball oder einkaufen. Offenbar ist für sie Theater nichts Besonderes, auch wir und unsere Kunst sind dann wohl nichts Besonderes. In der Oper geht es noch einigermaßen traditionell zu, da mokieren sich Leute, wenn jemand zu leger angezogen ist. Aber im Sprechtheater sieht man Turnschuhe, Muskelshirts, Rucksäcke, Mäntel, denn manche sparen sogar das Garderobengeld. Wenn ich unten sitze, ziehe ich jedenfalls keine Alltagskleidung an, aus Respekt vor den Kollegen auf der Bühne.

Meine große Liebe zum Theater begann. In Berlin und Potsdam sah ich Gisela May mit Brecht-Liedern, war begeistert von der Weigel als *Courage*, erlebte Katja Paryla in *Andorra* und die legendären Besson-Inszenierungen am Deutschen Theater – *Der Drache* mit Rolf Ludwig, Ursula Karusseit, Eberhard Esche, *Frieden* mit Fred Düren –, alles großes Theater. Ich war fasziniert, atemlos.

Nach den Vorstellungen ging ich in die Kantine, beobachtete die Schauspieler, wie entspannt und locker sie da saßen, ich machte Komplimente, eckte auch manchmal an mit meiner direkten Art. Reden und auf Menschen zugehen war mir schon immer ein Spaß, ein Vergnügen. Und ich organisierte mir die nächste Theaterkarte, indem ich lobte und schwärmte und wünschte, auch dieses und jenes Stück noch zu sehen. Das sprach Eitelkeiten an, und oft genug hieß es: »Willst du mich mal in dem Stück sehen? Dann sei morgen Abend am Bühneneingang, ich bringe dich am Inspizienten vorbei durch den Garderobengang, ich setze dich rein.«

Meine Favoriten am DT waren Reimar Johannes Baur, Dieter Franke, Rolf Ludwig und Klaus Piontek – all die Großen jener Theaterepoche.

Das HO Potsdam war ein Dreispartentheater wie viele in der Republik. Also standen vor Weihnachten immer ein Märchen und eine kleine Oper für Kinder auf dem Spielplan. Wer darin besetzt war, stöhnte, denn ein Märchen gab es meist zweimal am Tag und zu für uns unmöglichen Zeiten, nämlich früh zehn Uhr, manchmal sogar halb zehn. Das bedeutete für mich, sechs Uhr morgens aus dem Haus gehen. Der Tag war hin.

Aber sobald ich auf der Bühne stand, wich der Frust der Lust. Einmal gab ich in *Rotkäppchen* ein Häschen, durch das ganze Stück hüpfend. Als Rotkäppchens Freund war ich der Liebling der kleinen Zuschauer. Nahte der Wolf, warnten mich die Kinder lauthals, ich feuerte sie an, indem ich ihnen zurief: »Wir müssen jetzt die Daumen für das Rotkäppchen drücken! Drückt ihr auch alle mit?«

Das taten sie, und einmal roch es nach kurzer Zeit merklich und eindeutig im Zuschauerraum. Einige der Kleinen hatten wohl zu sehr gedrückt.

Im Jahr drauf spielte ich den *Gestiefelten Kater,* rannte rund um die Bühne, fuchtelte mit dem Florett, sprang auf eine Kutsche auf – nie wieder waren meine sportlichen Fähigkeiten so gefordert.

Die Fundgrube

In meiner zweiten Spielzeit inszenierte Peter Kupke den *Kaukasischen Kreidekreis.* Ich kannte das Stück nicht, ging aber davon aus, besetzt zu sein. Meyer wird mir schon eine Rolle geben, mit der ich was anfangen kann, dachte ich, was Kleines zwar, aber was Schönes.

»Wir beginnen mit etwas, das dir Spaß machen wird«, hatte er kurz zuvor versprochen.

Ob und wer wen spielt, erfuhr man durch die Besetzungsliste, die am Schwarzen Brett hing, einem Kasten, in dem auch sonst alle möglichen Mitteilungen und Bekanntmachungen angeschlagen wurden. Wir scharten uns also in dem engen Flur um den Kasten, und ich vernahm ein deutliches Grummeln und Murmeln. Als das zunahm und mich schräge Blicke trafen, bemerkte ich darin sogar eine Spur von Neid.

Nun ist es bei Brecht so, dass die Rollen nicht nach deren Bedeutung aufgeführt sind, also Hauptrollen ganz oben, alle weiteren darunter. Brecht hatte seine eigene Reihenfolge. So standen also oben der Gouverneur, die Gouverneurin, der Polizist und so weiter, ganz unten dann der Plebs, als Letzte: Grusche, ein Küchenmädchen. Dahinter mein Name.

»Nun habt euch nicht so, meine Rolle steht ganz unten, was wollt ihr denn?«, versuchte ich, den gemurmelten Aufruhr zu glätten, den ich nicht verstand.

Dann holte ich mein Buch aus der Dramaturgie. Auf der Heimfahrt im Sputnik las ich das Stück, mir wurde heiß und kalt. Die Scham über meine Unwissenheit und meine große Klappe überwog zunächst um ein Vielfaches die Freude über diese große Rolle. Auf jeder Seite kam sie vor, die Grusche, das Küchenmädchen! Da schwor ich mir, ab sofort den gesamten Brecht gründlich von vorn bis hinten zu lesen, ohne zu ahnen, wie viel er geschrieben hatte. Ich nahm mir als Erstes die Theaterstücke vor.

Mit den Proben begann für mich wieder etwas Neues. Die Bühne war eine Schräge (später habe ich fast nur auf schrägen Bühnen gespielt). Wir trugen charakterisierende Halbmasken mit witzigen Äuglein, witziger Nase aus einer Art Pappmaché, innen mit Stoff bezogen. Der Schweizer Heinrich Strub hatte die Masken entworfen und bemalt. Abgesehen davon, dass meine drückte und immer wieder korrigiert werden musste, sollten wir mit dem Körper besonders groß spielen. Wie spielt man groß, wenn man nur 1,50 Meter misst und 45 Kilo leicht ist? Die Bühne ist zehn Meter lang. Macht man große, weite Schritte, sieht es aus, als liefe man stundenlang; geht man ganz langsam, mit kleinen Schritten, wird Müdigkeit sichtbar, ein langer Weg ist zurückgelegt. Zwar eine gewisse Künstlichkeit, jedoch ganz einfaches, körperliches Theater. Dabei entdeckte ich, dass ich hinter der Maske meine Hemmungen vor großen Gesten verlor. Niemand sah die Augen, wenn der Mund lachte, also musste ich einen Glücksmoment mit dem ganzen Körper ausdrücken. In einer Szene gibt Simon seiner Grusche eine Kette als Verlobungsgeschenk. Mit dieser Kette in der Hand bin ich über die ganze Bühne getanzt. Ohne Maske hätte ich derart raumgreifend nie zu tanzen gewagt – ich mach mich doch nicht zum Leo. So aber fühlte ich mich wie der Vogel Strauß, man sieht mich nicht, jetzt kann ich mich alles trauen. Da ich lange Hosen und darüber einen Rock trug, konnte ich mich auch breitbeinig hinsetzen, mir mit dem Rock großzügig Luft zufächeln – es wirkte nie obszön. Kostüm und Maske gaben mir ein völlig neues Körpergefühl.

Eine Woche vor der Premiere tauchte Paul Dessau im Theater auf. Er hatte die Musik zu Brechts Liedern komponiert und ein Instrument erfunden aus acht unterschiedlich gestimmten Gongs, die in Klaviermechanik bedient werden. Kombiniert mit Flöte, Geige und Schlagzeug, erzielte das sehr eigene Wirkungen.

Als Paul Dessau das kleine Foyer unseres Theaters in der Zimmerstraße betrat, wuselte alles aufgeregt herum. Es kamen schließlich nicht alle Tage Komponisten zu uns, und dann noch ein so bedeutender. Er sah genauso aus, wie ich mir einen Menschen vorgestellt hatte, der bei Brecht arbeitet: dunkelblaues Leinenhemd, weiße Hosen, weiße Schuhe, eine Leinenjacke um die Schultern gelegt. Dazu den typischen Brecht-Haarschnitt. In seiner Strenge erinnerte er mich an den Mao-Look, kein Kettchen, keinen Schmuck, keine Kinkerlitzchen.

Dessau ist schuld, dass ich mir Jahre später in Florenz das teuerste Hemd meines Lebens kaufte. Ich wollte, seit ich ihn gesehen hatte, so ein dunkelblaues Leinenhemd haben, das gab es aber nur für Männer. Ich kaufte es, ließ es ändern und bezahlte dafür fast noch mal so viel wie den Kaufpreis. Ich nannte es mein Brecht-Hemd, und bis heute bin ich diesem Hemdenstil treu geblieben.

Ich war schon im Kostüm und unglaublich aufgeregt, als Dessau mich bat, vorzusingen. Dann entschied er: »Sie singen a cappella. Bei dieser jungen Frau, diesen einfachen, bodenständigen Texten muss alles pur sein, das wirkt am stärksten.« Dessaus Stimme veränderte sich je nach Situation: Sie klang klar, wenn er laut war, privat eher knarrig, und wenn er vorsang, so blechern wie eine Trompete. Einen ganzen Vormittag lang probierte er mit mir Grusches *Lieder auf der Wanderung*.

»Da dich keiner nehmen will
Muss nun ich dich nehmen
Musst dich, da kein andrer war
Schwarzer Tag im magern Jahr
Halt mit mir bequemen ...«

Ich begann, etwas von der Figur zu begreifen: Die Grusche hat von einem Moment zum anderen entschieden, ohne Plan, im Gegensatz zu der Gouverneursfrau. Sie hat nicht bedacht, dass durch dieses Kind ihr ganzes Leben durcheinandergerät: die Verlobung gelöst, weil Simon glaubt, es sei von einem andern; sie marschiert fünfeinhalb Tage lang durch eine Gegend, in die sie nie wollte, um das Kind, das niemand haben will, irgendwo unterzubringen.

Der Sänger, Thomas Langhoff spielte ihn, sagt an einer Stelle:

»*Hört, was sie dachte, aber nicht sagte:*
Ginge es in goldnen Schuhn
Träte es mir auf die Schwachen
Und es müsste Böses tun
Und könnte mir lachen.
Ach, zum Tragen, spät und frühe
Ist zu schwer ein Herz aus Stein
Denn es macht zu große Mühe
Mächtig tun und böse sein …«

Paul Dessau hatte dazu eine wunderschöne Melodie geschrieben. Spontan bestimmte er: »Das ist wie ein kleines Volkslied, das singt die Antoni auch!«

Ganz leise habe ich es unter der Maske gesungen.

Dieser Vormittag, an dem Paul Dessau allein mit mir arbeitete, mir nahebrachte, wie man ein Brecht-Lied interpretiert, eröffnete mir ganz neue Perspektiven.

Ein Satz dieses Mannes pflanzte sich unauslöschlich in mein Hirn: »*Jeder* kann Brecht-Lieder singen. Aber nicht jeder *kann* Brecht-Lieder singen, das braucht Persönlichkeit.« Alle seine Worte und Hinweise habe ich mir gemerkt, konnte sie anwenden, als Brecht singen für mich etwas Alltägliches wurde.

Nach der Premiere bekam ich den ersten großen Applaus meines Lebens, nein, eigentlich waren es die ersten Ovationen. Was an jenem Abend losbrach, überwältigte mich. Ich hörte Bravorufe, wurde immer wieder auf die Bühne geschoben. Unter der Maske rollten meine Tränen, ich war glücklich.

Das war die Anerkennung, nach der ich mich als Kind gesehnt hatte: Seht her, ich kann was. Ich bekam Lob und Zuspruch von Kollegen und vom Publikum, alle liebten mein Spiel, liebten mich. Als Kind ist mir zwar Sorgfalt entgegengebracht worden, aber zum Anlehnen und Kuscheln war weder Zeit noch Gelegenheit. Meine Mutter war zu krank oder zu beschäftigt gewesen. Deshalb tat mir wohl dieser Applaus so gut, er versöhnte und verwöhnte mich.

Wenn es am Hans Otto Theater Potsdam eine Premiere gab, kam auch aus Berlin alles, was in jener Zeit zur Theaterprominenz gehörte. Thomas Langhoff sagte mal, das Schönste an Potsdam seien unsere Berliner Premieren gewesen.

Die Anwesenheit von Paul Dessau, Heinrich Strub und Helene Weigel gab diesem Abend besonderen Glanz. Die Weigel, so klein wie ich, war damals Intendantin des Berliner Ensembles. Nach der Vorstellung sagte sie zu mir, sie würde sich demnächst bei mir melden, denn: »Ich könnt dich brauchen! Hast 'ne schöne Nase, ein schönes Gsichtl, Pupperl!« Sie nannte alle jungen Schauspielerinnen Pupperl, wie ich später erfuhr.

Die Kritiker überschlugen sich vor Begeisterung, lobten besonders uns Neulinge, Siggi Höchst als Azdak und mich. Doch am meisten freute ich mich über die Kritik von Ernst Schumacher in der *Berliner Zeitung*: »… Fräulein Antoni gibt der Rolle etwas ursprünglich Naives, Direktes, sie wirkt bäuerlich-proletarisch in einem und unterscheidet sich ziemlich stark von der … Grusche im Berliner Ensemble, von Angelika Hurwicz … Ich finde die Darstellung der Antoni frischer, weniger ›sentimentalisiert‹. Es ist ein Heidenspaß, sie breitbeinig, in großen Schritten ins Leben laufen zu sehen …« Er empfahl allen Theaterfreunden eine Reise nach Potsdam, »um sich zu überzeugen, wie eine kleine ›Vorstadtbühne‹ auf durchaus glückliche und beglückende Weise ein nicht leicht zu spielendes Brecht-Stück in Szene zu setzen verstanden hat.«

Schumacher galt als Kritikerpapst. Was Marcel Reich-Ranicki für die Literatur, war Ernst Schumacher für die Theaterszene. Und er verglich mich mit einer großen Schauspielerin – das war grandios!

Ich habe noch ein Schreiben vom Intendanten zum 7. Oktober 1966: »Sehr geehrte Frau Antoni, für diese Rolle zeichnen wir Sie mit einer Prämie in Höhe von 200 Mark der Deutschen Notenbank aus.«

200 Mark, das war viel Geld damals, ein halbes Gehalt.

Nach dieser Goldrauschpremiere nahm mich Thomas Langhoff einmal in seinem Trabi mit nach Zeuthen zu Paul Dessau und seiner Frau Ruth Berghaus. Im Garten war der Kaffeetisch gedeckt, Sohn Maxim grüßte kurz und ging dann mit einem Freund Tischtennis spielen. An jenem Nachmittag trug Dessau von oben bis unten Weiß, wie ein Tennisspieler. Seine Frau, die stark sächselte, erzählte von einer Opern-Inszenierung, man sprach von Heli und von Ekke, vom BE und von Opern- und Theaterplänen. Halb ohnmächtig vor Ehrfurcht lauschte ich, aß wunderbaren Kuchen, trank richtigen Bohnenkaffee, der mein Herz noch bis tief in die Nacht klopfen ließ.

Nach der Grusche ging's steil bergauf, ich machte so etwas wie Karriere. Ich war Lessings *Minna* und die Magd in *Nausikaa*. Ich spielte in Shakespeares *Komödie der Irrungen*, in Bill-Bjelozerkowskis *Sturm*, in der *Kesselflickerhochzeit* des Iren John M. Synge. Zum ersten Mal gab ich eine alte Frau in García Lorcas *Doña Rosita bleibt ledig*, war auch die *Wundersame Schustersfrau*, und zum ersten Mal sang ich den *Surabaya-Johnny* in Brechts *Happy End*. Dazu viele kleine Stücke und Programme, der Spielplan bot mir alle Möglichkeiten, mich auszuprobieren. Wie Meyer es versprochen hatte.

Ich spielte, erfand meine Figuren, Stück für Stück lernte ich mehr. An der Schauspielschule hatte ich ein Etüden-Buch geführt, in dem all das stand, was ich bei der Erarbeitung einer Szene bemerkenswert fand. Meine Textbücher sind voller Anmerkungen, wie ich etwas ausdrücken kann. Zum Beispiel kamen mir meine Notizen zur Grusche, all diese merkwürdigen Ausdrucksmittel, sehr zugute, als ich 1984 unter Peter Konwitschny am BE in *Jacke wie Hose* den Max Gericke spielte.

Und ich lernte Theaterdisziplin. Die allerdings auf ausgesprochen harte Weise. Eines Tages war die Probe früher zu Ende, und ich fuhr nach Berlin. Abends gab es im Fernsehen *Stahlnetz*, seinerzeit ein Straßenfeger, das wollte ich natürlich sehen. Kurz vor 19 Uhr klingelte es Sturm an meiner Tür. Oberwachtmeister Eichel von der Köpenicker Feuerwache bat mich, mitzukommen: »Ein Gespräch für Sie, dringend!« Die Feuerwache hatte Telefon, ich nicht. Katastrophenszenarien gingen mir durch den Kopf, Schicksal, Feuer, Tod. Das, was dann kam, lag jedoch außerhalb meiner Vorstellung.

Der Chef des Künstlerischen Betriebsbüros brüllte am anderen Ende durch die Leitung: »Was soll ich mit den Leuten machen, die hier vor dem Theater stehen? Wir haben eine Spielplanänderung, Sie können nicht einfach abhauen, Sie haben bis 16 Uhr bereitzustehen! Das hat ein Nachspiel, morgen früh sind Sie 10 Uhr in der Intendanz!«

Mir wurde übel, ich hatte Angst, umzukippen. Ich kam gar nicht zu Wort, er brüllte immer weiter. Mit letzter Kraft schrie ich zurück: »Was meinen Sie, wie es mir geht, Sie Idiot!«

Eigentlich meinte ich mit Idiot mich. Ich saß in Berlin, der nächste Zug fuhr in einer Stunde, für ein Taxi hatte ich kein Geld, ich kannte niemanden, der ein Auto besaß und mich hätte fahren können – es gab für mich keine Chance. Und ein paar hundert Leute waren vergeblich ins Theater gekommen, hatten sich fein gemacht, sich darauf gefreut und mussten nun wieder gehen, weil ich fehlte …

Mein Herz raste, ich schämte mich wie noch nie in meinem Leben. Dieses Gefühl lässt sich nicht in Worte fassen, wie mir an dem Abend zumute war, wie ich nicht geschlafen habe in der Nacht, wie ich die Sputnikfahrt am nächsten Morgen überstanden habe. Und wie ich mich dann erst im Theater gefühlt habe. Angebrüllt haben sie mich, niemand hat gesehen, dass ich schon genug gestraft war.

Später habe ich mit Kollegen darüber geredet. Hermann Beyer hatte auch einmal eine Vorstellung versäumt, er bestätigte: Diese Schmach ist wie eine schlimme Krankheit, ein totaler Zusammenbruch.

Vor dem gesamten Ensemble, vor der Intendanz und dem Chef des Künstlerischen Betriebsbüros, die alle im Zuschauerraum versammelt saßen, musste ich mich entschuldigen. Das Theater hatte den Besuchern angeboten, in der Kantine noch ein Bier zu trinken. Die Rechnung wurde mir aufgebrummt. Die Konfliktkommission war zusammengetreten und hatte mich zu einem Monatsgehalt Strafe verdonnert. Ich durfte sie in 50-Mark-Raten bezahlen. Ich spielte längst an der Volksbühne, da knabberte ich immer noch an den Raten.

Dennoch war ich sehr glücklich in Potsdam, in meiner ersten Theaterfamilie, in dieser Sturm-und-Drang-Zeit, dem ersten Ensemble, dem ich angehörte. Wir stritten und schlichteten, brüllten uns an und lachten, die Temperamente krachten aufeinander, wir suchten nach spielbaren Stücken, quälten uns mit Neuem, freuten uns über Gelungenes, wir tranken und feierten. Was für eine gute Zeit!

Erste eigene Wohnung

Mit dem sicheren Einkommen von 425 Mark bezog ich eine kleine Wohnung in Berlin-Köpenick am Katzengraben, ein Zimmer, Küche, Ofenheizung, Außentoilette. Sie galt als schwer vermietbar, wie das damals hieß, und kostete nur 18 Mark Miete. Es war zwar lange nicht so komfortabel wie in dem Häuschen bei meiner Mutter, aber allein zu sein, über den Tag zu entscheiden, das fand ich wundervoll. Ich hatte einen Freund, Thommy, und war frei.

Im Haus wohnten noch zwei Familien und ein bekloppter Mann, der sei aber harmlos, sagte man. Dennoch graulte ich mich, wenn ich nachts mit dem letzten Sputnik nach Hause kam und über den dunklen Hof gehen musste. Schon der Heimweg nach der fast einstündigen Bahnfahrt von Potsdam über Karlshorst nach Köpenick, dann weiter mit der Straßenbahn, zog sich hin, und wenn die Straßenbahn nicht mehr fuhr, musste ich laufen, die ganze lange Bahnhofstraße entlang, über die Spreebrücke, durch die nachts ausgestorbene Köpenicker Altstadt, das war ein ungemütlicher Marsch.

Einmal verfolgte mich ein Mann, quatschte auf mich ein, was er alles mit mir anstellen würde, ich lief immer schneller, am kleinen Park nahm er eine Abkürzung und fing mich auf der Brücke ab. Mein Gehirn lief auf Hochtouren: Wenn ich jetzt mein Haus ansteuere, weiß der Kerl, wo ich wohne. Aber da kam mir ein Wachtmeister vom nahe gelegenen Polizeirevier entgegen, der seine Runde machte. Der Kerl verzog sich, und der Wachtmeister brachte mich heim. Seine Rundgänge, die auch nachts besetzte Feuerwache gegenüber und die Kneipe »Marktbörse« wurden als mögliche Fluchtpunkte meine Angstvertreiber.

Ich wohnte zu ebener Erde, später mietete ich einen weiteren Raum in der ersten Etage.

In unserem kleinen Hof stand ein alter Schuppen, das war das Katzenhaus, und bald hockte der erste Kater vor meiner Tür. Er hatte glänzendes schwarzes Fell, ich nannte ihn Lumumba. Wenige Tage später gesellte sich die orange-weiße Schalotte hinzu. Beide besuchten mich regelmäßig zum Kuscheln und zum Fressen.

Hatte ich frei, ging ich gern spazieren, durch Köpenicks Altstadt Richtung Schloss, am einstigen Atelier meines Vaters vorbei. Mein Ziel war eine kleine Buchhandlung. Deren Leiterin gefiel mir, sie sah apart aus, trug einen dicken Zopf, der auf dem Rücken baumelte. Wenn sie Zeit hatte, unterhielten wir uns, über Bücher natürlich und über Theater und Malerei.

Irgendwann lud sie mich in ihr kleines Häuschen am Wasser ein, wo ich ihren Mann kennenlernte, den Maler und Grafiker Dieter Goltzsche. Dann begann auch ich, Leute einzuladen. Ingrid Goltzsche brachte eines Abends Manfred Butzmann mit, den Grafiker und Maler, und der kam mit Peter Schwarzbach, der später Restaurator wurde. Beide studierten damals an der Kunsthochschule Weißensee, sie hatten noch weniger Geld als ich, aber wir brauchten nicht viel, um die Nacht durchzuquatschen und glücklich zu sein.

Mein Hof, beschützt durch ein großes Tor, Haus und Katzenschuppen, wurde eine Insel der Begegnungen. Es war leicht, Menschen zu finden, mit denen ich auf einer Wellenlänge sendete und Lust hatte zu reden.

Einmal sah ich auf dem Alexanderplatz einen jungen Mann mit Gitarre. Ich setzte mich auf eine Bank und hörte zu, er sang Folk-Songs von Gordon Lightfoot, die ich im AFN gehört hatte. Sein Gesang gefiel mir, ich sprach ihn an und lud ihn ein. Kornelius kam aus Westberlin, er ist heute Grafiker und Designer. Auf ähnlich unspektakuläre Weise lernte ich Helga und Konrad kennen, zwei linke Studenten aus Marburg, dann Björn aus Falun, Juan aus Spanien, der mich sofort heiraten wollte.

Ich habe nie darüber nachgedacht, dass solche Kontakte unerwünscht waren. Vielleicht war ich naiv, sicher aber rebellisch, und ich hatte überhaupt keine Lust, mich unterzuordnen. Ich machte, was ich wollte, parierte Kritik mit Frechheit. Mein Temperament tat das Übrige.

Einmal nervte mich ein Maler, der in mich verliebt war, ich aber nicht in ihn, was er nicht begreifen wollte oder konnte. Immer wieder stand er vor meiner Tür. Eines Tages, ich hatte gerade einen Kuchen gebacken, klingelte er wieder, da bewarf ich ihn mit diesem Kuchen, als er die Treppe runterlief, bis zum letzten Stück. Erst nach dieser Attacke blieb er mir fern. Später, als ich am Leninplatz wohnte, habe ich diese probate Methode wiederholt, es traf wieder einen Maler.

Aber zurück zu meinem Hof im Katzengraben. Wir diskutierten die Nächte durch, sangen zu Kornelius' Gitarre, erzählten Geschichten und von unseren Träumen, diskutierten über Kunst und Politik, tranken Wein und aßen, was da war, Schmalz- oder Zuckerstullen oder Knoblauchbrot. Nicht zu vergessen: Ein Brot kostete 45 Pfennige, eine Flasche Erlauer Stierblut, der einzige trockene Rotwein, den es gab, 3,50 Mark.

Die neuen Freunde brachten exotische Gewürze mit und immer wieder Kaffee und bei uns nicht erhältliche Bücher: Kafka, Capote, Zuckmayer, Roald Dahl, Krimis. Und Schallplatten: die Beatles, die Bee Gees, die Stones, Leonard Cohen, Bob Dylan. Auch wenn der eingeschmuggelte *Spiegel* drei Monate alt war, für uns kam damit die große, weite Welt ins Haus. Und Maos Schriften erbat ich, weil es schick war. Gelesen habe ich sie nie. Ich hingegen beglückte meine Gäste mit Lenin, Marx und Engels.

Ich hatte ein Tonbandgerät gekauft, Marke Smaragd. Das Ding war groß wie ein Rollkoffer für eine Wochenendreise und mindestens doppelt so schwer, aber ich schleppte es überall mit hin, bestückte es mit Musik aus dem Radio und von geborgten Schallplatten. Und wenn Kornelius nicht Gitarre spielte, dudelte Smaragd. Wurden wir zu laut, kam manchmal der nette Polizei-Wachtmeister. Wir konnten ihn zum Bleiben überreden, er aß und trank und erzählte mit uns bis zum Dienstschluss.

Die Verbindung zu Manfred Butzmann, Peter Schwarzbach, Kornelius und einigen anderen hält bis heute; noch immer feiern wir gelegentlich Feste, die bis zum Morgen dauern.

Als Ingrid Goltzsche zu zeichnen begann, weckte das in mir die Lust am Malen. Meine Freundin Barbara Müller-Kageler studierte Malerei. Sie schenkte mir einen Schuhkarton voller Farbtuben mit Resten und Pinsel. Mit Barbara verbindet mich eine lebenslange Freundschaft, sie kutschierte mich einst im Kinderwagen durch Adlershof.

Ich war glücklich und begann, jede Pappe zu bemalen. Es gab in Ostberlin nur einen Laden für Künstlerbedarf in der Chausseestraße, und das Zeug war ziemlich teuer. Zwei Farben, die ich immer suchte, bekam ich in kleinen Tuben: Pariser Blau und Moosgrün oder Russisch Grün. Dieses Blau hat sich durch all meine Garderobe gezogen, ich liebe diese Farbe bis heute. Und das Grün begleitet mich durch alle Wohnungen, Datschen und Möbel.

Die Goltzsches erklärten mir Maltechniken, zu Hause probierte ich eifrig alles aus, traute mich sogar an Radierungen, wie ich es von ihnen abgeguckt habe. Wir nahmen Pappröhren, steckten in alte Kugelschreiber kleine Nägel und ritzten damit Bilder. Drucken durfte ich bei ihnen.

Von jedem Pappkarton schnitt ich ordentliche Vierecke, lackierte sie mit weißer Farbe, das war meine Leinwand. Die konnte man nur vom Meter kaufen, für mich nicht bezahlbar.

Als ich an der Volksbühne war, gab Besson mir und zwei anderen Kollegen einmal die Möglichkeit, Bilder im Foyer und den

Treppenaufgängen auszustellen. Von mir hingen Porträts von Karge und Langhoff, Landschaften und Blumen dort.

Meist hab ich gemalt, wenn ich traurig war. Musik hören und malen bedeutete für mich Trost und so etwas wie Geborgenheit. Den Geruch von Farben und Terpentin hatte ich seit frühster Kindheit in der Nase. Vielleicht hab ich doch von meinem Vater ein bisschen Talent geerbt. Aber Brecht sagte ganz richtig, Talent sind zehn Prozent, der Rest ist harte Arbeit. Und gearbeitet habe ich am Theater.

Ingrid Goltzsche aber konzentrierte sich bald ganz auf die Kunst, malte Akte, Pferde, Landschaften, Porträts, arbeitete mit Aquarell- und Ölfarben. Als hätte sie ihren frühen Tod geahnt – sie wurde nur 56 Jahre alt –, stürzte sie sich in die Kunst. Fast 5000 Arbeiten hat sie hinterlassen.

Den Goltzsches bin ich heute noch dankbar, dass sie mich mitnahmen nach Friedrichshagen zu ihrer Freundin Charlotte E. Pauly, die schon zu Lebzeiten eine Berliner Legende war. Als ich sie kennenlernte, war sie eine hinreißende alte Dame, Ende siebzig, mit blitzenden, jungen Äuglein, immer eine bunte Kappe auf den grauen Löckchen. Sie sprach mit hoher, zarter Stimme und wie Alexander Kluge mit diesem fragenden, nach Bestätigung suchenden Ja? in jedem Satz: »Ich habe gestern ein Bild gemalt, ja? Und dabei fiel mir ein, ja? …« Und sie sprach so, wie sie zeichnete: konzentriert, knapp, schnörkellos.

Vielleicht gehörte die Art zu sprechen zu ihrer Taktik: Zeit gewinnen, Worte mit Bedacht wählen, Zuhörer bannen. Und sie konnte uns bannen – mit Geschichten von ihren Reisen rund ums Mittelmeer, bis nach Syrien, Persien, Palästina. Ich erstarrte vor ihrer Bildung, die sie nie zur Schau trug, die man aber allenthalben spürte. Sie war die Erste, die García Lorca aus dem Spanischen ins Deutsche übersetzt hatte. Sie hatte Biologie, Literatur, Philosophie und Kunstgeschichte studiert und promoviert, kannte viele interessante Menschen. Ingrid erzählte mir, dass sie mit Gerhart Hauptmann befreundet gewesen war und dessen Sarg von Agnetendorf im Riesengebirge in einem Sonderzug nach Deutschland begleitet hatte, wo er in der Nähe seines Hauses in Kloster auf Hiddensee beigesetzt wurde. Das war 1946.

So etwas wie Charlottes Wohnung hatte ich nie zuvor gesehen. Wohnung ist nicht der richtige Begriff, es war eher eine Bude. Ich verstand bei dem Anblick die Bedeutung des Wortes Stillleben: aneinandergelehnte Bilder, Haufen von Mappen, vollgestrichelte Skizzenbücher, gestapelte Druckgrafiken, Lithos, Bildchen und Kartons. Sie bemalte alles, was sich bemalen ließ. Mit Papier ging man damals nicht so verschwenderisch um wie heute.

Eine richtige Küche gab es nicht, zwischen Farbtöpfen, Bechern mit Pinseln und Papier standen Kaffeetassen, flache Tüten mit »mocca fix« und russische süße Sahne in kleinen, metallenen Büchsen, manchmal lagen Pellkartoffeln auf einer Zeitung. Trockenes Brot bot sie an wie einen krossen Schweinebraten. Wir kratzten unser Geld zusammen, um Kaffee oder Tee oder Rotwein zu kaufen für einen Abend. Trotz ihres vielseitigen Könnens lebte sie in ähnlich bescheidenen Umständen wie ich. Dass sie, die ich bewunderte, mich ernst nahm, tat mir gut.

Charlotte malte auch naive Bilder. Das ist doch einfach, dachte ich und wollte ebenso malen. Ist aber gar nicht so einfach, und mir wurde klar, wie wenig ich von Malerei wusste. Um zu lernen und mitreden zu können, begann ich, Ausstellungen zu besuchen, kaufte stapelweise Kunstpostkarten. All die Bilder auf den Postkarten sah ich später als Originale in den Uffizien und anderen Galerien.

In Friedrichshagen sind nach dem Tod von Charlotte E. Pauly und Ingrid Goltzsche-Schwarz Straßen nach ihnen benannt worden, und das ist gut so. Ich besitze ein kleines Porträt von Charlotte, das Volker Pfüller gemalt hat und das ich sehr liebe.

Mein erstes Berliner Theater

Die Ostberliner Volksbühne ist ein Riesenbau mit drei Stockwerken, einer großen Bühne, geräumigen Garderoben. Das im Krieg völlig zerstörte Haus stand schon 1953 wieder, aber zwanzig Jahre später wurde der große Zuschauerraum umgebaut, man spielte an anderen Stätten, und im Juni 1972 gab es eine neuerliche Eröffnung.

Ich war Benno Besson gefolgt, der mir konkrete Angebote mit Namen und Rollen gemacht hatte. Auch Helene Weigel hatte mich wissen lassen, dass sie mich am BE brauche, aber da sie meine Frage nach Rollen nicht beantwortete, ging ich an die Volksbühne. Allerdings hatte mir die Weigel prophezeit: »Du kommst schon noch, Pupperl!«

Die Theaterkantine liegt im Keller, und da saßen sie dann alle, die Durst hatten, die was vom Theater verstanden oder zu verstehen vorgaben, Schauspieler, die eben noch auf der Bühne gestanden hatten, Kollegen von anderen Bühnen, Zuschauer, Dichter, Techniker, Assistenten. Es war immer herrlich laut, das Bier preiswert und kühl, und die nie ausgehenden Buletten waren heiß und einmalig triefend vor Fett. Heiner Müller trank mit uns Whisky und las aus seinen Texten, Christoph Hein gab uns Entwürfe zu seinen Stücken zum Lesen und Diskutieren. Mit ihm verbindet mich bis heute die wunderbarste Freundschaft meines Lebens.

Besson hatte Wort gehalten und ein großartiges Ensemble um sich geschart: die Regisseure Fritz Marquardt, Manfred Karge, Matthias Langhoff, Brigitte Soubeyran, den Allround-Künstler Einar Schleef, die Maler Harald Metzkes und Ronald Paris, die Bühnenbilder und Kostüme schufen, dazu Angelica Domröse, Winfried Glatzeder, Gabriele Gysi, Hilmar Thate, Bessons blutjunge Tochter Katharina Thalbach, Steffie Spira, Marianne Wünscher … Und alle – wir Schauspieler, die Dramaturgen, Bühnenbildner, Requisiteure – immer um Besson herum.

Ich erinnere mich an mein Vorstellungsgespräch: Besson kam mir sehr streng vor, doch unter seinen buschigen Augenbrauen blitzte ein kleines, freches Lachen auf, das mich beruhigte. Eine ganze Stunde lang erzählte er mir vom neuen Profil der Volksbühne, sprach über seine Erwartungen an das Ensemble. Dann ein typischer Besson-Satz: »Morgen beginnen wir mit Proben zu *Arzt wider Willen.* Du spielst die Martine. Da kannst du dein Temperament und dein Können zeigen.«

Und dann mein erster Tag an einer Berliner Bühne. Auf der Probe großartige Schauspieler: Ursula Karusseit, Armin Mueller-Stahl, Rolf Ludwig, Harry Hindemith. Unvorstellbar meine Aufregung und die Lust auf diesen Aufbruch zu Besson.

Die Proben waren verrückt. Metzkes turnte mit Farbe und Pinsel um uns herum, ließ farbenprächtige Kostüme an unseren Körpern entstehen. Auf mein weißes Kleid malte er Streifen, Muster, Manschetten, Kragen, ein Schürzchen. Besson raste durch die Reihen, er lief und redete, provozierte uns, indem er uns imitierte, das war seine Art der Kritik. Er lamentierte, schnurrte, arbeitete mit Tönen und mit allen Sinnen. Gefiel ihm etwas, hakte er sofort nach: »Was hast du jetzt gemacht?« Damit wollte er rauskriegen, ob wir etwas bewusst eingesetzt hatten und wiederholen konnten oder ob wir spontan und unbeabsichtigt agierten. Erfüllten wir seine Erwartungen nicht, zeigte er seine Enttäuschung, war eingeschnappt wie ein kleiner Junge. In solchen Momenten sagte er: »Ich wusste gar nicht, dass man das *nicht* darstellen kann!« Um am nächsten Morgen um Änderungsvorschläge zu bitten, da man die Dinge ja nicht darstellen könne. Wir machten Angebote, er korrigierte, und er hörte auf seine Schauspieler. Über einen gelungenen Einfall gluckste er vergnügt in sich hinein, mimte verschmitzt den Erstaunten. Passte ihm etwas nicht, tat er beleidigt. Oder er spielte zornig vor, beharrte auf seiner Idee, und wir hassten ihn für Sekunden wegen dieser kleinen Schikanen. Bei der nächsten Probe probierten wir etwas Neues oder noch einmal das Alte – er habe sich eben geirrt, das kommt doch vor, oder?

Das war seine Methode: den Widerspruch der Schauspieler herausfordern, um durch Provokation zur Lösung einer Szene zu kommen. Durch seinen französischen Akzent klangen die Betonungen ungewohnt lustig, doch verriet uns seine Stimme den Pegel von Zufriedenheit oder Unmut über unsere Leistungen.

Benno Besson sprach mit uns voll Freundlichkeit, Wehmut, Seligkeit, Zorn, Trauer – und immer mit Zuneigung. Er hörte zu, und er liebte seine Schauspieler. Vielleicht war Besson der letzte wirklich große Theatermann, der ein Team zusammenführen, einen besonderen Spielplan kreieren und die Fantasie der Schauspieler zum Sieden bringen konnte. Im Gedächtnis bleiben mir seine wohltuende Wärme, sein überbordender Einfallsreichtum, seine künstlerische Bändigung auf der Bühne.

Ich spielte die schnell sprechende, freche Frau des Sganarelle, den Rolf Ludwig gab, spielte die Sonja in *Avantgarde* von Katajew, einem heiß diskutierten Schriftsteller jener Zeit, unter der Regie von Fritz Marquardt. Mit dieser Rolle wurde ich von der Redaktion *theater heute* als interessanteste junge Schauspielerin des Jahres gekürt. Und dann in Carlo Gozzis *König Hirsch.* Für Molière und Gozzi hatte Besson einen völlig neuen Spielstil entwickelt. Er griff auf uraltes Wissen um Volksbelustigung und Jahrmarktspektakel zurück, zauberte die klassischen Muster von Gut und Böse auf die Bühne – wie er später auch auf hoher artifizieller Stufe Brechts *Guten Menschen von Sezuan* inszenierte.

Improvisieren vergisst man nach der Ausbildung schnell und

gern, es gibt genügend Texte, an die man sich hält. Bei Besson aber war dieses Können gefragt. Carlo Gozzi hatte die Handlung seines *König Hirsch* nur skizziert, die Schauspieler sollten innerhalb dieses Gerüsts variabel agieren. Ich bekam die herrliche Rolle des Gigolotti, Diener des Zauberers Durandarte. Wieder hatte Besson einen Maler engagiert. Ronald Paris entwarf für unsere Kostüme riesige, grellbunte Figurinen im Stil der Commedia dell'arte, auch das Bühnenbild – eine gemalte Landschaft, wie ich sie auf einer Kunstpostkarte von Canaletto gesehen hatte.

Mein Gesicht war hinter einer Maske aus Stoff verborgen. Ich lag bereits eine Viertelstunde vor Einlass der Zuschauer unter einer Decke auf der Bühne. Durch ein kleines Loch konnte ich die Zuschauer sehen. Ich schwitzte unter der Maske und der Decke. Irgendwann schlief etwas ein, die Hand, ein Bein … So vorsichtig wie möglich bemühte ich mich, das Kribbeln zu beherrschen, aufmerksame Zuschauer bemerkten selbst das, tauschten ihre Beobachtung aus. An ihrer Sprache konnte ich sie einordnen. Nach kurzer Zeit stiegen Lampenfieber und eine Brise Hysterie in mir auf, weil es immer wärmer wurde und der Sauerstoff immer weniger. Ein Wecker erlöste mich zu Vorstellungsbeginn, und dann fühlte ich mich wie ein Rennpferd am Start, ich legte los. Was für eine Erlösung! Der Text sprudelte wie befreit heraus. Wichtig war, dass die ersten vier Sätze ankamen, dass ich Reaktionen des Publikums spürte, aha, sie begreifen, ich konnte meinem Affen Zucker geben, sie sahen ja nicht, was ich hinter der Stoffmaske sah.

»Hier bin ich, meine verehrten Herrschaften, Ihnen große Dinge zu erzählen …«, lautete der vorgegebene Text, dann wertete ich die Tagesnachrichten aus, Politik und Wetter. Das Publikum reagierte und amüsierte sich. Schnelle Einfälle waren gefragt, schnelles Schalten, Schlagfertigkeit, eine Art Mutterwitz.

Schon auf den Proben waren meine Hemmungen verflogen, und bei der Premiere verlor ich sie vollends. Inspiriert und ermutigt von

Besson, gelang es mir, meine eigenen Gedanken respektlos ans Publikum zu bringen. So wuchs der Gigolotti weit über den eigentlichen Bühnentext hinaus, wurde zum Kommentator kleiner und großer Misslichkeiten mit tagesaktuellem Bezug. Eine Rolle also, an der die Arbeit nicht aufhörte, bei der jeder Abend eine Premiere war. Kamen die Gags an? Verstand man die Anspielungen? Besson war unersättlich in seinen Erwartungen. Er forcierte unsere ständige Auseinandersetzung mit dem Stück, mit seinen Ideen und mit unserer Zeit. Das ist wohl das größte Geschenk für einen Schauspieler.

König Hirsch stand lange auf dem Spielplan, und mit jeder Vorstellung wuchs mein Mut zur Improvisation. Ich steigerte mich, das war die beste Konzentrationsübung für Gedankenblitze und Schlagfertigkeit.

Walfriede Schmitt spielte die Rolle weiter, als ich sichtbar mit meinem Sohn schwanger war.

Diese Inszenierungen schützten Besson nicht vor Angriffen. Die Kritiker warfen ihm unangemessene Lustigkeit vor angesichts des hehren Ziels, den Sozialismus aufzubauen. Man nahm also übel. Im Osten hieß das: Bitte nicht zu lustig, wir haben auch Probleme! Und im Westen: Warum so lustig, haben die keine Probleme?

In der Spielzeit 1973/74 erfand Benno Besson das Spektakel 1, dem im Jahr darauf Spektakel 2 folgte. Auf Haupt- und Vorderbühne, im Sternfoyer und den beiden Seitenfoyers wurde zehn Tage lang en suite gespielt. Alle Schauspieler waren beschäftigt, junge Autoren und Regisseure bekamen eine Chance. Heiner Müllers *Herakles 5*, Christoph Heins Stück über Adolf Hennecke und sein *Britannicus*, Alexander Langs *Stühle*, das *Katzenspiel* von István Örkény, *Margarete in Aix* von Peter Hacks – die Theaterkritiker mussten sehr oft ins Theater, um alles zu erfassen.

Heute mag das alltäglich klingen, damals war es eine Sensation. Und es ermöglichte eine neue Freiheit in der Auswahl der Stücke, denn Besson unterwanderte damit die Kontrolle des Kulturministeriums. Gegenwartsdramatik oder Tradition lautete die politische Forderung. Wir spielten die Gegenwart, allerdings in nicht so ganz erwünschten Stücken. Ich sehe Benno noch vor mir, die buschigen Augenbrauen zusammengekniffen, wie er sagte: »Sollen sie nur herkommen, wir scheuchen die durchs ganze Haus, dann sind sie im dritten Stock müde, und verstehen tun sie eh nix.«

Ich glaube, Besson wurde niemals richtig gewürdigt. Er legte auch wenig Wert auf Ehrungen, und am Ende ist vieles vergessen. Bis 1978 blieb er an der Volksbühne, und mit seinem Weggang endete die große Volksbühnen-Zeit. Diesen Mann mit den immer neuen Ideen für das Theater konnte nichts halten, wenn er sie nicht realisieren durfte. Er ging in die Welt. Er war kein Beamter, kein Eintrichter für müde Leute. Er war ein kindlicher Zauberer, und so werde ich ihn in Erinnerung behalten. Jahre später sah ich Inszenierungen von ihm an anderen Orten. Ezio Toffolutti hatte zu all seinen Aufführungen Kostüme und Bühnenbilder gestaltet. Da fand ich das verlorene Lachen wieder.

Und dann bekam ich meine wichtigste Hauptrolle: Mama sein. Für jedes meiner Kinder habe ich eine Hauptrolle nicht gespielt. Für Jacob war es Tschechows *Möwe* und für Jenny der *Hamlet*. Beide Stücke sollten Karge/Langhoff inszenieren. Aber was bedeutet schon eine Hauptrolle gegen ein wunderbares, winziges neues Kind im Arm?

Aufbruch von der Volksbühne

In meiner Erinnerung waren die Siebzigerjahre für die Berliner Theater die kreativste, die beste Zeit. Wunderbare Kollegen kamen an die Volksbühne, die wie ein Magnet auf- und ausbrechende Schauspieler anzog, aber auch am Deutschen und am Maxim Gorki Theater arbeiteten großartige Ensembles.

1976 bekam ich als Gast am Berliner Ensemble die Rolle der Eva aus dem *Puntila* und meine Tochter Jenny. Im *Puntila* zeigte Ekkehard Schall zum ersten Mal sein komödiantisches Talent. Und ich bemühte mich, mitzuhalten – das hat geknallt!

Es war also ein gutes Jahr. Bis im November die allgemeine Hoffnung auf gesellschaftliche Liberalisierung und Meinungsfreiheit jäh zerstört wurde. Es kam der Tag, der eine Wende war: Nach einem Konzert Wolf Biermanns in der Kölner Stadthalle wurde er ausgebürgert.

Worte wie »Hausverbot« oder »unerwünschter Vorgang« hatte man schon gehört, aber »Ausbürgerung«? Das war ein Novum, gegen das sich umgehend Widerstand formierte. Künstler, Prominente in Ost und West protestierten. Zwölf DDR-Schriftsteller schickten einen von Stephan Hermlin initiierten offenen Brief an die DDR-Führung mit dem Appell, Biermanns Ausbürgerung zurückzunehmen und ihn wieder ins Land zu lassen. Das Neue Deutschland, das den Brief auch erhalten hat, druckte ihn natürlich nicht ab, die Menschen erfuhren das aus den West-Medien, und in den darauffolgenden Tagen schlossen sich rund hundert weitere Schriftsteller, Schauspieler, bildende Künstler an. Der Staat forderte einen Protest gegen den Protest, das heißt, in einem anderen offenen Brief bestätigten wiederum etliche die Richtigkeit dieser Ausbürgerung. Einige Kollegen nahmen auf Druck von oben ihre erste Unterschrift zurück und setzten ihren Namen auf die zweite Liste.

Mich hat diese Unterschriftskiste sehr beschäftigt. Die Aktion, die dem Brief der Schriftsteller folgte, wurde nachts verabredet, und das, glaube ich, nur zwischen den Filmleuten. Die vom Theater kleckerten hinterher. Es wusste wohl auch niemand genau, wo sich diese Listen gerade befanden, einige wurden gar nicht angesprochen – zu denen gehörte ich.

Ich habe keine dieser Listen gesehen. Vielleicht, weil ich nicht zur damaligen Prominenz gehörte, vielleicht, weil man wenig über mich und mein Privatleben wusste und mich nicht einschätzen konnte, vielleicht, weil es bei allem solidarischen Bestreben für Biermann natürlich auch ein großes Misstrauen untereinander gab. Als ich davon erfuhr, war die Messe gesungen.

Um es hier zu sagen: Ich hätte nichts unterschrieben. Einen Menschen auszubürgern, seiner Heimat zu berauben, nur weil er freche Lieder singt, finde ich unmöglich. Aber ich hatte einen wundervollen Mann, zwei zauberhafte Kinder, gute, verlässliche Freunde – und ich konnte meinen Beruf ausüben. Im Gegensatz zu Künstlern, die aus der Partei oder dem Schriftstellerverband ausgeschlossen wurden, denen Auftritts- und Arbeitsmöglichkeiten versagt blieben und die daraufhin das Land mehr oder minder freiwillig verließen.

Es begann ein nie da gewesener Aderlass. Manfred Krug, Jutta Hoffmann, Angelica Domröse und Hilmar Thate, Katharina Thalbach und Thomas Brasch, Ulrich Plenzdorf, Bettina Wegner und Klaus Schlesinger verließen das Land, um nur die Prominentesten zu nennen. So ging einer nach dem anderen, Regisseure, Schauspieler, Sänger, Tänzer, Kabarettisten, Entertainer, auch Freunde, geliebte und geschätzte Kollegen – es waren sehr traurige Monate.

Ich war froh über meinen Entschluss, das Theater zu wechseln, denn auch die Verluste an der Volksbühne nahmen kein Ende. Was ich damals nicht wusste: Der Tornado tobte auch durch das Berliner Ensemble, vielleicht noch zerstörerischer als durch die Volksbühne. Ich konnte mich nur ein paar Wochen lang auf die Zusammenarbeit mit Ruth Berghaus, Einar Schleef, B. K. Tragelehn freuen. Kurz nach meinem Start dort, im September 1977, übernahm Manfred Wekwerth den Intendantenstuhl von Ruth Berghaus, die an die Staatsoper wechselte.

Die Ausreisewelle ging weiter, die politischen Wogen schlugen höher. Mein kluger Mann prophezeite, dass die DDR-Wirtschaft spätestens Mitte der Achtzigerjahre am Ende sei. Obwohl mich das Gefühl von Kontrolle, von Kleinlichkeit und Enge, das sich wie Mehltau auf uns gelegt hatte, bedrückte, freute ich mich auf neue Aufgaben. So kam ich ans Berliner Ensemble, dem ich dreimal Nein gesagt hatte.

Endstation Sehnsucht: BE

Es ist erstaunlich, wie sich die Theater innerhalb einer Stadt unterscheiden. Zumindest war es damals so. Das Berliner Ensemble, Brechts Bühne, bot einen außergewöhnlichen Komfort. Schon das Angebot an Bildung war einzigartig: Bei einer Sprecherzieherin konnten wir kostenlosen Unterricht nehmen. Ein Pianist erarbeitete mit uns Brecht-Lieder; wir erhielten Bewegungsunterricht. Der Komponist Hans-Dieter Hosalla leitete ein theatereigenes kleines Orchester. An spielfreien Montagen fanden sogenannte Bildungsvormittage statt, zu denen illustre Gäste aus Wirtschaft, Politik, Kunst und Literatur eingeladen wurden, um uns auf den neuesten Stand zu bringen. Der künstlerisch-ökonomische Rat der Schauspieler schlug der Leitung Stücke vor. Die Regieassistenten schrieben nach jeder Vorstellung einen Bericht mit kritischen Anmerkungen, den wir vor der nächsten Vorstellung in die Hand bekamen. Es gab einen Frauenruheraum, eine Masseurin, und zweimal in der Woche hielt ein Arzt Sprechstunde ab. Es gab ein Urlaubs-Bungalowdorf für Ensemblemitglieder und für die Kinder ein Ferienlager, das Helene Weigel initiiert hatte. Es gab eine Kaschier-Werkstatt unter dem berühmten Theater- und Kostümplastiker Eddy Fischer, eine Tischlerei, eine kleine Schmiede mit Schlosserei, die Maske, eine Schneiderei (die Kostüme wurden in den Werkstätten der Staatsoper gefertigt), ein Archiv, eine Bibliothek und eine hauseigene Fotografin, viele Jahre lang war das Vera Tenschert.

Der wunderbare Zuschauerraum mit dem Foyer voller plüschiger roter »Empire«-Möbel, das kuschelige Rangcafé und die kleinen, gemütlichen Garderoben schufen eine Rundum-Wohlfühl-Atmosphäre. Ungeschriebene Benimmregeln verstärkten das Gefühl: Betraten Männer die Bühne, nahmen sie die Mütze ab und gingen leise hinter dem Rundhorizont, den das Fünfer-Team später entfernen ließ, zur Garderobe. Man aß nicht auf der Bühne. Die Garderobieren brachten uns das Geschirr und räumten es auch wieder weg. Vor allem aber liebten sie die Kostüme an uns Schauspielern, begleiteten uns mit der Kleiderbürste in der Hand bis zum Auftritt. Und die Putzfrau, die kleine Frau Gertrud Herzer, die fast hundert Jahre alt geworden ist, pflegte jede Garderobe und jedes Waschbecken, als gehörten sie ihr.

Eine der schönsten Traditionen am Haus war der Vorhang für die Technik bei einer Premiere: Alle Techniker standen vor den Schauspielern und verbeugten sich. Wir warteten dann an der Seite und klatschten auch für sie.

Zu jedem Geburtstag, zu jedem Jubiläum gratulierte die Intendanz mit Blumen und einem Glückwunsch.

Dieses Theater reiste um den Erdball, war zwei Jahrzehnte lang das weltweit am meisten bewunderte! Und ich gehörte nun zu diesem Ensemble.

Bald erkannte ich, dass die Schauspieler Lager gebildet hatten: eines um Ekke Schall, eines um Manfred Wekwerth und ein buntes Lager. Ich beschloss nach kurzer Zeit, mein eigenes Lager zu sein. Ich passte in keines.

Als ich noch an der Volksbühne war, gastierte ich als Eva im *Puntila.* Nach einem Gespräch mit der Intendantin Ruth Berghaus bekam ich den Vertrag, um nun, im Sommer 1976, am BE anzufangen. Endlich! Ich sollte in *Dantons Tod* spielen. Mein Engagement begann jedoch ohne Ruth Berghaus und ohne *Danton.*

Ich hatte mich ungemein auf diesen Theaterwechsel gefreut, hatte fasziniert Heiner Müllers *Zement* gesehen unter Ruth Berghaus' Regie und mit der Musik ihres Mannes Paul Dessau. Auch von

Strindbergs *Fräulein Julie* war ich begeistert. Jutta Hoffmann, Annemone Haase und Jürgen Holtz spielten hinreißend, exzellent, fast parodistisch gesteigert. B. K. Tragelehn und Einar Schleef hatten das Stück nicht als naturalistisches Trauerspiel inszeniert, sondern in unsere Zeit transponiert mit witzigen Kostümen, den damals gängigen DDR-Schlagern und Alltagssprache. Es war der Versuch, neues, experimentelles Theater auf die Bühne zu bringen. Aber das passte weder den Genossen vom ZK noch den Brecht-Erben und einigen BE-Mitarbeitern. Nach zehn Aufführungen wurde das Stück abgesetzt, Ruth Berghaus wechselte an die Staatsoper, und Manfred Wekwerth übernahm, wie schon einmal, die Intendanz.

Das zweite Mal traf der Bannstrahl den großen Dario Fo, Italiener, Schöpfer eines satirischen, sozialkritischen Volkstheaters. Seit 1977 spielten wir vor immer vollem Haus sein Stück *Bezahlt wird nicht.* Peter Bause und ich, Jaecki Schwarz und Renate Richter gaben zwei Ehepaare im Italien der Siebzigerjahre. Es ging um Moral und Eigentum und die Plünderung eines Supermarktes – ein herrliches Spektakel. Als Dario Fo das BE besuchte und die Vorstellung sah, lobte er uns voll Überschwang, so erfreute ihn unser Spiel.

Wir waren glücklich, und wir freuten uns sehr, als wir hörten, dass er im April 1981 die *Dreigroschenoper* machen wollte. Peter Bause sollte den Londoner Polizeichef Tiger Brown spielen, ich seine Tochter Lucy. Für den Mackie Messer war Ekke Schall vorgesehen.

Dann gab es eine Konzeptionsprobe mit Dario Fo und Manfred Wekwerth. Sie fand nicht, wie sonst üblich, in einem Probenraum statt, sondern im Zuschauerraum, weil alle Kollegen, von den Schauspielern bis zu den Handwerkern, den berühmten Dario Fo erleben wollten. Auch etliche Journalisten hatten sich angesagt. Neugierig auf Fos Konzeption, lauschten wir ihm fasziniert. Er erzählte von viel Wohlstand und vielen Kühlschränken, die Mackie und Polly zur Hochzeit bekommen sollten. Ich argwöhnte nichts, dachte an unser Erfolgsstück *Bezahlt wird nicht* und freute mich hoffnungsvoll auf die neue Arbeit.

Plötzlich verließ Ekkehard Schall den Saal. Dario Fo redete weiter. Schall kam kurze Zeit später mit seiner Frau Barbara zurück. Dann verschwanden die Schalls mit Fo und dem Intendanten. Ende der Konzeptionsprobe. Man erklärte uns mit merkwürdig dürren Sätzen, die *Dreigroschenoper* würde es in dieser Regie nicht geben. Dario Fo reiste am nächsten Tag ab. Das muss man sich vorstellen: Ein international anerkannter, politisch denkender Theatermann kam in ein sozialistisches Land, um politisches Theater zu machen, was wir alle wollten – und wurde rausgeschmissen! Ich habe es nie verstanden. Vielleicht waren die Kühlschränke schuld, die es in diesen Mengen in der DDR nicht zu kaufen gab, und die Ideen für die Kostüme aus weichen, fließenden (West-)Stoffen, die herzustellen für unser Theater zu teuer gewesen wären. Es durften ja keine Bedürfnisse geweckt werden, nicht in Zeitungen, nicht im Fernsehen und auch nicht auf der Bühne.

Enttäuschungen gehören zur Arbeit, Erwartungen sind oft zu hoch, Besetzungen bringen das Blut zum Kochen.

Peter Kupke, mein einstiger Regisseur in Potsdam, war mittlerweile am BE. Er besetzte mich in der *Mutter Courage* – aber nur mit dem *Lied von der Bleibe:*

»Uns hat ein Ros' ergetzet
Im Garten mittenan
Die hat sehr schön geblühet
Haben sie im März gesetzet
Und nicht umsonst gemühet.
Wohl denen, die ein' Garten han.
Sie hat so schön geblühet …«

Vorne spielte das Leben, Gisela May gab die Courage, und ich kam allabendlich ins Theater, um dieses eine Lied hinter der Bühne zu singen. Mehr nicht. Bis ich intervenierte: »Es reicht jetzt, macht bitte eine Tonaufnahme!« Erst nach zwei Gesprächen geschah das, und ich war von diesen Abenden suspendiert.

Dann wurden die Proben zu *Tolles Geld oder Armut ist keine Schande* von Alexander Ostrowski abgebrochen, irgendwas passte wieder nicht mit der Regie. Ich schlug ein eigenes Brecht-Programm vor, das wurde abgelehnt. Ich spielte im *Galileo Galilei,* in *Jegor Bulytschow* an der Seite des zauberhaften, schlauen, viel zu früh verstorbenen Kurt Böwe. *Bezahlt wird nicht* indes lief und lief. Doch ich hatte ungeheure Lust auf größere Rollen.

Da schlug Peter Konwitschny vor, mit mir ein Einpersonenstück zu erarbeiten, *Jacke wie Hose* von Manfred Karge. Die Idee nahm die Intendanz zwar nicht ganz so enthusiastisch auf, denn Karge arbeitete schon im fernen Westen, in Bochum, aber das Thema passte: Es geht um eine Frau in den Dreißigerjahren, die die Rolle ihres verstorbenen Mannes einnimmt, um seinen Arbeitsplatz als Kranführer nicht zu verlieren. Und Konwitschny, Berghaus-Schüler und Sohn des großen Dirigenten Franz Konwitschny, sah zwar düster und pessimistisch in die Welt, sprühte aber vor grandiosen Ideen. Er wurde später für die Oper, was Schleef für das Schauspiel war. Ich glaube, ihn faszinierten die Geschichten in den Opern. Arien, nur heruntergesungen, eine Ansammlung von starr dastehenden Chören, das wollte er revolutionieren, und das ist ihm in vielen seiner Inszenierungen gelungen.

Für *Jacke wie Hose* hatte Konwitschny Kostüme und Bühnenbild – es war die Probebühne – selbst entworfen: Eisenbahngleise mit Kreuzung und Weiche führten durch den gesamten Raum, die Zuschauer saßen oder standen zwischen den Gleisen. Wir probierten nur zu zweit, Konwitschny und ich. Die Proben, viele Stunden am Tag, erlebte ich wie Szenen einer Ehe.

Sein Sinn für Realismus, sein hintergründiges Lächeln, seine schwarze Fantasie flößten mir fast Angst ein. Er forderte mir das Männliche, das Weibliche, das Kindliche ab, wobei er mich an Abgründe führte. Die Kindheit zeigte sich traurig, verloren, die Frau kinderlos, verzweifelt, der Mann biertrinkend, grölend und sexuell schwach – Extreme von bitterster Wahrheit in tiefstem Moll.

Er prophezeite, scharfsinnig analysierend, meine Wirkung auf das Publikum, was ich gar nicht hören wollte. Ich wusste damals nicht, dass er mir Existenzielles abfordern wollte. Ich schämte mich sehr in einigen Szenen, doch er sagte, die Zuschauer würden mir verzeihen, da sie sich schämten und ich sie ertappte in ihrem Versagen. Ich müsse Haut zeigen, meinen Ernst, mein Leid – nicht die Schau und nicht das Spiel: »Sei pur, ohne Schnörkel!«

Oft kam ich mit all meiner Wut und Aggression heim, suchte Schutz bei meinem Mann. »Das ist toll, was er von dir verlangt!«, war sein Kommentar. (Mein Mann wurde im selben Jahr wie Konwitschny nur einen Tag vor ihm geboren – es leben die Wassermänner!)

Irgendwann zog ich mich in einer Probe voller Zorn aus, zeigte meinen Bauch. Konwitschny lachte laut, lobte mich zum ersten Mal für meinen Mut.

Und da hatte ich begriffen: Ich konnte etwas zulassen, eine Sperre in mir aufheben. Bei schwierigen Szenen kamen mir oft private Gedanken in die Quere. Im Leben haben Zaghaftigkeit, Zurückhaltung, Scham ihre Berechtigung, auf der Bühne jedoch, das habe ich bei dieser Produktion gelernt, sind diese Eigenschaften nur hinderlich; ich konnte plötzlich exaltiert und extrem agieren.

Ich spielte also Max und Ella Gericke immer im Wechsel, von der Kindheit bis zum 66. Lebensjahr, zog mich hautnah am Publikum um, was ich noch nie zuvor getan hatte. Saß in Unterwäsche zwischen den Leuten, träumte von einem Kind, spielte eine Entbindung, dabei saßen die Zuschauer sozusagen an meinem Bett.

Ich trank, am Tisch sitzend, Bier bis zum Exzess, drosch einen brutalen Skat zu viert im Alleingang. Ich weinte, brüllte, flötete, grölte. Die Scham war überwunden.

Diese Rolle hat etwas in mir freigelegt, das ich zuvor nicht für möglich gehalten hätte. Dafür bin ich Konwitschny unendlich dankbar. Seine Anforderungen waren gewaltig, groß aber auch sein Vertrauen in mich. Eine solche Herausforderung vermisse ich heute manchmal.

Obwohl *Jacke wie Hose* nach einer sensationellen Premiere gut lief, wurde es wegen des aufwendigen Bühnenbildes bald abgesetzt. Ich aber hatte zum ersten Mal einen Abend allein gestemmt, wie wir es am Theater ausdrücken, das war einfach wunderbar. Und ich hatte einmal mehr begriffen, was es heißt, gutes Theater zu machen.

In Bochum spielte zeitgleich Lore Brunner das Stück unter Manfred Karges Regie. Wir planten einen Austausch, aber dann kam Lore ohne Stück und ohne Karge, nur als begeisterte Zuschauerin. Ich durfte nicht nach Bochum fahren. Erst nach der Wende zeigten Lore und Manfred bei uns am BE die Bochumer Aufführung.

1991 inszenierte John Maybury den Stoff als Film unter dem Titel *Man to Man* mit Tilda Swinton in der Hauptrolle.

Blicke ich zurück auf die Zeit am Berliner Ensemble, sehe ich mich in drei Etappen: In der ersten bin ich nur leidenschaftliche Zuschauerin, in der zweiten ein Mitglied des Ensembles unter etlichen Regenten, in der dritten Schauspielerin unter Claus Peymann. Aber davon später. Und untrennbar mit dem BE verbunden: Ekkehard Schall. Er war der einmalige erste Arturo Ui, ein unvergleichlicher Coriolan, ein brillanter Eilif – seinen artistischen Säbeltanz vergesse ich nicht. Ekke, der Perfektionist, verkörperte den wahren Brecht-Schauspieler seiner Zeit, er bot Welttheater.

Ganz anders, lyrischer, leiser, Hilmar Thate. Auch er nicht gerade ein Hüne, eher ein »Napoleon«, aber ich mag das Kraftvolle dieser kleinen Männer. Beide standen bei all ihrer Unterschiedlichkeit für das Poetische, die Präzision, das Gefühl, die Technik und die Perfektion, die Brecht-Texte und Brecht-Lieder verlangen.

An Ekke Schall faszinierte mich seine Sprechtechnik: Er sprach rasend schnell und dabei sehr deutlich. Mir schien es, als forme er jeden Buchstaben im Mund und genieße das. Bei keinem anderen Schauspieler habe ich Endsilben, Konsonanten und Betonungen so deutlich gehört wie bei ihm. Brecht hatte ihn 1952 an sein Theater geholt, er war mit Brechts Tochter Barbara verheiratet, so hat er den Meister persönlich gekannt, wusste, wie er interpretiert werden wollte. Ekkes verschmitzten Brecht-Anekdoten hörte ich gern zu. Brecht sei unerbittlich und fordernd gewesen, präzise bis zur Pingeligkeit, aber viele dieser Anmerkungen wurden durch Ekke zur Basis unseres Spiels.

Durch Schall bin ich auf Brecht-Texte neugierig geworden, zumal er immer neue, auch unveröffentlichte Texte und Vertonungen mitbrachte. Angespornt durch ihn, begann ich das Körper-Stimm-Training am BE. Er war es auch, der mich ermunterte zu singen. Und er bläute mir ein: »Wenn du nicht spielst, also freihast, musst du üben und lesen – immer.« Ich habe das getan, obwohl ich den Wahrheitsgehalt seiner Worte erst später schätzen gelernt habe.

Bevor das Berliner Ensemble nach der Wende zum zweiten Mal in andere Hände gehen sollte, sagte Schall: »Der Etikettenschwindel beginnt, ich gehe.« Mir hat seine Haltung imponiert. Er ging leise, und wer da ging, begriffen die wenigsten. Jeder ist ersetzbar – eine Feststellung nicht ganz ohne Trauer.

Verbotene Filme

Die Partei in dem gewesenen Land verbot nicht nur Bücher, sondern auch Filme und Theateraufführungen. Wurde eine Inszenierung beanstandet, diskutierten wir am Theater lange und heftig über diese Verbote einzelner Passagen. Regie und Dramaturgie zeigten sich gegenüber der Partei erstaunt, sprachen von dramaturgischen Finten, die leicht auszubügeln seien, sie konnten sich herauswinden mit allerlei Tricks. Wir entfernten kurzzeitig Textstellen, die wir bei der Premiere wieder aufnahmen. Meist erfuhren wir erst spät, was denn genau kritisiert worden war, manches Mal lagen wir völlig schief mit unseren Vermutungen. Ein gänzliches Verbot für eine Aufführung war dann allerdings doch ein Politikum und löste heftige Diskussionen im Ensemble aus. Oft ging das mit der Absetzung des Verursachers, also des Regisseurs einher. Das waren finstere Zeiten.

Besonders wuchtig geriet der Kahlschlag nach dem 11. Plenum 1965. Eigentlich sollte es um ökonomische Fragen gehen. Breschnew hatte Chruschtschow abgelöst, in der DDR ging es wirtschaftlich bergab. Aus dem Wirtschaftsplenum wurde, wohl als Stellvertreterdiskussion, ein Kulturplenum mit verheerenden Folgen. Eine halbe Jahresproduktion der DEFA verschwand in irgendwelchen Kellern. Kellerfilme nannte man sie, Horst Sindermann, Präsident der Volkskammer, sprach in Anspielung auf einen dieser Filmtitel zynisch von »Kaninchen-Filmen«.

Kam ein Film nicht in die Kinos, waren Monate, manchmal Jahre Arbeit umsonst. Den Dreharbeiten gingen ja unendlich lange Genehmigungsverfahren voraus. Heute dauert es Monate oder Jahre, bis der Produzent genug Geld zusammen hat, um einen Film zu machen, damals ging es um Genehmigungen. Wer da alles zustimmen musste! Der Chefdramaturg und der Studiodirektor, das ist klar, dann das Ministerium für Kultur und das ZK der SED, Abteilung Kultur, selbst Honecker gab noch seinen Senf dazu.

Die künstlerische Arbeit war umsonst, es gab keine Premiere, nur interne Debatten, die Schauspieler blieben ohne Bewertung, die Regisseure im Dauerbeschuss mit der Obrigkeit, die Öffentlichkeit ausgeschlossen – das war hart. Man litt mit den Kolleginnen und Kollegen, die Hauptrollen gespielt hatten, denn eine große Filmrolle ist immer und überall eine wunderbare Sache. Noch ein unerwarteter Effekt trat ein: Schauspielerinnen und Schauspieler, die in mehreren dieser verbotenen Filme spielten, gerieten in den Augen der Öffentlichkeit zu Widerständlern, sie bekamen eine politische Haltung angedichtet, ohne dass sie eine solche jemals bekundet hätten.

Und doch war ich stolz, in zwei »Kaninchen-Filmen« mitgespielt zu haben, wenn auch nur in Nebenrollen. Auch ich rettete meine Enttäuschung in das Gefühl, mich politisch verhalten zu haben. Vielleicht war es auch nur ein jugendliches Aufbegehren, die Lust auf Revolte. Denn natürlich wussten wir, dass nicht alles, was wir spielten und was gedreht wurde, parteikonform war, doch deshalb war es noch lange nicht reaktionär, sondern der Versuch, kritisch zu sein. Viele Menschen im Land und auch die Künstler hofften, mit konstruktiver Kritik eine Auseinandersetzung, eine Aufweichung der starren Strukturen zu erreichen.

Im Prager Frühling hatte ich durch das Fernsehen eine so große Sympathie für Dubček entwickelt, dass ich auf meinen kleinen Koffer »Hoch lebe Dubček« schrieb. Ich kam nur bis zum S-Bahnhof Köpenick. Auf dem Polizeirevier wurde mir empfohlen, nachzudenken. Ich dachte vergeblich nach bis zum Abend, dann ließen sie mich gehen. Ich war wütend wegen dieser Repression, mir ging es gar nicht um ein politisches Bekenntnis, nur um Gerechtigkeit für die Prager, denn ich liebte diese Stadt.

Sieht man heute diese verbotenen Filme, ist man sprachlos. Es sind gute, klare, kritische Geschichten mit großartigen Schauspielern. Aber Kritik verursachte bei der Obrigkeit Schrecken, und die Antwort war immer gleich rigoros. Was war so schlimm an *Denk bloß nicht, ich heule* von Frank Vogel? Vielleicht bloß der Titel. Die Handlung: Ein Schüler, ihn spielte Peter Reusse, wird von der Schule verwiesen, weil er verkündet hatte, die Republik nicht zu brauchen. Er geht aufs Land zu seiner Freundin, um sich auf das Abi vorzubereiten. Deren Vater ist LPG-Vorsitzender und gegen die Verbindung. Irgendwann gibt es eine Prügelei.

Prügeleien passten schon nicht zum sozialistischen Menschenbild, aber einer, der die Republik nicht braucht wie das tägliche Brot, das ging gar nicht. Da half auch nicht die hervorragende Besetzung: Jutta Hoffmann, Helga Göring, Alexander Lang, Fred Delmare, Arno Wyzniewski. Ich spielte eine Studentin.

Anders der Film *Das Kaninchen bin ich.* Es war schon erstaunlich, dass der Film überhaupt gedreht werden konnte. Das Buch von Manfred Bieler, das von der politischen Strafjustiz handelt, ist in der DDR nie erschienen. Bieler ist später in den Westen gegangen. Kurt Maetzig führte Regie und musste sich danach in endlosen Debatten demütigend rechtfertigen. Der Verbund Deutscher Kinematheken zählte den Film später zu den hundert wichtigsten deutschen Filmen aller Zeiten.

Es geht um eine Kellnerin, die nicht studieren darf, weil ihr Bruder wegen staatsgefährdender Hetze im Knast sitzt. Die Kellnerin, Angelika Waller, verliebt sich in den Richter, der ihren Bruder verknackt hat, trennt sich aber von ihm, als sie erfährt, wer er ist. Auch in diesem Film spielte ich eine Nebenrolle. Wolfgang Kohlhaase hatte das Drehbuch verfasst. Etliche seiner Drehbücher durften nicht realisiert werden. Er hat unermüdlich weitergearbeitet und auch nach der Wende tolle Filmszenarien geschrieben, zum Beispiel *Sommer vorm Balkon*, *Whisky mit Wodka*, *Die Stille nach dem Schuss*.

Man könnte noch einige der verbotenen Filme aufzählen, *Karla* zum Beispiel, wieder mit Jutta Hoffmann, oder – der berühmteste – die *Spur der Steine* mit Manfred Krug. Wie gesagt, es war eine halbe Jahresproduktion der DEFA, die da verschwand.

Lange nach diesem Kahlschlag erlebte auch ich mit einer Hauptrolle, dass »mein« Film weggeschwiegen wurde.

1986 drehte Siegfried Kühn nach eigenen Erlebnissen den Film *Kindheit:* Ein niederschlesisches Dorf im letzten Kriegsjahr, der neunjährige Alfons wächst bei seiner Großmutter auf, der Omamutter, die mit fester Hand einen kleinen Bauernhof führt. Eines Tages erscheint ein Schweinedompteur mit seinem Wanderzirkus, der das Dorf und die Omamutter durcheinanderbringt. Ich spielte diese Omamutter, Fritz Marquardt den Schweinedompteur Nardini, an der Kamera Peter Ziesche.

Kindheit lief nur eine Woche lang in Berlin, dann kurze Zeit in einigen Kreisstadt-Kinos. Über Schlesien und Vertriebene durfte damals nicht geredet werden. Der Preis als Beste Hauptdarstellerin auf dem 5. Spielfilmfestival der DDR 1988 hat mich wenigstens ein bisschen über die fehlende Öffentlichkeit hinweggetröstet.

Es ist eine liebevoll erzählte Geschichte, und die Rolle war ein Traum. Allerdings kamen mir beim Lesen des Drehbuches Zweifel – und auch Ängste. Ich sollte Hühner schlachten, ein Schwein ausnehmen, eine geschlachtete Taube zusammennähen, kutschieren und andere mir keineswegs vertraute Arbeiten erledigen. Und doch, ich wollte das alles schaffen. Von einer Familienfirma, die Tiere für Filme dressierte, bekamen wir nicht nur die Pferde und Schweine, sondern auch ein Hühnervolk mit zwei Hähnen. Einer war der Lieblingshahn des kleinen Sohnes der Familie, der mit am Set war. Ich lernte unter Anleitung eines Tierarztes, wie man ein Huhn mit zwei Handgriffen schlachtet. Das tat ich tapfer.

Am Abend checkten wir das Material und entdeckten: Fussel. Fussel bedeutet, die Einstellung noch mal drehen, auf dem Film ist etwas, das da nicht hingehört. Es war ausgerechnet die Schlachtszene, die wiederholt werden musste. Das hieß, der Lieblingshahn musste dran glauben. Eine schreckliche Situation, der Junge tat mir unendlich leid, er weinte so bitterlich, dass ich mitheulte.

In einer Szene will Nardini die Omamutter überzeugen, mit ihm zu gehen und fortan in seinem Zirkus aufzutreten. Wie, das wollte er ihr gleich mal zeigen: Er befahl Alfons, alle verfügbaren Küchenmesser zu holen, und der Omamutter, sich vor eine Holzwand zu stellen. Und dann warf er Messer für Messer um sie herum.

Ein professioneller Messerwerfer doubelte Fritz Marquardt, ich ließ mich natürlich nicht doubeln. Wir übten das in den Drehpausen. Zuerst warf der Mann die Messer nur um meine mit Kreide an die Wand gemalten Körperumrisse, langsam sollte ich Vertrauen zu ihm und dem Vorhaben fassen. Wir wollten die Szene nur einmal drehen. Ich stand also im entscheidenden Moment vor einem Scheunentor, die Arme ausgebreitet, die Finger in Mauerritzen gekrallt. Zehn Messer klackten zitternd dicht neben mir ins Holz. Das elfte nagelte mich am Ohr an der Wand fest.

Ich begriff nicht gleich, wo ich getroffen war. Sah, wie alles panisch kreischend durcheinanderrannte. Dann der mörderische Schmerz. Nicht umkippen, ganz still stehen bleiben, hämmerte es in meinem Kopf. Ich stand also im wahrsten Sinne des Wortes angenagelt da. Spürte, wie meine linke Wange anschwoll und zu platzen drohte, fühlte das warme Blut am Hals herunterlaufen.

Zur Sicherheit oder in weiser Voraussicht hatte die Produktion einen Krankenwagen bereitstellen lassen. Der Sanitäter kam angerannt, entfernte das Messer und verpasste mir einen Druckverband. Dann raste er mit mir – Siegfried Kühn blieb an meiner Seite – mit Blaulicht in das nächstgelegene Krankenhaus, das war in Nauen.

Der Sanitäter kündigte uns per Funk im Krankenhaus an mit

»Messerverletzung«. Der Arzt in Nauen war nicht auf eine Bäuerin in Vierzigerjahre Alltagskleidung gefasst, er hatte wohl einen Mann aus entsprechender Szene erwartet. Als er den Verband abgenommen hatte, konnte er sein Erschrecken nicht ganz vor mir verbergen. »Das war knapp, junge Frau«, sagte er, »aber das kriegen wir wieder hin.« Das Messer hatte nur um Weniges die Halsschlagader verfehlt.

Die gute Nachricht: Er habe zum Nähen Katzendarm aus dem Westen, damit würde sich das Loch im Ohr gut schließen und die Wunde schnell verheilen. Die schlechte: Er müsse ohne Betäubung nähen. Ein Knorpel könne nicht betäubt werden, Anästhesie funktioniert nur in Weichteilen. Er schob mir eine sogenannte Beißwurst zwischen die Zähne, damit ich den Schmerz wegbiss und nicht losbrüllte, den Restschmerz krallte ich in die Krankenschwester. Ich hörte, wie der Faden immer wieder durch das Ohr gezogen wurde – mbssssst …mbssssst … ein ungeheuerliches Geräusch.

Der Produktionschef hatte inzwischen meinen Mann angerufen und behutsam angedeutet: »Herr Antoni, Sie wissen, welche Szene wir heute gedreht haben? Ihre Frau ist am Kopf getroffen worden …«

Ich ahnte, was in meinem Mann vorgegangen ist. Als man mich am Abend nach Hause brachte, sah ich ihn mit den Kindern am Fenster stehen, alle so weiß wie die Wände in unserer Wohnung. Heldenhaft und mit schiefem Lächeln entstieg ich dem Auto und winkte ihnen tapfer.

Als mein Gesicht nicht mehr ganz so aussah wie aus bunter Knete und man das Grün und Gelb und Blau überschminken konnte, gingen die Dreharbeiten weiter. Ich trug ein Kopftuch, um den Verband zu überdecken. Der Film ist großartig geworden, finde ich, aber seitdem lasse ich mich bei gefährlichen Szenen lieber doubeln. Und wenn ich Hähnchen esse, werde ich immer noch leicht sentimental.

Feste feiern

Feiern muss gelernt sein, ebenso wie Stille aushalten und trauern. Im Hause Antoni bot vieles Anlass zum Feiern: Geburtstage sowieso, Einschulung, die erste Vier in Mathe, jede Eins und das beste Zeugnis, Jugendweihe, Abi, ein Abschluss. Dabei lernten die Kinder nicht nur zu teilen, zu spielen, zu verlieren, sondern auch, gute Gastgeber zu sein. Es gab jedes Mal ein Büfett, viele Spiele, kleine Preise und immer glückliche Kinder. Eingeladen zu werden, gehört zu den Kinderträumen, gelungene Feiern bleiben eine schöne Erinnerung, sie sind ein Stück Glück.

Im Sommer fuhren die Theaterkinder nach Rügen ins Ferienlager. In beheizbaren Bungalows standen vier Betten, ein Tisch, vier Stühle, ein Geschirrschrank. Waschraum und Toiletten benutzten alle gemeinsam. Das Ferienlager betreuten Schauspieler, Angestellte des BE, ein lustiger Koch sorgte fürs Essen.

Wie in jedem Kinderferienlager der DDR war ein Fahnenappell vorgeschrieben, bei uns ging der allerdings ohne Meldung und Fahne vonstatten. Manchmal hing an der Fahnenstange eine Flagge mit Neptun drauf, hin und wieder wurde ein Badeanzug oder ein T-Shirt aus Jux hochgezogen. Es war immer was los: Wasserfeste, Quallenschlachten, Sandburgen-Sausen, Budenzauber, Nachtwanderungen. Bekam trotz dieses Trubels ein Kind Heimweh, tröstete Peti, der gute Geist des Lagers. Peti heißt Petra Marie Cammin und ist Schauspielerin. Viele Sommer kümmerte sie sich mit Liebe, Fantasie und Engelsgeduld um die Theaterkinderbande. Sie las Geschichten vor, verscheuchte Angst vor Gewittern und Gespenstern, schlichtete, beruhigte und schrieb Karten an die Eltern. Unsere Kinder waren bei ihr bestens aufgehoben, sie liebten ihre verrückten Einfälle und ihr ansteckendes Lachen. Noch heute gehört diese wunderbare Frau zu meinem Freundeskreis, auch heute kein Fest ohne Peti.

War das Ferienlager zu Ende, reisten die Eltern an und verlebten dort mit ihren Kindern den Urlaub. Wir verbrachten glückliche Tage am Strand, abends spielten wir Karten, würfelten, lasen vor, tanzten auf der Dorf-Disko, guckten in die Sterne, und wer Bescheid wusste, erklärte den Sternenhimmel. Manchmal kochte eine Familie für alle. Mittwochs gab es frischen Fisch, sonnabends wieder ein Fest. Ob Laternenfest, Scheunenfest, Steilküstenfest, ein Titel fiel uns immer ein. Wir brauchten nicht viel, um fröhlich zu sein.

Im Beruf verstehe ich mich als Einzelkämpferin. Privat aber liebe ich es, viele Gäste zu haben – gute Freunde und auch Fremde, die vielleicht einmal Freunde werden. Hauptsache, sie wollen sich unterhalten und lieben, wie ich, gutes Essen. Zu unserem Freundeskreis gehören Menschen mit den unterschiedlichsten Berufen, aber wenige Schauspieler. Ich brauche ein Stück privates Leben ohne Theater.

Natürlich werden auch wir gern eingeladen. Einmal feierten unsere Freunde ein großes Fest. Unser Sohn Jacob war fünf, ein verlässlicher kleiner Kerl und der Beschützer seiner Schwester. Er konnte die Drehscheibe des Telefons bedienen und die Zahlen wählen, die wir auf einen Zettel geschrieben hatten. Wir erklärten ihm, dass er uns bei den Freunden anrufen könne und wann ungefähr wir wieder heimkämen. Das hatte schon einige Male geklappt. Nur vergaßen wir an jenem Abend die Schlüssel. Gegen Mitternacht kamen wir zurück, leicht angedüdelt. Wir klingelten, warteten. Nach einigen Minuten hörten wir unseren Sohn durch die Sprechanlage: »Ich darf nicht aufmachen. Auf Wiedersehen.« Wir versuchten es erneut, bekamen dieselbe Auskunft. Wir klingelten zaghaft bei Nachbarn, entschuldigten uns, erklärten die Situation. Sie ließen uns ins Haus. Wir klingelten an unserer Wohnungstür. Von innen tönte Jacob: »Ich mache nicht auf. Auf Wiedersehen.« Ich beteuerte: »Jacob, hier sind Mama und Papa, wir haben den Schlüssel vergessen!« Das Kind blieb fest. Es kannte schließlich das Märchen von den sieben Geißlein, in dem der Wolf seine Stimme verstellt hat.

Wir gingen wieder auf die Straße, sahen im Nachbarhaus in einem Fenster Licht. Da kam uns eine kühne Idee. Wir klingelten auch dort und baten, über den Balkon auf unseren Balkon klettern zu dürfen, dann könne unser Sohn uns sehen und einlassen.

Die Leute waren sehr erstaunt, hielten uns wahrscheinlich für verlottert, weil wir unsere Kinder allein ließen und nun auch noch im dritten Stock an der Hauswand herumklettern wollten wie in einem amerikanischen Film. Aber sie ließen uns ein.

Mein Mann, der nicht sehr sportlich war, aber etwas beschwipst und deshalb mutig, hievte sich über die Balkonbrüstungen. Etwa einen Meter standen die Balkone auseinander. Ich turnte hinterher. Inzwischen war es ungefähr ein Uhr nachts. Wir klopften an die Scheibe, bettelten um Einlass. Jacob stand im Schlafanzug im Wohnzimmer und winkte ab: »Nein, nein. Ich lasse niemanden rein. Wie seid ihr denn auf den Balkon gekommen, ihr könnt doch nicht fliegen!«

Da standen wir nun vor unserer geschlossenen Balkontür, erklärten unserem Sohn, wie dumm wir gewesen seien, den Schlüssel zu vergessen, und er möge uns doch bitte, bitte einlassen.

Er holte endlich seine Fußbank, stellte sich drauf, öffnete die Tür und ging wortlos und beleidigt in sein Bettchen.

Bei einem Glas Wein berieten wir, wie wir uns am Morgen verhalten sollten. Beim Sonntagsfrühstück lobten wir unseren Sohn über den grünen Klee und entschuldigten uns reumütig bei ihm. Aber als er mit ernsthafter Miene sagte: »Die Entschuldigung ist angenommen«, brachen wir doch fast zusammen vor Lachen.

Viele Feste fanden und finden zu Hause statt. Dann schnippele ich schon morgens Gemüse für Salate und Süppchen, koche und brate. Wenn meine Tochter Jenny Zeit hat, hilft sie mir. Meist denken wir uns ein Thema für ein Essen aus, ein italienisches Menü, ein schwedisches Fischessen, ein asiatisches Büfett von Frühlingsröllchen bis Sushi.

In der DDR musste man erfinderisch sein, wollte man Außergewöhnliches zubereiten. Von den Gastspielen brachte ich landestypische Spezialitäten mit, oft aber fehlte eine bestimmte Zutat für ein Gericht. Bambussprossen zum Beispiel gab es nirgends. Stattdessen probierte ich es mit geraspeltem Kohlrabi, das passte. Es wusste ja niemand, wie das Originalgericht schmeckte. Das Geheimnis lag in den Gewürzen, und danach fahndete ich, wo immer ich hinreiste. Meine Kochkünste konnte man den Aufschwung Ost nennen, aus nichts mach was Großes.

Kochen bedeutet für mich Entspannung. Seit einigen Jahren koche ich nachts. Wenn ich von einer Vorstellung komme und noch total aufgekratzt bin, breite ich in der Küche alle Zutaten aus, höre Musik, trinke ein Glas Wein und kreiere neue Gerichte. Entspricht das Ergebnis meiner Vorstellung, friere ich alles ein. So bin ich gewappnet für plötzliche Besucher, überrasche meine Kinder damit oder erfreue mich selbst daran, wenn ich Appetit habe.

Ich mag Traditionen beim Feiern. Jeden mir lieben Menschen sehe ich dann wenigstens einmal im Jahr. Hat uns doch die Zeit verändert. Selbst bei engsten Freunden kann man heute nicht mehr spontan klingeln, wir müssen für Treffen Termine vereinbaren, unsere Verpflichtungen koordinieren. Als mir eine Freundin einmal mitteilte, wir könnten uns in drei Wochen am Mittwochnachmittag treffen, wurde ich nachdenklich. Mir fielen die lustigen Zettel ein, die man sich früher an die Wohnungstüren klemmte: »War da, ihr nicht, komme nachher noch mal vorbei, hab Schweinefilet und Wein« oder so ähnlich. An etlichen Wohnungstüren hingen vorsorglich eine Rolle Papier und ein Bleistift für derartige Mitteilungen.

Damals bedeutete ein Fest auch, heiße Diskussionen über politische Themen führen, sich austauschen, orientieren, provozieren und seine Meinung verteidigen. Das Essen und der Wein waren erfreuliche Zugaben. Heute löst erst gutes Essen die Zunge. Feiern sind seltener geworden, aber wichtig. Wenn dann alle im Wohnzimmer beisammensitzen oder in der Küche herumstehen, wenn sie mit Genuss essen und die Kommunikation läuft, dann ist mir manchmal, als hinge ein Lächeln im Raum. Es macht mich sehr froh, die Freunde durch ein solches Zusammensein zufrieden zu sehen.

Kurz vor Weihnachten veranstalten wir für Freunde ein Julklapp. In der Nacht davor werden Plätzchen gebacken, von denen alle zum Abschied ein Tütchen bekommen. Jeder erzählt eine kleine Geschichte, die ihm im zurückliegenden Jahr passiert ist oder die ihn berührt hat, ein Hoch oder ein Tief, eine Begegnung, ein Erlebnis. Das ist schon ein Hauch frohe Weihnacht.

Seit zwanzig Jahren schreibe ich, inzwischen mit meinen Kindern, zum neuen Jahr einen mit Fotos und Zeichnungen illustrierten Rundbrief an meine Freunde, damit sie auf diese Weise teilhaben an unserem Leben.

Und ich feiere jeden Geburtstag wie eine Premiere im Theater. Ich liebe Premieren, denn auch das sind stimmungsvolle, spannende Feste.

Gastspiele im Westen

Als wir 1989 auch für Reisefreiheit auf die Straße gingen, war ich schon seit fast zwanzig Jahren ein sogenannter Reisekader, eine Weltenbummlerin, eine Privilegierte. Das Privileg bestand darin, dass wir mit einem der besten Theater der Welt herumreisten, arbeiteten, komfortabel wohnten und sehr bescheiden aßen, um die Spesen zu sparen. Alles, was wir sahen, haben wir gierig aufgesogen. Wir wussten ja nicht, ob wir noch einmal reisen durften.

Vor jedem Gastspiel beschaffte ich einen Reiseführer des jeweiligen Landes, ich führte kleine Heftchen, in denen ich notierte, was mich an Sehenswürdigkeiten beeindruckt hatte. Ich hatte vom Laufen immer Blasen an den Füßen, und am letzten Tag kauften die meisten von uns eine Spezialität: typisches Obst, Gewürze, Käse. Das nahmen wir als Handgepäck mit in die Kabine und irritierten damit nicht nur die Stewardessen. Denn wenn von neunzig Leuten vierzig Käse mit sich führen, ist der Geruch nicht zu ignorieren.

Zu Hause lieferte ich dann eine Kurzreportage, ein exotisches Essen, ein Souvenir, brachte eine geschmuggelte Zeitung und aus dem Flugzeug die Servietten mit, die man gut als Tempotaschentücher gebrauchen konnte, denn die waren in der DDR bekanntlich Mangelware.

Einige von uns besaßen Westgeld, woher auch immer, und ein paar Mal konnte ich 1:3, später dann 1:5 Geld tauschen. Eingepackt in Folie, versteckt in einer Niveaschachtel, ging es durch die Kontrollen.

Mehrmals kehrte das Ensemble aus einem westlichen Land in Einheits-Jeansblau oder mit riesigen Waschpulver-Packungen zurück. Oft begleiteten wir unsere männlichen Kollegen beim Einkauf, probierten Kleider an, mit denen sie die Erwartungen ihrer Frauen erfüllten. Als das Theater mal einen Empfang gab, erschienen sechs Damen in gleicher Garderobe. Die fanden das gar nicht komisch.

Meist flogen wir in einer Maschine, das Ensemble, die Techniker und mindestens eine, meistens zwei dieser dubiosen Gestalten, die niemand von uns kannte. Sie verteilten nach der Ankunft das Tagegeld in der von der Künstleragentur festgesetzten Höhe. Viel war es nie. Häufig lungerten sie während des Aufenthaltes in der Hotelhalle rum und fragten: »Na, was machen Sie denn heute Schönes?«

»Weiß ich nicht, war ja noch nie zuvor hier«, lautete unsere Standardantwort.

Wir sahen also die Welt mit all ihren Schönheiten und Rätseln. 1971 flog das Ensemble der Volksbühne nach Finnland. Ich erinnere mich, dass unser finnischer Dolmetscher auf der Fahrt ins Hotel erklärte, dass Finnen mit der Natur bauen, nicht gegen sie. Darunter konnte ich mir erst etwas vorstellen, als ich unser Hotel sah: ein komfortabler Bau, der um Bäume herum errichtet worden war. Auch innen entpuppte sich das Gebäude als Wunder. Ich bekam ein Zimmer, so groß wie eine Neubauwohnung, dazu ein traumhaftes Bad, ich fühlte mich wie im Himmel. Nur fand ich in diesem traumhaften Bad keinen Wasserhahn. Am Abend fragte ich vorsichtig einige Kolleginnen, wie denn ihr Bad sei und ob sie schon geduscht hätten. Ja, ja, sehr schön, das alles. Ich dachte, nur ich sei zu blöde, einen Wasserhahn zu finden. Allmählich aber machte sich bei allen leichter Unwille breit, wir gestanden unsere Hilflosigkeit im wasserlosen Bad ein. Einige Techniker gaben zu, sogar den Traps abgebaut zu haben, um den geheimnisvollen Weg des Wassers zu verfolgen. Was tun? Das Hotelpersonal sprach nur Finnisch und Englisch, in unserem Schulenglisch war ein Wort wie Wasserhahn nicht vorgekommen. Außerdem schämten wir uns: Die aus dem Land hinterm Mond finden das Wasser nicht.

Irgendwann hatte einer das Geheimnis – vielleicht durch Zufall – gelüftet: Das Wasser floss, wenn man einer Fliese mit der Hand zuwinkte. Fliesen waren in der DDR rar, und nun also einer Fliese winken, das fand ich klapsmühlenreif.

Einmal, es war in Kopenhagen, empfing uns am letzten Tag unseres Aufenthaltes die Handelsvertretung der DDR. Wir hatten kein Geld mehr, waren hungrig und hofften auf wenigstens eine kleine Mahlzeit. Es gab Salzstangen, Wodka und die sächsische Piepsstimme der Gattin des Handelsvertreters: »Willgommen auf dem Derridorium dr Dä-Dä-äR!«

Im Flugzeug ging es dann hoch her. Viele von uns trugen diese kleinen Perlonnetze mit sich, in denen man bis zu einer Tonne unverhofft ergatterter Lebensmittel transportieren konnte. Die stülpten wir uns über die Köpfe, und mit den Worten »Das ist ein Überfall!« forderten wir die Stewardessen auf, die Bar zu öffnen. Heute ist so etwas undenkbar.

Das Ensemble landete in etwas desolater Verfassung in Schönefeld. Als wir über das Rollfeld zur Ausgangshalle liefen, sahen wir Zollbeamte mit Hunden zu dem Wagen mit unseren Koffern gehen. Spontan begannen wir, mit den Hunden zu bellen: Hasch, hasch, hasch, wuff, wuff … Es war saukomisch, fast neunzig bellende Personen überstiegen das Maß, das Zollbeamte mit Würde ertragen können.

Einmal, wir kamen wieder aus Skandinavien, fragte der Zollbeamte einen Kollegen, ob er Pornohefte dabeihabe. Der Kollege, wie so oft nicht mehr nüchtern, quasselte los: »Natürlich, der ganze Koffer ist voll davon, Sie können nachsehen, sind nur Pornos drin …«

Der Zollbeamte zögerte kurz und winkte den Mann durch, um das Gequatsche zu beenden.

Draußen mussten wir zunächst unsere Pässe abgeben. Da stand

also, wie nach jeder Reise, eine Tante mit der Kiste für die Pässe: »Willkommen daheim! Alle wieder da?« Erst wenn man seinen Pass los war, durfte man auf die wartenden Familienmitglieder zugehen. Der Kollege strebte also zu seiner Frau, einer Solotänzerin, und teilte ihr strahlend mit: »Ich hab dir geile Literatur mitgebracht, hier, guck mal!« Und zog ein Pornoheft aus dem Koffer.

Bei einem Volksbühnen-Gastspiel in Italien wurde ich unfreiwillig zur Fluchthelferin. Wir spielten *Der gute Mensch von Sezuan* in Florenz, Genua, Turin, Mailand, überall mit Riesenerfolg. Nach der letzten Station, in Mailand, bat mich Achim Freyer, ein genialer Bühnen- und Maskenbildner, am Flughafenbus, mal kurz seinen Koffer zu nehmen, er habe noch was zu erledigen, käme gleich nach. Arglos, wie ich nun mal war, nahm ich den Koffer. Aber Achim erschien nicht am Bus und nicht am Flughafen, er kam nie mehr. Ratlos wandte ich mich an Dieter Klein. Der war Parteisekretär, unglaublich hilfsbereit und loyal und vertrauenswürdige rechte Hand von Benno Besson. Leider lebt er nicht mehr. Dieter musste also Achims Abgang vermelden, im Flugzeug sprach er mit Grabesstimme von Republikflucht und Verrat. Wir haben Achims Weggang sehr bedauert; wäre aber ein Ensemblemitglied abgehauen, hätte das Umbesetzung und neue Proben zur Folge gehabt.

Wieder im Theater, musste ich mich vor der Kaderfrau rechtfertigen, wie, wann und warum die Übergabe des Koffers abgelaufen sei.

Nach der Wende arbeiteten Achim Freyer und ich erneut zusammen am BE, da erzählte er mal in der Kantine von seiner Flucht. »Du, deine Fluchthelferin war ich, mein Lieber!«, sagte ich. Daran erinnerte er sich nicht mehr. Aber wir konnten darüber sehr lachen.

Ich durfte weiterhin mit ins westliche Ausland reisen, obwohl ich damals noch allein lebte. Benno Besson bürgte für mich. »Die geht nicht weg, die hat doch gerade eine Neubauwohnung bekommen!« So seine überzeugende Devise.

Das mit der Neubauwohnung kam so: Meine Mutter heiratete Anfang der Siebzigerjahre ein zweites Mal. Dieser Mann lebte mit seinem Sohn in einer Sechszimmerwohnung in Köpenick, direkt am Wasser. Er zog zu meiner Mutter ins Haus nach Adlershof, der Sohn bekam eine kleine Wohnung. Benno Besson bezog mit seiner Frau Usch Karusseit und dem gemeinsamen Sohn Pierre die große Wohnung in Köpenick, und mir besorgte er eine Einzimmer-Neubauwohnung am Leninplatz. Das war gegen meine Studentenbude mit Klo eine halbe Treppe tiefer der wahre Luxus: Loggia, Fernwärme, warmes Wasser, eine Badewanne. Dazu nur noch fünfzehn Minuten Fußweg zur Volksbühne. Angelica Domröse und Hilmar Thate, damals schwer verliebt und ohne eigene Wohnung, weil sie die jeweils ihren Noch-Ehepartnern überlassen hatten, bewohnten zu der Zeit ein 14-Quadratmeter-Schließfach in Lichtenberg. Der große Brecht-Mime und die »Brigitte Bardot der DDR«!

Einige Zeit später ergab es sich, dass eine Nachbarin mit einer Zweizimmerwohnung lieber in meine kleine ziehen wollte. Ich hätte mich über ein Zimmer mehr gefreut, also beantragten wir bei der Abteilung Wohnungswirtschaft die Genehmigung für den Tausch. Mein damaliger Arbeitgeber, der Künstlerisch-Technische Direktor der Volksbühne Dieter Klein, unterstützte meinen Wunsch mit einem entsprechenden Schreiben, und auch der Vorsitzende der HGL, also der Hausgemeinschaftsleitung, erklärte sich schriftlich einverstanden.

All das nützte nichts, die Nachbarin und ich hatten zu bleiben, wo wir einmal hingesteckt worden waren. Es handelte sich übrigens um ein Zimmer von 2,50 mal 2,60 Metern Größe. So viel zum Thema Wohnungssuche in der DDR.

Aber zurück zu den Gastspielen.

In Florenz besuchte ich die Uffizien, befolgte den Rat derer, die schon mal dort gewesen waren: Such dir einen Maler, einen Saal aus, sonst wirst du verrückt. Ich nahm mir Botticelli vor. Und dann stand ich vor dem zwei mal drei Meter großen *Primavera*. Über meinem Schreibtisch daheim hing der *Frühling* als Postkarte, ich glaubte, jeden Strich zu kennen. Doch der Anblick des Originals überwältigte mich. Die Farben leuchten intensiver, die Figuren wirken anmutiger, die über allem schwebende Putte hatte ich so anrührend nie wahrgenommen.

Annemone Haase war mir eine wunderbare Begleiterin, sie weiß viel über Kunst. Mit ihr entdeckte ich etliche kleine Kostbarkeiten – einen Park, ein Palais, einen besonders schönen Ausblick. Ich mag keine Gruppen, Massenansammlungen schon gar nicht, ich bin ein Mensch für den Alleingang, manchmal Zweigang. Wenn es schön ist auch Drei- und Viergang, aber mehr nicht.

Ein Gastspiel erlebte ich besonders intensiv, das in Jerusalem. Es war Anfang der Achtzigerjahre, Israel so alt wie die DDR, für Ostdeutsche kein Reiseland, wenn auch die Kibbuze eine Art Sozialismus auf der Scholle sind. Ich fragte mich, ob das Lebensmodell aufgehen kann, dass allen alles gehört und niemand sich bereichert.

Die Via Dolorosa, den Kreuzweg in zwölf Stationen, hatte ich mir im Religionsunterricht gewaltig vorgestellt, in Wirklichkeit ist er eine Kurzstrecke. Vor der Himmelfahrtsmoschee am Ölberg wurden Kamele verkauft. Als wir die Kirche betreten wollten, hielten uns Araber auf, weil sie unbedingt Franziska Troegner kaufen wollten. 24 Kamele boten sie!

Einmal badete ich im Toten Meer, Brustschwimmen war unmöglich. Und weil ich mich danach nicht abgeduscht hatte, krümelte und krabbelte das Salz bis zum Abend.

Im *Nathan* heißt es: »Das ist das Land der Wunder.«

Yad Vashem. Denkmal für die 1,5 Millionen von den Nazis ermordeten Kinder. Ein unterirdischer, dunkler Raum. Kerzen reflektieren ihr Licht, dass die Illusion eines Sternenhimmels entsteht. Ein Tonband läuft, sagt die Namen der Kinder, ihr Alter, ihren Geburtsort. Man hört das Atmen der Kinder. Niemand, der in dieser Halle nicht weint.

Renate Richter, Stefan Lisewski und ich haben einen Kranz vom Ensemble niedergelegt und ein Bäumchen gepflanzt.

Mit Stefan Lisewski wollte ich auf den arabischen Basar. Hastig kauften wir ein paar Gewürze, denn eine Bombenwarnung trieb uns zurück ins Hotel.

Und dann die Klagemauer. Eine für Frauen, eine für Männer. Steine, Steine, Steine und in den Ritzen Millionen kleiner Zettel mit Bitten, vielleicht auch Danksagungen. Am liebsten hätte ich einen rausgezogen und gelesen. Ergreifend zu sehen, wie Menschen davor stehen und ihre Herzensanliegen in die Mauer pressen. Klagemauer – das ist ein schöner Gedanke, ein Ort, an dem man sich beklagen kann.

Viel später, als mein Mann gestorben war, hab ich Iris Berben einen Zettel mitgegeben, als sie nach Israel flog. Ich fand etwas Tröstliches in dem Gedanken, mich über seinen so frühen Tod beklagen zu können.

In Jerusalem sah ich Vertreter aller Religionen, Christen, Moslems, Juden, moderate und orthodoxe. Und in einem Bus neben mir eine ältere Frau in kurzärmeliger Bluse, auf dem Unterarm eine blaue Nummer eintätowiert. Ich schämte mich.

In Jerusalem bin ich endgültig Atheistin geworden.

Die Stockholmer Inseln und Kopenhagens Kanäle, die Straßen von London und der Hafen von Genua, die Pietà im Petersdom und der Pariser Louvre – ich habe diese Reisen genossen. Nie kam mir in den Sinn, nicht wieder mit nach Hause zu fliegen. Und ob mit der Volksbühne oder dem Berliner Ensemble – unsere Vorstellungen wurden umjubelt. Das war das Sahnehäubchen obendrauf.

Ende der Achtzigerjahre ging das Berliner Ensemble auf große Südamerika-Tournee, Argentinien, Mexiko, Venezuela, Kolumbien. Wochen vor der Reise informierte uns ein blasser Mann, der einmal Handelsrat gewesen war, über den Kontinent im Allgemeinen und im Besonderen: nur touristische Wege gehen, immer den Pass mitnehmen und niemals Geld!

Gleich nach der Landung in Caracas schärfte uns der Dolmetscher ein: immer nur eine Kopie vom Pass mitnehmen und immer Geld, und das nicht im Portemonnaie, sondern locker in der Tasche, nur in Gruppen unterwegs sein und nach 19 Uhr am besten gar nicht das Hotel verlassen!

Als wir die Wellblech- und Papphütten sahen, die die Stadt umstanden, begriff ich, was ich bis dahin nur aus der Zeitung und dem Fernsehen wusste: Die Welt besteht aus Arm und Reich. In Südamerika aus sehr Arm und sehr Reich.

In Argentinien sprachen wir mit Kollegen, deren Männer, Brüder, Väter verschleppt worden waren oder im Gefängnis saßen. Wir tauschten mit ihnen Adressen, und wenn später ein Bekannter hinflog, haben wir einen Gruß oder ein Päckchen mitgegeben, aber es kam nie eine Bestätigung.

In Mexiko hatten unsere Gastgeber eine Busfahrt zu der Pyramidenstadt Teotihuacán organisiert. In brüllender Hitze wanderten wir die zweieinhalb Kilometer lange, baumlose »Straße der Toten« zur Pyramide der Sonne und der des Mondes und bestaunten die wie mit dem Lineal gezogenen Straßen. 1500 Jahre alt, und immer noch sind die Grundrisse der Wohnhäuser, Tempel und Altäre zu erkennen.

In Bogotá besichtigten wir im Museo del Oro die Sammlung mit präkolumbianischer Goldkunst – unfassbar, was da an Schätzen lagert! Mehrere Tausend goldene Sonnen, Pflanzen und Tierfiguren, eingebettet in künstliche Landschaften, die im Dunkeln leuchten.

Und dann die Kehrseite. Eines Nachmittags machte ich mich mit Pit Reinecke und einer Dolmetscherin auf den Weg zum Monserrate. Wir wollten mit der Seilbahn die 3200 Meter hochfahren, die Aussicht auf Bogotá genießen und die Kirche mit dem Schrein der

Virgen Morena besuchen. Dazu kamen wir nicht. Plötzlich fiel uns eine Gang an. Sechs junge Kerle, fast noch Kinder, an jedem von uns hingen zwei, leerten unsere Taschen und fuchtelten mit Messern herum. Pits goldene Kette mit einem Talisman von seiner Frau rissen sie ab, mir zerschnitten sie den linken Unterarm, die Narben sind heute noch sichtbar. Im Krankenhaus hat man mich kommentarlos verbunden, was sollten die auch machen, so was passiert dort dreißigmal am Tag. Ein Frühstück bedeutet mehr als ein Leben – man kann ja beichten, dann wird alles verziehen.

Aber zum ersten Mal im Leben hatte ich Angst, eine Angst, die mir bis dahin fremd gewesen war. Auf mich warteten schließlich zwei kleine Kinder zu Hause.

Abends sollte ich singen, wir spielten die *Dreigroschenoper,* ich konnte nur mühsam sprechen, keinen Ton singen.

Nach dieser Reise plante ich, Selbstverteidigung zu trainieren, um diese furchtbare Angst nie wieder spüren zu müssen.

Karate Do

Außer für Judo und Ringen gab es in der ansonsten so sportfanatischen DDR keinen Verein, in dem japanische Kampfsportarten trainiert werden konnten. Aber es gab Nischen. Ich kannte einen Physiotherapeuten, der von einem japanischen Meister Karate Do gelernt hatte und dieses Wissen weitergab. Bei ihm begann ich zu trainieren, zweimal unter der Woche und sonntags. Ich war festen Willens, nie wieder hilflos einem Angriff ausgesetzt zu sein. Und mir gefiel die Ethik dieses Sports: Karate bedeutet leere Hand, Do ist der Weg, und der führt zu Gelassenheit und Ausgeglichenheit im Umgang mit anderen Menschen.

Dojo ist der Raum, in dem man trainiert. Man betritt ihn barfuß, der Schmutz der Straße und der Gedanken bleibt draußen. Karate beginnt und endet mit Respekt, so lautet die erste Regel. Eine weitere: Du greifst niemals an, aber wenn du angegriffen wirst, kannst du dich wehren. Und du benimmst dich so, dass du gar nicht erst angegriffen wirst. Genau das wollte ich: nicht andere Leute verprügeln, sondern mich bei einem Angriff verteidigen können, mich sicher fühlen.

Im Gegensatz zu Judo trainiert man ohne Körperkontakt. Auch das war enorm wichtig für mich, denn ich brauche meine Gliedmaßen und meine Zähne. Ich lernte, mit voller Kraft die Katas zu laufen, das sind stilisierte Übungen gegen imaginäre Kämpfer, und Zentimeter vor dem Partner Fuß oder Faust zu stoppen. Und ich lernte, mit Sai-Gabeln, Tonfas und langen Stöcken zu kämpfen, ebenfalls, ohne jemanden damit zu berühren. Diese Waffen entwickelten sich einst aus dem zweckentfremdeten Umgang mit

Dreschflegel, Heugabel und Mahlholz, womit sich die Bauern auf Okinawa gegen herumstreunende Samurais zu wehren versuchten.

Mit solchen Geräten im Gepäck fuhr ich jeden Sommer für zehn Tage in ein Trainingslager, nach Bayern, nach Ungarn oder nach Japan. Es sah lustig aus, wenn ein kleiner Ort von uns weiß gekleideten Menschen wimmelte. Denn da trafen ungefähr 300 Leute aus aller Welt ein, um mit einem Meister, dem Hanshi, zu trainieren. Jenny und Jacob, meine beiden Kinder, kamen meistens mit, ich hatte sie längst für Karate Do begeistert. Sportler aus Japan und vielen anderen Ländern reisten an, nicht um zu gewinnen, sondern um ohne Konkurrenzgedanken zu trainieren. Auch Menschen mit Behinderungen kamen, das lehrte uns Toleranz und Rücksichtnahme.

Für mich, die immer Risikobereite, Ungestüme, die häufig unüberlegt oder hektisch reagiert, genau das Richtige. »Kleine Kampfkugel« nannte mich meine Familie.

Am Ende eines Meistertrainings feierten wir ein Fest, bei dem wir bis zum Morgen miteinander redeten.

Ich wurde stark und schnell, nach acht Jahren Training erreichte ich meinen ersten schwarzen Gürtel. Das ist nach den Schülergürteln weiß, gelb, orange, grün, blau und zweimal braun der unterste Meistergrad. Ich bekam den 4. Dan und wurde Renshi, also Lehrerin. Es ist einer der klassischen Ehrentitel, die man neben dem Dan-Gradierungssystem erlangen kann.

Das Beste aber: Schon nach zwei Jahren Training spürte ich eine enorme Kondition. Die Beine konnte ich einen halben Meter höher strecken als andere Leute. Aggressionen schlug ich in die Luft. Mein Angstpegel sank erheblich, dafür stieg meine Konzentrationsfähigkeit. Durch diesen Sport habe ich sogar das Lampenfieber vor einer Vorstellung verloren.

Siebzehn Jahre lang blieb ich dabei, dann habe ich abtrainiert. Der Beruf forderte mich zu sehr, die Zeit rennt, ich werde älter. Ich wohne im dritten Stock, mache morgens zehn Kniebeugen, das reicht, um fit zu bleiben.

Einmal, ich trainierte noch regelmäßig, wollten meine Tochter und ich eine Reise nach Japan buchen. Wir gingen in das Reisebüro, in dem man uns kannte und schon häufig gut beraten hatte. Es ist ein kleines Geschäft, an den Wänden schmale, hohe Regale, ein runder Glastisch, zwei Sesselchen, der Schreibtisch mit Computer. Beim Thema Japan kamen wir mit der Dame in ein Gespräch über fernöstliche Traditionen und Kampfsport. Sie zeigte sich erstaunt über unser Wissen, erfragte Kampftechniken.

»Das ist eine Frage der Energie«, hob ich an, »man sammelt sich und …«

Ich weiß nicht, was mich geritten hat, ich führte ihr jedenfalls einen, wie ich glaubte, kleinen Tritt in die Luft vor. Mein Fuß traf jedoch die Tischplatte, der Tisch kippte ans Regal, alle Prospekte fielen herunter auf einen der Sessel, sodass auch der kippte und ein weiteres Regal mitriss. Es war wie in Loriots Sketch »Das schiefe Bild«, das ganze Reisebüro ein einziges Chaos. Jenny bekam einen Lachanfall und hörte gar nicht mehr auf damit, die Reisekauffrau saß da wie in Stein gehauen. Und ich räumte etwa eine Stunde lang das Büro auf.

Gebucht haben wir Irland.

Gastspielreisen auf Italienisch

Mit Benno Besson reisten wir am liebsten. Er war für uns wie ein Theatervater. Der gebürtige Schweizer sprach perfekt Italienisch, er kannte Italien gut, auch Kneipen, die in keinem Reiseführer standen. Er wusste, dass sich viele von uns auf Gastspielreisen das Geld vom Munde absparten, um es für Museen, für Sehenswürdigkeiten und Souvenirs ausgeben zu können. Wir alle reisten mit irgendetwas Essbarem im Koffer, mit Büchsen oder einer Dauerwurst. Ohnehin hätten die Spesen nicht für solche Gerichte und Weine gereicht, zu denen Benno uns öfter mal einlud. Sicher gab es im Theater einen Trick oder einen Topf, aus dem er für derartige Gelegenheiten etwas nehmen konnte, aber vieles hat er wohl aus eigener Tasche bezahlt.

Benno brachte uns Esskultur bei. Verkündete ein Kollege, einfach auf die Speisekarte tippen und essen zu wollen, was auf den Tisch käme, warnte Benno ihn: »Tu das nicht!« Einer wollte es partout ausprobieren und fand auf seinem Teller eine Art winzigen Broiler, aber das war ein Singvogel.

Benno war empört: »Was hab ich dir gesagt, so was isst man nicht, das ist nicht anständig!«

Er bestellte eine Schüssel Spaghetti und einen Berg Muscheln, wir lernten, sie zu essen und zu genießen. Er erklärte uns anhand der Speisekarten die verschiedenen Weinsorten, die unterschiedlichen Fische. Wir erfuhren, dass Fernet-Branca ein Magenbitter aus 27 Kräutern ist und Risotto eine Vorspeise. Bis dahin hatte ich angenommen, es handle sich um einen simplen Auflauf. Wobei man nicht vergessen darf, es waren die Siebzigerjahre. Dass man zu alldem Brot isst und Wein trinkt, erinnerte mich an den Ausspruch meines Vaters: Butter ist zum Kochen da, Butter kommt nicht aufs Brot.

Damals schwor ich, wenn ich eines Tages Geld habe, lade ich Benno zum Essen ein als Dank für diese wundervollen Erfahrungen. Kurz nach der Wende ging mein Wunsch in Erfüllung. Ich traf ihn in Paris, lud ihn in sein Lieblingsrestaurant ein, und nie wieder erschien mir eine hohe Rechnung so angemessen wie diese.

Solche Abende wie die mit Benno Besson und Begegnungen mit Künstlern außerhalb der engen DDR wirkten auf mich wie eine Offenbarung, die all meine Sinne in Aufruhr brachte. Ich war Anfang zwanzig – von Welterfahrenheit also keine Spur.

Benno Besson, Matthias Langhoff und Manfred Karge, die im Westen gearbeitet hatten, waren mit vielen Künstlern befreundet. In Italien fragte mich der eine oder andere: »Was machst du heute Nachmittag um vier, hast du Lust, mitzukommen?« Natürlich hatte ich Lust!

So trank ich in Mailand bei Luca Lombardi Tee; er war so alt wie ich und wirkte schon als Dozent für Komposition am Konservatorium. Er ist unglaublich produktiv, schrieb Musiken für Filme und Opern, Oratorien, Sinfonien, Kammermusik. Ich kaufte mir eine Platte mit Klavierstücken von ihm. Wenn ich sie heute höre, erinnere ich mich wieder, wie dieser kleine, verrückte Italiener einmal in unsere Vorstellung kam, in der ersten Reihe saß, wie irre klatschte und immer wieder »Brrravo, brrravo!« rief.

Manfred Karge und Matthias Langhoff nahmen mich in Venedig mit zu Luigi Nono. Ich saß also auf dem Sofa und lauschte, wie er uns auf dem Flügel vorspielte – kleine romantische Stücke und auch für meine Ohren sehr Fremdes. Er war mit Nuria Schönberg verheiratet, der Tochter des Komponisten Arnold Schönberg. Nonos Tod 1990 hat mich sehr berührt, ist er doch nur 66 Jahre alt geworden.

In Mailand lud der berühmte Giorgio Strehler Benno Besson und eine kleine Truppe unseres Volksbühnen-Ensembles zu sich nach Hause ein. Ich durfte dabei sein. Der italienische »Brecht-König« empfing uns in einem graublauen Anzug, mit hellbraunen, sehr spitzen Lederschuhen, die Lockenpracht sorgfältig frisiert und gegelt. Seine spätere Ehefrau Andrea Jonasson, eine deutsche Schauspielerin, hatte er wohl gerade erst kennengelernt. An diesem Abend war Milva da. Sie trug ein mondänes Kleid, die roten Haare reichten bis zur Hüfte.

Strehler parlierte mit Besson in wahnsinnig schnellem Italienisch, kein Mensch verstand ihn, aber seine Gestik wirkte imposant wie eine Inszenierung.

Ich erinnere mich an ein schwarzes Klavier, das mit einem Büfett in Rot-Weiß wunderbar kontrastierte. Bei näherem Hinsehen entpuppte sich das Rot-Weiße als ein Arrangement ungeahnter, uns unbekannter Köstlichkeiten, zu denen Strehler einlud.

Später sang Milva für uns Brecht-Songs, die sich völlig anders anhörten als das, was ich bis dahin als Brecht-Lieder gehört hatte. Sie röhrte den *Barbara-Song* und den *Matrosen-Song* mit tiefer, sicherer Stimme und in einem mir neuen Tempo. Sie sang direkt in unsere Gesichter, als suche sie darin nach Reaktionen. In meinem konnte sie sicher die reine Begeisterung sehen. Sie spielte bei Strehler Theater, unter anderem die Seeräuber-Jenny in der *Dreigroschenoper,* auch später trat sie damit in seiner französischen Inszenierung auf.

Die Szenerie sehe ich heute noch deutlich vor mir: Benno saß in seiner üblichen Cordhose auf einem Stuhl, die Augenbrauen hochgezogen, intensiv seine Fingernägel betrachtend. Er wirkte fast gelangweilt, als sei er nur der Chauffeur und verstünde von dem Ganzen nichts. Was er sich bei all dem dachte, blieb sein Geheimnis.

Giorgio Strehler besuchte unser Musik-Programm und lobte uns sehr. Dann lud er uns ein in sein Piccolo Teatro, das in einem unscheinbaren Haus etwa fünf Minuten vom Mailänder Dom entfernt liegt. Er hatte dieses Theater 1947 als erstes ständiges Sprechtheater Italiens gegründet. Mit seinen Brecht- und Shakespeare-Inszenierungen erlangte er Berühmtheit in ganz Europa.

Wir sahen *Der Prozess der Jeanne d'Arc zu Rouen* mit der jungen Maddalena Crippa, die später Peter Stein heiratete. An einem anderen Abend erlebte ich sie noch einmal in *Triumph der Liebe*, einer zauberhaften Rokoko-Komödie von Marivaux. Ich war ausgehebelt von ihrem Spiel, von dem lichten, heiteren Bühnenbild, das ein ganzer Laubwald war, ich weinte vor Glück und hörte erst auf mit Applaudieren, als außer mir fast niemand mehr im Parkett saß. So eine Art Theater hatte ich nie zuvor gesehen.

Dort in Mailand bestätigte sich für mich einmal mehr, dass die Schauspielerei der einzig richtige Beruf für mich ist.

Vom Rollenlernen und von stillen Feen

Tausend Menschen können tausend Sachen, aber immer wieder fragen mich Menschen, wie ich mir diese vielen Texte merken kann.

Es ist erstaunlich, welche Methoden es gibt, sich ganze Bücher ins Hirn zu pressen, in Hochdeutsch, im Dialekt, in Versen, einzelne, unzusammenhängende Sätze, ellenlange Passagen, endlose Monologe.

Viele Schauspieler schreiben sich die Texte ab und tragen sie den ganzen Tag mit sich herum wie eine Handtasche. Manche arbeiten mit Technik, mit einem iPod oder einem Reportergerät. Einige können ihren Text zur Probe nie oder nur ungefähr.

Da Filme in Häppchen – Takes oder Szenen – gedreht werden, lernt man immer nur Bruchstücke des Textes. Das aber oft im Schnellgang. Am Tag bekommt man den Text, am nächsten Tag oder nachts zum Drehen muss man ihn können. Probiert wird selten oder gar nicht. Es gibt leider auch Drehbücher, in denen die Worte sich nicht organisch sprechen lassen oder so primitiv sind, dass ich mich schäme, sie aufzusagen. Aber die Autoren bestehen auf Texttreue, und in Serien haben Schauspieler kein Mitspracherecht. Zum Beispiel: »Warst du denn gestern Abend schon im Krankenhaus vorbeigegangen? Nein, ich bin schon am Nachmittag im Krankenhaus gewesen, also ich dachte, dass du abends ins Krankenhaus gehst …« So was steht wirklich in manchem Drehbuch. Ich hab da häufig Ladehemmungen.

Erschwerend kommt hinzu, dass sich die Filmpartner oft nicht kennen, dass am Set viele Ablenkungen lauern. Und dieser Druck: Es muss sofort klappen.

Ganz anders die Arbeit am Theater. Die meisten Regisseure erwarten, dass jeder seinen Text schon auf der ersten Probe kann. Deren Ungeduld ist viel größer als die der Schauspieler. Das hat zwar den Vorteil, dass man frei ist, aber man hat nur den Text auswendig gelernt, noch nichts probiert. Es ist wie beim Autofahren: Jeder Handgriff sitzt im Schlaf, aber man muss dennoch aufpassen und auf die Umwelt reagieren.

Mich verleitet die Methode allerdings zu Oberflächlichkeit. Den Text schon bei der ersten Probe zu beherrschen, ist für mich wie Schule: Man sagt etwas auf und weiß nicht, was es bedeutet. Ich empfinde das als Druck, es schleichen sich falsche Betonungen, ein falscher Rhythmus ein. Ich fühle mich gedeckelt, das fleißige Darbieten des Textes würde meine Fantasie erwürgen.

Nein, ich muss zunächst das Spiel entdecken. Lieber improvisiere ich auf den Proben den Text so lange, bis ich weiß, wie ich jede Situation meiner Figur spielen will, wie ich mich bewege, ob ich sitze, gehe, flüstere, schreie. Einige Texte begreife ich in ihrer Tiefe und Bedeutung häufig erst nach der Premiere. Mit jeder Vorstellung erschließt sich mir eine neue Facette. Ich spreche ihn zwar, bin aber viel zu abgelenkt durch den Gesamtinhalt, durch Vorgänge, die erst einmal meine Aufmerksamkeit erfordern.

Bei Lesungen muss man den Text natürlich nicht auswendig aufsagen können, man sollte ihn aber sehr gut kennen, damit der Blick zu den Zuhörern wandern kann.

In den Siebzigerjahren erschien in der DDR ein kleines Buch von Franz Loeser, das mir sehr geholfen hat: *Rationelles Lesen.* Ich bin ein optischer Mensch, insofern kamen mir Loesers Empfehlungen entgegen. Die Methode funktioniert, jedenfalls bei mir. Man fotografiert den Text mit den Augen von oben links nach unten rechts. Damit kennt man die gesamte Seite, also bei einem Theaterstück sowohl den eigenen Part als auch den der Kollegen. Habe ich den Text »fotografiert«, spreche ich ihn immer wieder, indem ich laut deklamierend durch die Wohnung laufe, immer hin und her.

Klassiker zu spielen, ist wundervolle Pflicht. Das in letzter Zeit Schwierigste, aber auch das Interessanteste war für mich die Rolle der Daja in Lessings *Nathan der Weise.* Diese alte Sprache muss man so in den Mund nehmen, dass sie jeder versteht, denn es gibt darin merkwürdige Konstruktionen und sperrige Sätze: »Ihr Vater ladet Euch nun selber bald/Aufs dringlichste. Er kömmt von Babylon./Mit zwanzig hochbeladenen Kamelen. Und allem, was an edeln Specereien,/An Steinen und an Stoffen, Indien/Und Persien und Syrien, gar Sina,/Kostbares nur gewähren.« Und ungewöhnliche Wörter: »Itzo, wie es jetzo ist« – was bedeutet: Es war heute.

Dabei geht es weniger um Spiel als vielmehr um die Sprache. Und die muss man erst mal in seinen Kopf kriegen.

Vor Drehtagen, Auftritten, besonders aber vor Liederabenden bin ich fast hysterisch, was die Stimme anbelangt. Ich trau mich schon lange nicht mehr zu rauchen. Ich habe eine Zeit lang geraucht, fürchtete mich aber immer vor den Abenden. Also habe ich es wieder gelassen. Ich lutsche Emser Salz Pastillen, esse Honig, trinke dann keinen Alkohol, nur warme Getränke, rede möglichst wenig, weil ich Angst habe, es passiert was mit der Stimme, ich bin ja keine geschulte Sängerin. Mich rettet die Technik und dass ich gelernt habe, mich zu konzentrieren. Wenn man seinen Text im Schlaf beherrscht, kann man locker mit einem Hänger umgehen. Bleibe ich beim Singen wirklich mal stecken, entschuldige ich mich oder dichte eben eine Zeile. Es ist auch schon vorgekommen, dass ich im falschen Lied war. Dann bitte ich den Pianisten: »Entschuldige, das war nichts, kannste noch mal anfangen, bitte!« So etwas nehmen die Leute ganz freundlich auf.

Im Berliner Ensemble spielte ich manchmal in bis zu zwölf Stücken: im *Nathan,* die *Courage,* im *Schwejk* und in der *Kleinbürger-*

hochzeit, in Thomas Bernhards *Claus Peymann kauft sich eine Hose und geht mit mir essen* und in Tschechows *Kirschgarten,* dazu der Brecht-Liederabend mit Manfred Karge. Das schafft man nur durch Training, mit Disziplin und Konzentration.

Schwierig ist es, wenn vormittags ein neues Stück geprobt wird und ich abends eine Vorstellung habe. Und es wird immer schwieriger, je näher die Premiere rückt. Dann brauche ich am Nachmittag Ruhe, um mich auf den Abend zu konzentrieren.

Wenn irgendwas dazwischenkommt, wird es eng. Wie im Winter 2012, als ich in Augsburg an einem Abend mit Brecht-Liedern aufgetreten bin, am nächsten Morgen der Flieger nach Berlin drei Stunden Verspätung hatte und mir nur kurze Zeit zu Hause blieb, um mich auf die Abendvorstellung, es war der *Nathan,* vorzubereiten. Da hilft nur heiß duschen, zwanzig Minuten aufs Bett legen und gar nichts denken, den Kopf leeren für die Rolle. Ist die Vorstellung ausverkauft, der Saal also richtig voll, dann steigt der Adrenalinspiegel, und alles wird gut.

An Tagen, an denen nur abends Vorstellung ist, liegt neben dem Frühstückskaffee das Rollenbuch. Das gehe ich einmal komplett durch. Laut. Eineinhalb Stunden etwa dauert diese sogenannte Italienische Durchsprechprobe. Beispielsweise die *Courage:* »Guten Morgen, Herr Feldwebel. Papiere? Meine Lizenz ist mein anständiges Gesicht. Ich lass mir keinen Stempel draufsetzen …« Und so weiter und so fort. So schiebe ich meine Rolle durch bis zum Ende.

Die fortwährende Freude und Belastung durch große Rollen, die übt und prägt. Hat man eine große Rolle, muss man ein ganzes Stück, das gesamte Ensemble ziehen. Da haben zwanzig Kollegen nur drei Sätze zu sagen, die ödet es vielleicht an, dafür ins Theater zu kommen, stundenlang rumzusitzen für wenig Applaus. Ich schätze die Kollegen auch in ihren kleinsten Rollen, lasse ihnen Platz für ihren Part und erwarte dafür, dass sie mir entgegenkommen und mich meinen spielen lassen. Das hat mit persönlicher

Wertschätzung, mit Achtung zu tun. Zu denken, Hauptsache ich bin an der Rampe, das ist mein Stück – da läuft nichts. Die anderen können einem nämlich ganz schön zusetzen, wenn sie wollen.

Es ist immer von Vorteil, wenn man sich jedes Stück ansieht, das am Haus inszeniert wird. Das bewahrt vor Überraschungen, falls eine Umbesetzung erforderlich ist und man irgendwo einspringen muss. Natürlich kann man sich ein Video ansehen, aber das ist nicht immer aktuell und erschwert die Sicht auf Spiel und Arrangement.

Spielfreie Tage sind keine Urlaubstage. Aushäusige Aktivitäten plane ich erst nach 18 Uhr – dann sitzen die Kollegen in der Maske, und die Vorstellung kann planmäßig ablaufen. Bis dahin muss man immer damit rechnen, dass eine Kollegin oder ein Kollege ausfällt und der Spielplan geändert wird. Oder es kommt ein Anruf: »Maja, kannst du das machen?«

Zum Beispiel beim *Käthchen von Heilbronn*, die Vorstellung war fast ausverkauft und Ruth Glöss, die gräfliche Haushälterin, plötzlich erkrankt. Nun ist das keine Hauptrolle, aber eine mit großer Sprachkunst alter Schule, für die Ruth und Jürgen Holtz als Kaiser stets Szenenapplaus kassierten. Also ab ins Theater, kurze Ansage der Regie, in das kleine Buch den Text geklebt, das Stichwort des Auftritts gemerkt und raus auf die Bühne. Man hängt an der Mimik des Partners, lauscht auf das Zischeln und Flüstern der Kollegen, aus der Gasse schauen gefühlte hundert Augen zu, wie ich das packe, jetzt dürfen die Worte nicht privat klingen, sondern nach Kleist – es ist eine irre Situation, doch hat mich längst der Ehrgeiz gepackt, und wenn man eine Vorstellung gerettet hat, ist es ein wundervoller Abend, und ich fühle mich gut.

Sprechfehler, Hänger, Pausen, Pannen – das ist das Arbeitsfeld einer Souffleuse. Versprecher wie »Zwei doppelte Rechtsanwalt, Herr Cognac!« oder »In unserem Käthchen ist ein Stind verschwunden« statt »in unserem Städtchen ist ein Kind verschwunden« hebeln allerdings selbst eine Souffleuse aus, da kann auch sie nicht helfen.

Sie sind unsere stillen Feen, die nur etwas sagen, wenn wir nichts mehr sagen, und über die nie etwas gesagt wird. Aber ohne sie wären wir aufgeschmissen. Sie sind die besten Zuschauerinnen, unermüdlich, jeden Abend. Sie verfolgen die gesamte Probenzeit mit allem Auf und Ab, mit Freuden, Leiden, Leistungen und Lücken, sie bemerken jede Abweichung, fühlen unsere Tagesverfassung, sie erkennen an der Atmung, wenn etwas nicht stimmt. Sie sind Kritikerinnen, Stückebeobachterinnen, Zeitzeuginnen der Theaterarbeit, einfach schlaue Damen.

Es gibt Kolleginnen und Kollegen, die tönen laut, keine Souffleuse zu brauchen. Säße sie aber an einem Abend nicht auf ihrem Platz, würde ihr Fehlen Panik auslösen.

Mit Eva Böhm verbringe ich schon ein halbes Theaterleben. Ich bin ziemlich gut im Improvisieren eines Textes, falls der mir abhandenkommt. Man bemerkt kaum, wenn ich was rede, was nicht ganz der Vorlage entspricht. Aber das leise Kichern von Eva verrät mir, sie hat mich ertappt.

Sie war einst in der Germanistik zu Hause, aus Liebe zum Theater und zur Literatur kam sie zu diesem Beruf. Zwanzigmal hat sie ein Stück vor der Premiere gesehen, mindestens. Sie kann jedem soufflieren, geht mit jedem Satz, mit jedem Atemzug mit. Probiere ich etwas Neues aus, signalisiere ich ihr: Wundere dich nicht, wenn ich eine etwas längere Pause mache, du musst nicht reingehen, wahrscheinlich war ich an dieser Stelle viel zu schnell. Dann weiß sie Bescheid. Sieht sie aber bei einem von uns ein kurzes, stockendes Atmen, das da nicht hingehört, springt sie ein.

Hängt ein Kollege, spürt man das sofort. Die Augen verlieren das Sehen, sie glotzen, weiten sich ein wenig, sind stumpf und ausdruckslos. Alle anderen sind munter, wie geht es aber weiter? Wer rettet? Wie lange hängt er? Geht die Souffleuse rein? Das Ensemble wird hyperaktiv, und trotzdem darf man erst in der Pause darüber lachen, denn so eine Situation ist für den Betroffenen deprimierend. Mir gelingt es, ziemlich schnell Ersatzworte zu finden, Peter Bause kann das auch fantastisch, das muss das Entertainertalent in uns sein.

Für häufig »hängende« Kollegen haben wir einen Spruch: Es spielte für Sie Kollege X, es sprach Eva Böhm.

Am BE gaben wir *Hamlet,* Oliver Stern in der Hauptrolle, ich war Horatio. An dem Abend bekamen wir eine neue Souffleuse, die die Aufführung nicht kannte. Stern trat auf, beschattete mit der Hand die Augen, spielte Erstaunen über Horatios Erscheinen: »Ho, ho!« Die Souffleuse dachte, er hinge, flüsterte: »Horatio!« Stern erneut: »Ho, ho!« Die Souffleuse: »Horatio!« Stern war schon fast an der Rampe, als er nochmals sein »ho, ho« von sich gab, worauf die Souffleuse ganz laut »Horatio!« sagte.

Da drehte Stern sich um, ging in die Gasse und zischte: »Das weiß ich selber, du blöde Kuh!«

Früher saßen Souffleusen in der Luke, mittig vor der Bühne. Das Deutsche Theater hatte lange eine solche Luke. Mir ist kein Theater bekannt, an dem es so etwas noch gibt.

Jetzt werden die Frauen – und es sind immer Frauen, noch nie hat ein Mann souffliert – geschoben von hier nach da, manchmal sitzen sie in einer Gasse, im Winter im Mantel mit Schal und Mütze, denn es zieht wie verrückt, wenn die Bühnentüren offen sind, sie hocken auf einem unbequemen Stuhl, erst nach jahrelangem Kampf ist im Berliner Ensemble ein bequemer Stuhl für Souffleusen angeschafft worden. Sie sitzen da, wo der Regisseur es will. Manchmal sogar in der ersten Reihe zwischen dem Publikum.

Thomas Langhoff hat Souffleusen immer sehr nett behandelt, hat sie einbezogen in den künstlerischen Prozess. Er fand den Platz, der gut war für sie und für uns Schauspieler, wahrscheinlich, weil er selbst Schauspieler war und diese Not kannte. Und er ließ sie nicht sinnlos ihre Zeit vertrödeln. War an einem Tag nur ein Stückablauf geplant, brauchte die Souffleuse nicht zu kommen.

Es tut mir weh zu sehen, wenn ein Regisseur die Souffleuse wie ein überflüssiges Möbelstück behandelt: »Setzen Sie sich mal weiter nach hinten, Sie stören hier … Seien Sie doch nicht so laut, hören Sie auf, der kann den Text … Nein, die kann den Text überhaupt nicht, bei der müssen Sie immer reingehen …« Und wenn sie dann vorsagt, heißt es: »Reden Sie nicht immerzu dazwischen!« Muss sie aber, weil der Regisseur das kurz zuvor angeordnet hat.

Einmal erlebte ich wirklich ein solches Männergehabe um Zentimeter. Er befahl einer Souffleuse: »Zurück. Sehen Sie nicht, dass Sie dort stören? Noch zwei Zentimeter! Nein, noch zwei Zentimeter!!« Wie auf dem Kasernenhof.

Eine Souffleuse gehört zum Team, und ich glaube, mich zu erinnern, dass das früher auch so war. Souffleusen hatten ein Recht auf Mitsprache und haben es konstruktiv wahrgenommen. Nicht nur einmal hab ich von der Souffleuse einen wunderschönen Hinweis bekommen. Wir haben ihn ausprobiert, und er funktionierte. Heute sind sie schlecht bezahlte Dienerinnen.

War die Vorstellung zu Ende, stand die Souffleuse auf, klappte ihr Buch zu und ging nach Hause. Eva Böhm hat etwas Hinreißendes eingeführt: Wenn das Publikum am Ende klatscht, steht sie, vom Saal aus nicht zu sehen, in ihrem Leselicht in der Seitengasse und applaudiert uns, »ihren« Schauspielern, bis der Applaus im Saal verhallt ist. Als Sonja Behrens ans Theater kam und das sah, war sie so angetan von dieser Geste, dass sie sie übernommen hat.

Souffleusen hingegen applaudiert nie jemand, sie werden in keiner Kritik erwähnt, sie stehen auf keinem Spielplan.

Es wird höchste Zeit, dass ich mich endlich in aller Öffentlichkeit verbeuge – von oben links nach unten rechts: Danke, Eva, danke für deine Aufmerksamkeit, deine Geduld, deine Gewissenhaftigkeit!

In der Schweiz

Ich weiß nicht, ob ich es dem Kunstpreis zu verdanken habe, den ich 1989 bekommen hatte, oder der Hartnäckigkeit von Fritz Bennewitz aus Weimar, jedenfalls bot er mir in jenem Jahr an, in der Schweiz die *Antigone* zu spielen. Und ich durfte das Angebot annehmen, was damals keineswegs eine Selbstverständlichkeit war.

41 Jahre zuvor war genau in jenem kleinen Stadttheater in Chur *Die Antigone des Sophokles* in Brechts Bearbeitung nach der Hölderlinschen Übertragung uraufgeführt worden. Regie führten Brecht und Caspar Neher, in der Titelrolle Helene Weigel. Diese Aufführung ging in die Theatergeschichte ein, weil die Weigel nach rund zehn Jahren, in denen sie nicht hatte spielen können, erstmals wieder auf einer Bühne stand.

Im Frühjahr 1989 kamen die Schauspieler aus Westberlin, Westdeutschland und der Schweiz in Chur zusammen, aus Ostberlin außer mir Wolf Kaiser. Der Schweizer Hans Gaugler, der bei der Uraufführung den Kreon gegeben hatte, spielte nun, mit 76 Jahren, den Boten.

Wunderbar, nicht nur für mich, Wolf Kaiser als den blinden, weitsichtigen Tiresias zu erleben. Schwerfällig tappte der große, starke Kerl auf die Bühne, stand da wie ein unerschütterlicher Fels in der Brandung und sprach seine klaren, vernichtenden Worte gegen den Tyrannen.

Bis dahin waren wir uns nur bei Fernsehproduktionen begegnet. Ich wusste, dass man von seinem unvergleichlichen Mackie Messer schwärmte, kannte viele Geschichten von Kollegen über ihn, über seine enorme Präsenz. Und nun lernte ich ihn ganz anders kennen, weich, fast wie eine zarte Diva. Fernsehen und Theater beschäftigten ihn nicht mehr. Nie mehr arbeiten zu können, Rente zu beziehen, ohne zu spielen, war seine größte Sorge. Regisseur Christian Petzold sagte einmal über ihn: »Wenn Schauspieler von seiner Qualität keine Angebote bekommen, erkranken sie an Verzweiflung.« Er sollte damit recht behalten.

Der Tiresias war Kaisers letzte Theaterrolle – ausgerechnet in der Schweiz. Dort war er aufgewachsen und hatte studiert. Als er in Berlin lebte, besuchte er häufig seine Mutter, die in der Schweiz geblieben war. 1978 spielte er in dem Wiedertäufer-Drama *Ursula* mit, einer DDR-Coproduktion mit der Schweiz, wofür er in der DDR in Ungnade fiel.

Als ich hörte, dass er sich vier Tage vor seinem 76. Geburtstag aus einem Fenster seiner Wohnung in der Friedrichstraße gestürzt hatte, war ich fassungslos und bestürzt. Das war 1992. Bald danach starb seine Frau Biene, und nun liegen sie beide auf dem Dorotheenstädtischen Friedhof, wie so viele meiner geliebten Kollegen. Auch er gehört in das Schatzkästlein meiner Theaterarbeit.

Aber damals, in Chur, spielten wir mit Leidenschaft Theater, tranken köstlichen Wein, versuchten, in den Graubündener Bergen zu jodeln.

Brechts Texte nach Sophokles hatten mich schon lange zuvor interessiert; Antigone, diese mutige kraftvolle Frau, ihren Kampf um Freiheit darzustellen und das nach der Weigel, das war eine große Aufgabe für mich.

Die Regie von Bennewitz hielt sich weitgehend an Brechts Vorgaben, vielleicht war sie ein bisschen brav, aber der Text wirkte in jener Zeit unglaublich brisant. Bennewitz betonte, wie auch schon Brecht, die Männer- und die Frauenwelt: Die Männer trugen Lederstiefel, wir Frauen liefen barfuß; der Chor bestand aus vier Männern in Militärmänteln mit Orden. Etwas verstörend wirkte wohl das Bühnenbild, eine Art gläserne Pyramide, der Rand von Schädeln übersät – Symbiose der Stadt als Ort des Lebens und des Schlachtfeldes als Ort des Sterbens.

Der Direktor des Stadttheaters, Georg-Albrecht Eckle, ein Theaterbesessener und Opernliebhaber, hatte rund um die Premiere Veranstaltungen organisiert: ein wissenschaftliches Symposium, eine Thomas-Bernhard-Lesung mit Walter Schmidinger, an einem Abend sang ich mein Brecht-Programm.

Die Premiere Mitte April war eine kleine Sensation, und jede Vorstellung spielten wir vor ausverkauftem Haus.

Es war aufregend, das ganze Frühjahr in der Schweiz arbeiten zu können. Ich flog nur dreimal zu Vorstellungen am BE nach Hause.

Wolf Kaiser logierte oben auf dem Berg in einer Wohnung. Wir anderen, also die gesamte Schauspieltruppe, auch Regisseur Fritz Bennewitz, wohnten im Plankis, einem Wohnheim der Hosang'schen Stiftung für junge Menschen mit geistiger Behinderung. Die Bedingungen sind ideal, nicht vergleichbar mit einem unserer Heime. Zur Stiftung gehören ein wunderschönes Wohnhaus, ein großer landwirtschaftlicher Betrieb, eine öffentliche Cafeteria mit Kinderspielplatz. Die Bewohner erlebten wir morgens und abends; ihre lauten Äußerungen strengten uns zwar zusätzlich an, brachten aber auch etwas Bodenständiges in unsere Theaterwelt.

Für uns hatte das etwas von Ferienlager, und dieser Zusammenhalt förderte unsere sehr saubere, sehr naive, sehr anrührende Arbeit auf der Bühne. Wir lernten uns kennen, kochten zusammen, feierten auf dem Marktplatz in Chur den 1. Mai mit Schweizern, Kurden, Irakern. Ich hatte eine DDR-Fahne mitgebracht, und wir amüsierten uns, weil etliche Leute nach der Bedeutung dieser Flagge fragten.

Das Plankis bot außerdem den Vorteil, preiswerter zu leben als in einem Hotel. Meine Gage war zwar ein wenig lukrativer als die zu Hause, aber die Hälfte bekam die Künstleragentur der DDR. Ich sparte so viel Geld wie möglich, um meiner Familie Wünsche zu

... als »Mutter Courage« am BE

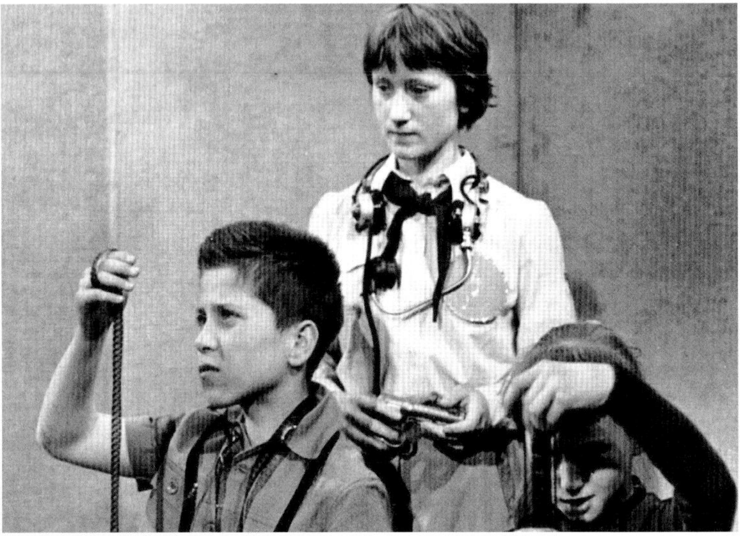

Im Kinderkabarett »Die Blauen Blitze«

Mit Jürgen Gosch in »Kesselflickers Hochzeit«

In »Doña Rosita bleibt ledig«

Als Grusche im »Kaukasischen Kreidekreis«

Als Minna von Barnhelm mit Thomas Langhoff

An der Volksbühne … In der »Weiberkomödie« von Heiner Müller

Mit Walfriede Schmitt in »Don Gil von den grünen Hosen«

In Carlo Gozzis »König Hirsch«

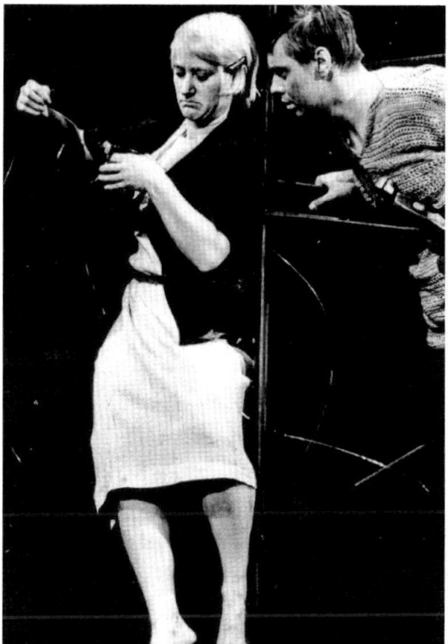

Mit Günter Junghans in »Avantgarde«

Als Martine im »Arzt wider Willen«

Filmarbeit: »Zwerg Nase«, DFF 1978, mit Stefan Lisewski

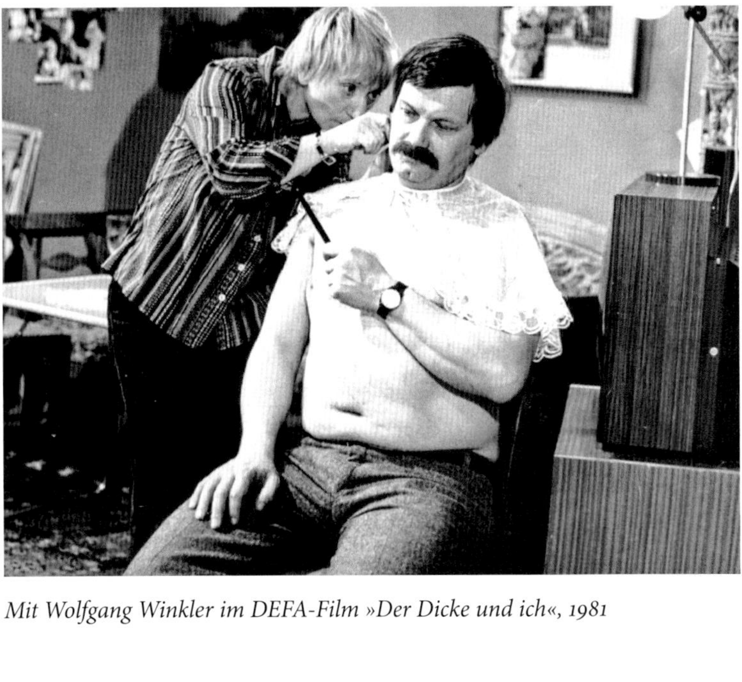

Mit Wolfgang Winkler im DEFA-Film »Der Dicke und ich«, 1981

Als Großmutter im DEFA-Film »Kindheit«, 1986

... mit Fritz Marquardt als Nardini in »Kindheit«

Am Berliner Ensemble: Mit Erika Pelikowsky im »Hofmeister«

Mit Hans-Peter Reinecke in »Herr Puntila und sein Knecht Matti«

In Manfred Karges Solostück »Jacke wie Hose«

Mit Franz Viehmann und Renate Richter in Dario Fos »Bezahlt wird nicht«

Brecht-Programme … mit Hans-Peter Reinecke

Mit Ehemann Malte

In der Titelrolle von Peymanns »Mutter«-Inszenierung

In »Nathan, der Weise« mit Charlotte Müller

Claus Peymanns 70. Geburtstag

In »Antigone« beim Gastspiel in der Schweiz

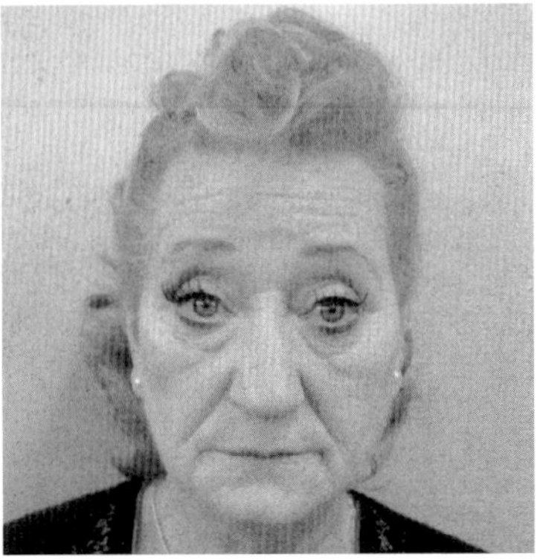
»Schweyk im Zweiten Weltkrieg«

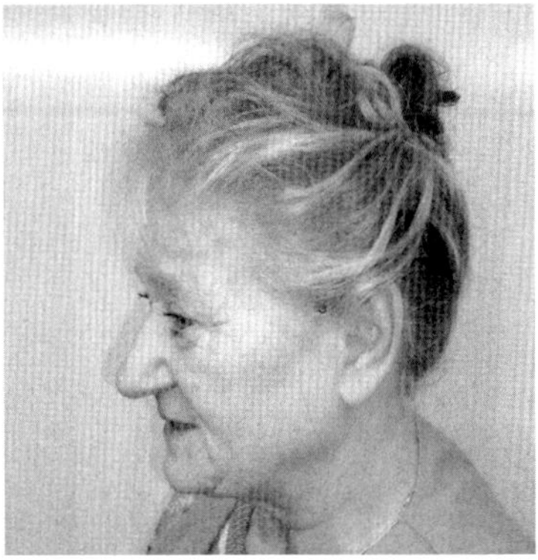
»Goldberg-Variationen«

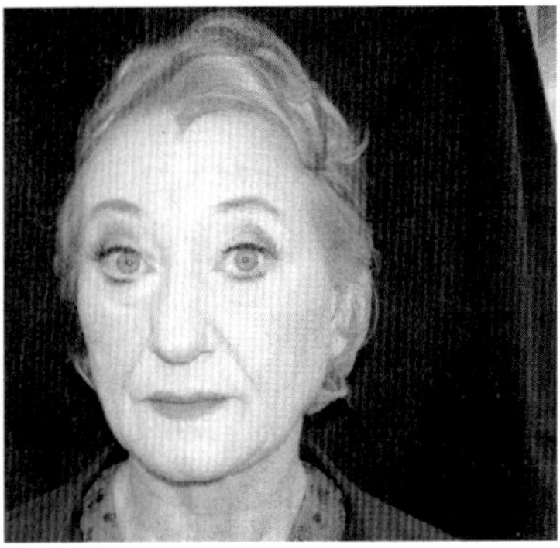
»Die Farbe Rot«

»Juno und der Pfau«

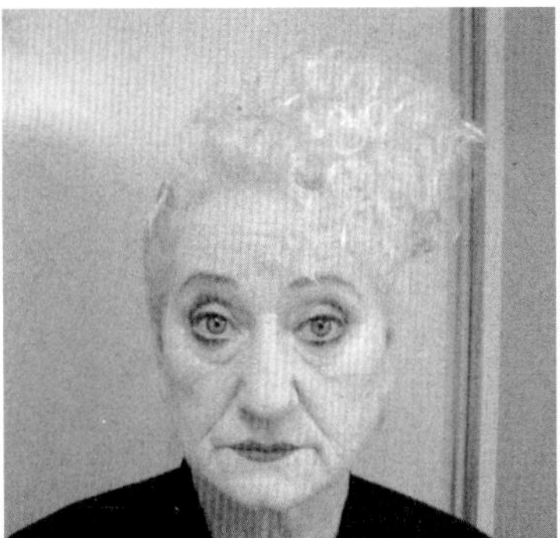
»Trilogie der schönen Ferienzeit«

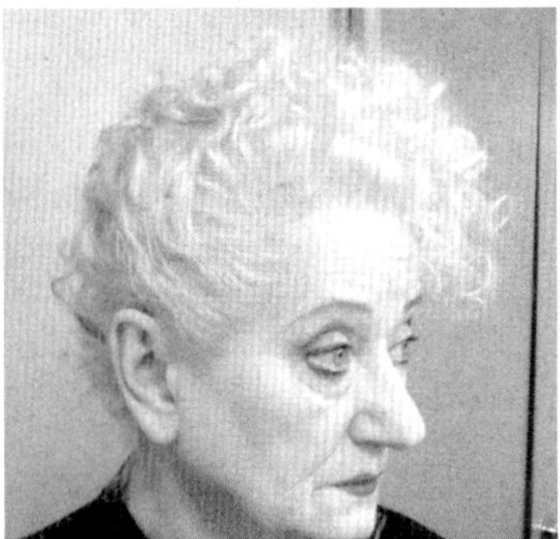
»Trilogie der schönen Ferienzeit II«

»Die Kleinbürgerhochzeit«

»Claus Peymann kauft sich eine Hose und geht mit mir essen«

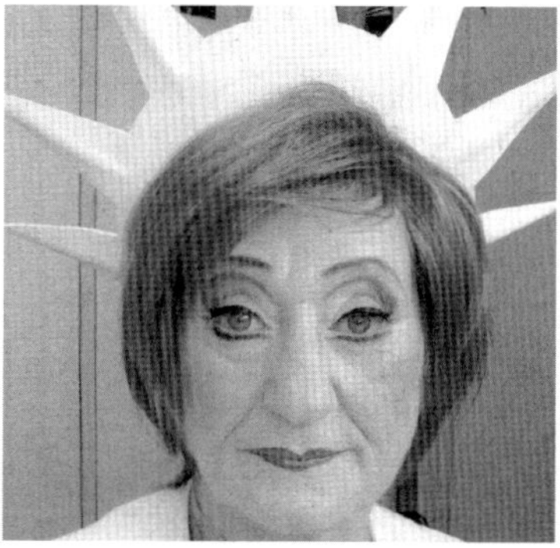

»Immanuel Kant«

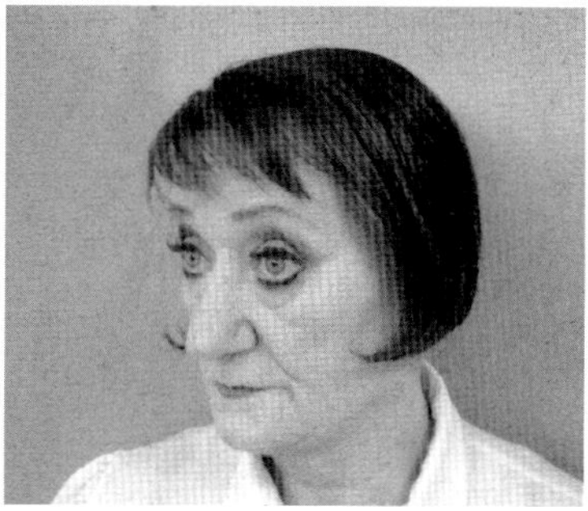

»Der Kirschgarten«

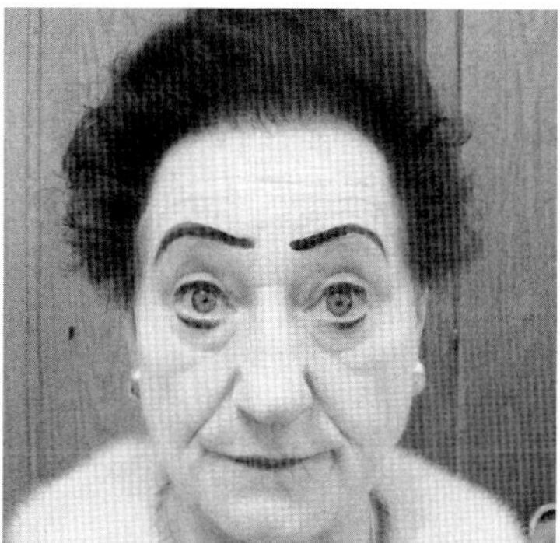

»Richard II.«

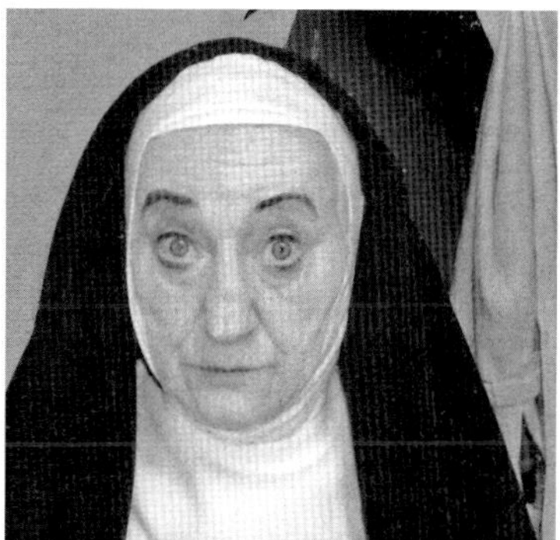

»Richard II.«

Mit Hans Diehl und Bastian Trost in der Fernsehverfilmung von Strittmatters »Laden«

Mit Iris Berben in der Krimi-Serie »Rosa Roth«

Mit Heiner Müller

Mit Ekkehard Schall

Malte und die Kinder Jacob und Jenny

Familie Antoni in Venedig

Mit Jacob und Jenny im Januar 2013

erfüllen. Spiele zum Beispiel. Den Fernseher brauchten wir nur als Informationsquelle, ansonsten vergnügten wir und unsere Freunde uns mit Dame, Mühle, Halma, mit Märchenland, Malefiz, Uno und Memory. Monopoly interessierte meine Kinder nicht sehr, eine Prinzessin zu retten, fanden sie viel spannender, als Bahnhöfe und Straßen zu kaufen. Wenn wir Zeit haben, spielen wir heute noch diese Spiele. Tolle Shirts brachte ich mit; die mittlerweile uralten Baumwoll-Fummel taugen noch für die Gartenarbeit, und der Reithelm meiner Tochter passt lebenslang.

Mann und Kinder durften mich nicht besuchen, aber meine damals sehr kranke Freundin Siegrun durfte ich einladen und ihr damit einen Traum erfüllen. Die frühe Diagnose ihrer Krankheit, sicher aber auch die Zeit in der Schweiz haben ihr geholfen, gesund zu werden.

Vor den Theaterferien spielten wir noch in Zürich, dann verabschiedeten wir uns bis zum Herbst. Die Intendanz schenkte jedem Ensemblemitglied eine wunderbare Flasche Rotwein, eingepackt in ebenso rotes Papier. Damals durfte man Getränke noch als Handgepäck mit ins Flugzeug nehmen. Leider ließ ich bei einer stürmischen Abschiedsumarmung meine Reisetasche auf den Boden fallen. Die Flasche zerknallte und färbte den Inhalt blutrot. Blöderweise auch meinen Pass der Deutschen Demokratischen Republik. Das machte bei der Einreise keinen guten Eindruck. Aber weil alles klebrig und verfärbt war und nach Wein stank, glaubte man mir.

Die DDR im August, September, Oktober 1989 – das Land kochte vor Unruhe und Aufbruch. Der 40. Jahrestag der DDR sollte nach dem Willen der Staatsführung pompös begangen werden. Dazu war ein Gastspiel der Sichuan-Oper geplant. Nach dem Massaker auf dem Platz des Himmlischen Friedens hatte die chinesische Parteiführung jegliche Auslandsreisen verboten. Das Zürcher Tonhalle-Orchester, das in jenem Oktober in Westberlin gastierte, lehnte ab, einzuspringen, weil den Mitgliedern die Situation in Ostberlin zu ungemütlich erschien. Das Churer Ensemble jedoch, das ich über die politische Lage informiert hatte, wollte gern in Berlin spielen. Ich schlug es Georg Eckle vor, und der setzte sich mit dem Berliner Festtagsbüro in Verbindung. Für Wolf Kaiser galt ein Auftritt in Berlin unendlich viel, ebenso für Fritz Bennewitz, der zwar mit seinen Brecht-Experimenten im fernen Indien Anerkennung genossen hatte, aber auch Lust auf heimisches Lob hatte.

Wir gastierten am 9. und 10. Oktober im Deutschen Theater. Alle trafen wegen einer Durchsprechprobe und einer Bühnenbesprechung schon am 6. Oktober ein. So erlebten die Schweizer Kollegen den 7. Oktober als einen gespenstischen Staatsfeiertag. Irreal wirkte die Situation auf sie. Sie besuchten am Nachmittag Kirchen, weil sich dort so viele Menschen versammelten. Felix Benesch, einer der Männer von Theben, äußerte sich noch Tage später schockiert über die grell beleuchtete, irrsinnige Grenze, die er aus dem Flugzeug wahrgenommen hatte. Die Dramaturgin Gisela Kuoni gruselte sich angesichts der Militärparade und der Soldaten, die im Stechschritt durch die Karl-Marx-Allee gezogen waren. Der Präsident der Theatergenossenschaft Andrea Engi sah von seinem Zimmer im Hotel Stadt Berlin auf die schweigende Menschenmenge mit Kerzen, in den umliegenden Straßen Militärfahrzeuge, die dann mit Wasserwerfern den Platz räumten.

Am Abend saßen wir in einer kleinen Kneipe an der Zionskirche beim Wein. Über der Stadt lag eine Stimmung wie vor einem Gewitter.

Bei den beiden Aufführungen der *Antigone* im Deutschen Theater elektrisierten Sätze wie »Weniger sind es geworden in der Stadt, seit du herrschst, und werden noch weniger« oder »Die Mauer setzt er ums Eigene, und die Mauer – niedergerissen muss sie sein!« die Zuschauer. Es waren brisante, hochaktuelle Texte, die das Publikum mit Raunen, Lachen, Klatschen quittierte.

Ich erinnere mich an tosenden Applaus bei folgender Szene:

Antigone: »Besser zwischen den Trümmern der eigenen Stadt säßen wir doch und sicherer auch als mit dir in den Häusern des Feinds.«

Kreon: »Immer nur die Nase neben dir siehst du, aber des Staats Ordnung, die göttliche, siehst du nicht.«

Antigone: »Göttlich mag sie wohl sein, aber ich wollte sie doch lieber menschlich, Kreon.«

Einige Ostberliner Zeitungen vermerkten den »ungewöhnlich starken Beifall«. Und das *Neue Deutschland* schrieb Tage später: »Das Gastspiel anlässlich der Berliner Festtage im Deutschen Theater traf auf ein hellwaches, kommunikationsbereites Publikum. Doch die Aufführung im Bühnenbild Franz Havemanns, eine barbarische Schädelstätte, blieb bis auf ein paar aktuell wirkende Sentenzen sichtlich fern und diffus. Zwei Darsteller versöhnten: Carmen-Maja Antoni vom Berliner Ensemble als Antigone und Wolf Kaiser als Tiresias.«

Die Schweizer Kollegen aber waren aufgewühlt von diesen Reaktionen, so etwas hatten sie noch nie erlebt. An diesen Abenden spürten sie: Das ist reales politisches Theater.

November 89

Das Wort Wende finde ich unpassend, ich mag es nicht. Einschnitt, große Veränderung, Verwandlung ja … aber das Richtige fällt mir auch nicht ein.

Unruhe war mit Riesenschritten ins Land gekommen, wir alle hatten Lust, die Welt zu verändern. Am 10. September gründete sich das Neue Forum und rief zu einem demokratischen Dialog zwischen Staat und Gesellschaft auf. Darauf folgten Versammlungen, Statements, Resolutionen, offene Briefe und Willenserklärungen. Im Deutschen Theater begann es, die Lawine rollte los, und bis Anfang Oktober hatte sie alle Theater erfasst. Ich will hier nicht aufzählen, wo und wie oft wir uns getroffen haben, fast täglich war ich mit Kollegen unterwegs.

Am 15. Oktober versammelten sich in der Volksbühne am Luxemburgplatz etwa 800 Theaterleute, jedes Ostberliner Theater war vertreten. Ich glaube, es war Jutta Wachowiak, die auf Initiative des Neuen Forums vorschlug, offiziell eine Demonstration zu beantragen – ein Vorgang, der bis dahin in der DDR unvorstellbar war. Wir wollten freiwillig auf die Straße gehen, um für demokratische Wahlen, für Meinungs-, Presse- und Versammlungsfreiheit zu demonstrieren. Unser Unmut sollte eine Form bekommen. Es war ja nicht so, dass wir die ganze Zeit in der DDR in Duldungsstarre verharrt hatten, wir wollten natürlich mit unserer Kunst etwas erreichen. Ich denke, wir konnten den Zuschauern so manches Mal Mut machen, wenigstens für einen Abend. Da es keine Pressefreiheit gab, übernahm vielfach das Theater Kritik an den gesellschaftlichen Zuständen. Die Häuser waren allabendlich rappelvoll, und wir spürten am Applaus, dass die Leute begriffen, was zwischen den Zeilen erkennbar war.

Zum Beispiel hatte Alejandro Quintana 1988/89 *Der gute Mensch von Sezuan* inszeniert, wo ich die Shen Te spielte. Das Publikum verstand plötzlich Szenen dieses Stückes ganz anders, bezog Situationen und Texte auf die damalige Situation in der DDR, und es klatschte an Stellen, an denen es früher und auch heute still blieb. »Bedenkt, die Zeiten sind nicht die besten.« Oder: »In unserem Land dürfte es keine trüben Abende geben.« Oder: »Ich möchte eine kleine Herabminderung der Vorschriften, eine kleine Erleichterung des Ballens der Vorschriften in Anbetracht der schlechten Zeiten.« Oder: »Hier können nur noch die Götter helfen.« Das war Wasser auf unsere Mühlen, bei solchen Sätzen raunte das Publikum hörbar, lachte und applaudierte wie verrückt.

Wichtig war uns allen, dass die geplante Demonstration nicht in Gewalt ausartete. Mit Entsetzen hatten wir alle im West-Fernsehen das Massaker in Peking gesehen. Deshalb verabredeten wir, gelbgrüne Schärpen zu tragen mit der Aufschrift »Keine Gewalt«. Sie mussten schnell her und durften nicht viel kosten. Roland Gawlik, Solotänzer an der Staatsoper Unter den Linden, ließ sie in den dortigen Werkstätten im Eiltempo anfertigen. Am Treffpunkt bekam jedes Berliner Theater eine Kiste mit Schärpen.

Die Stimmung in der Stadt war einmalig, überall spürten wir Aufregung, waren selbst aufgeregt. Die Solidaritätswelle der Theaterleute hatte alle erfasst, das Gefühl, etwas zu tun, verband uns. Dieser Mut der Künstler, sich zu Wort zu melden für das Land, erfüllte auch mich mit Stolz. Etwas war in Gang gekommen, was nicht mehr aufzuhalten war und nach einer Lösung drängte.

In unserer Familie diskutierten wir jeden Tag heftig. Meine Kinder brachten aus der Schule Spukgeschichten mit über die aufmüpfigen Künstler und die anderen »Störenfriede«. Jeden Abend nach den Nachrichten ging es hoch her bei uns, wir riefen Freunde an, besuchten uns gegenseitig und diskutierten die Nächte durch. Das waren die besten politischen Gespräche, die ich je geführt hatte.

Und dann war es so weit. Unser Kollege Wolfgang Holz hatte offiziell die Kundgebung für den 4. November angemeldet – die erste nicht von oben verordnete, genehmigte Demo. Es war ein Samstag, das Wetter grau, kühl und trocken, und schon am Morgen waren der Alexanderplatz und die umliegenden Straßen schwarz von Menschen; eine halbe Million oder mehr sollen es gewesen sein.

Meine Kinder wollten unbedingt mitdemonstrieren. Jenny war dreizehn, Jacob sechzehn Jahre alt. Sie hatten mit Eifer Plakate gebastelt: Meine Tochter hatte »Budjet« (Russisch: es wird) auf ihr Plakat gemalt, mein Sohn »Radikale Wende oder Ende«. Ich trug, wie alle meine Kollegen, die Anti-Gewalt-Schärpe, und wir liefen mit dem Berliner Ensemble in der ersten Reihe. Endlich bekam das Wort Klassenkampf für uns einen lebendigen Inhalt.

Als wir loszogen, beschimpften mich Nachbarn: »Wie können Sie nur Ihre Kinder mitnehmen, wenn Sie schon so unvernünftig sind!« Man sah in etlichen Fenstern Neugierige, die zu Hause blieben. Doch in der S-Bahn drängten sich die Menschen, die Stimmung war heiter, es gab politisches Gefrotzel zwischen Demonstranten und anderen Fahrgästen.

Wir Theaterleute starteten an der Friedrichstraße. Aus allen Himmelsrichtungen schlossen sich uns Tausende Menschen an. An jedem 1. Mai zuvor hatten die Medien von einer »machtvollen Demonstration« gejubelt – an diesem 4. November war sie wirklich machtvoll.

Menschenansammlungen sind mir ein Gräuel, an diesem Tag dabei zu sein, war mir ein Bedürfnis, ich glaubte wirklich, jetzt können wir das Land verändern, jetzt wird alles gut. Meine Kinder staunten: Keine Arbeiterlieder, die ohnehin nie jemand singen wollte, keine Fahnen, keine winkenden alten Männer auf einer Tribüne, nichts Militärisches – sie spürten nur Stolz an der Seite ihrer Eltern.

Für die ungezählten Transparente, schnell auf Laken gepinselt oder professionell gestaltet, hätte es einen Tag zuvor noch drei Jahre Knast gegeben. Über viele Transparente und Sprüche haben wir herzhaft gelacht, unglaublich, was sich die Menschen ausgedacht hatten. Kollegen mit unseren grün-gelben Schärpen fungierten als Ordner, wobei sie eigentlich gar nichts zu ordnen hatten. Es ging absolut still und friedlich zu. Es gab einen neuralgischen Punkt bei dem Demonstrationszug am Palast der Republik: entweder geradeaus zum zugemauerten Brandenburger Tor oder links herum zum Alex. Keiner ging geradeaus, die Mauer fiel erst fünf Tage später.

Und dann sprachen zwanzig Redner. Sie stiegen auf ein provisorisches Podium, das auf einem Lkw-Anhänger zusammengezimmert worden war. Die Masse lauschte interessiert, amüsiert, enthusiasmiert.

Drei volle Stunden dauerte das, und der Applaus war das Stimmungsbarometer: Markus Wolf, bis 1986 Generaloberst des MfS und »Mann ohne Gesicht«, wurde ausgepfiffen, ebenso der Berliner Parteichef Günter Schabowski, der für den kurz zuvor gewählten Egon Krenz warb.

Orkanartigen Beifall bekamen hingegen Heiner Müller, Christa Wolf, Ulrich Mühe, Johanna Schall. Johanna sagte später, dass sie nach diesem euphorischen Tag voll Disziplin und Anarchie nie wieder so viele wunderbare, stolze Deutsche gesehen habe. Mir gefiel Christoph Heins Rede am besten, der warnte: »Noch ist die Kuh nicht vom Eis!«

Als Letzte sprach Steffie Spira, die gegen die Uniformierung unserer Kinder wetterte und mit einem Zitat aus Brechts *Lob der Dialektik* endete: »Aus Niemals wird: Heute noch!«

So viel Solidarität wie an diesem 4. November hatte es in der DDR noch nie gegeben. Tausende Menschen bekundeten friedlich, dass sie in einer Demokratie leben wollten, in einem sozialistischen Staat mit menschlichem Antlitz – das war gewaltig. Und einmalig.

Am 9. November besuchte ich gleich nach der Theaterprobe eine Elternversammlung in Jennys Schule. Danach traf ich mich mit einer Freundin, wir wollten im Berolina Hotel ein Sektchen trinken. Wir wunderten uns über die seltsame Stille und Leere in der Stadt, witzelten, die sind wohl alle zu Hause und denken nach. Da sagte der Kellner: »Mädels, ich mache zu, es gibt heute nichts zu trinken, der Westen ist auf.«

Wir gingen sofort heim. Mein Mann saß schlafend im Sessel, das aufgeklappte Buch auf den Knien. Selbst Jacob schlief schon, am nächsten Tag stand eine Mathearbeit an. Überall Stille, drinnen und draußen. Ost-Berlin war unterwegs in eine Richtung, die es bis dahin nicht gegeben hatte. Ich weckte meinen Mann. Wir schalteten den Fernseher an. Die Mauer war geöffnet. Niemand wusste, für wie lange. Am nächsten Tag fuhren wir vier zum Ku'damm.

Wir haben bei der Erziehung unserer Kinder Wert darauf gelegt, dass sie kritisch in die Welt sehen. Ihnen diesen gesellschaftlichen Umbruch zu erklären, war also kein Problem. Wir haben zu Hause immer offen über Politik gesprochen, und mein Mann hatte längst die Menetekel gesehen.

Nur die Schulen taten sich schwer mit der neuen Situation. Gestern wurde Staatsbürgerkunde gelehrt, und tags darauf gab es diesen Staat nicht mehr. Aber meine Tochter hat das sehr gut verdaut. Und mein Sohn musste kein Bausoldat werden, er wollte nämlich keinesfalls zur Armee. Er hätte, um überhaupt zu einem Studium zugelassen zu werden, drei Jahre dienen müssen. Für ihn hat sich alles wunderbar geklärt: Er arbeitete als Zivi in der Jüdischen Gemeinde und konnte anschließend studieren.

Ich habe mir damals gewünscht, man hätte einen neuen deutschen Staat gegründet, mit den größten Erfolgen der beiden Teile. Ja, das wär's gewesen.

Unbekannte-Ufer-Zeit oder: Es war in Schöneberg

Dann ging alles wahnsinnig schnell. Als die Mauer gefallen war, kümmerte sich das Volk um Reisen und Bananen und neue Fernseher. Kaum jemand interessierte sich noch fürs Theater. Davon gab es ja nun auch viele in der plötzlich so großen Stadt: elf Staatstheater und drei Opernhäuser. Das erschien dem Berliner Senat zu viel, also wollte man, als keiner so recht Zeit hatte, hinzugucken, mindestens ein Theater abwickeln. Das Maxim Gorki Theater, das Schillertheater und das Berliner Ensemble standen auf der Liste.

Vor einigen Jahren habe ich eine Lesung des damaligen Berliner Kultursenators Ulrich Roloff-Momin besucht, mir sein Buch *Zuletzt: Kultur* gekauft und es signieren lassen. Er schrieb hinein: »Zur Erinnerung an durchlittene Zeiten«.

Im Januar 1991 war er Senator geworden. Ihm oblag die Wahnsinnsaufgabe, die gesamte Kultur Berlins mit ihrer reichen Theaterlandschaft unter einen Hut zu bringen, neue integre Leute einzusetzen und die alten zur Aufgabe ihrer Positionen zu »ermuntern«. Ein parteiloser Senator zwischen CDU- und SPD-Fronten. Einige schienen sich mehr kulturfreundlich zu geben, andere weniger. Sein Urteil fällt bitter aus: »Die Kultur hat bei der SPD, aber auch bei der CDU keine Rolle gespielt«, steht in seinem Buch und: »... für Kultur hat sich eigentlich niemand interessiert.«

Künstlerisch war das BE an seinem tiefsten Punkt angelangt. Die angespannte Situation verunsicherte Schauspieler und Personal. Auch in den anderen Ostberliner Theatern grummelte es. Die Treuhand verkaufte ehemals staatliche Immobilien für einen Appel und ein Ei, die erste West-Euphorie war verfolgen, Existenzangst griff um sich.

Im Frühjahr forderte Roloff-Momin unseren Intendanten Manfred Wekwerth zum Rücktritt auf. Wekwerth weigerte sich, stellte in einer Betriebsversammlung die Vertrauensfrage. Nur wenige Kollegen hoben für ihn die Hand.

Es hatten sich zwei Lager gebildet: Die einen wollten Altes bewahren und sich keinesfalls zu weit aus dem Fenster lehnen. Andere hingegen forderten Aufbruch. Sie standen hinter Christoph Schroth, der vom Mecklenburgischen Staatstheater gekommen war, wo er aufrührerische Stücke inszeniert hatte, *Franziska Linkerhand* zum Beispiel, das *Projekt Antike Entdeckungen, Faust 1 und 2* – mit neuer Dramatik, neuen Ideen, experimentierfreudig. Ich glaube, er sollte oder wollte Wekwerths Nachfolger werden. Trotz dieses Hahnenkampfes, auf den wir keinen Einfluss hatten, arbeiteten wir gern mit Schroth und gern mit Wekwerth.

Dennoch sagte ich damals zu Wekwerth: »Geh jetzt weg, wo es noch gut ist, es wird sich ohnehin alles ändern.« Er ist gegangen und hat jahrelang nicht mit mir gesprochen. Erst viel später haben wir über unsere unterschiedlichen Positionen reden können.

Zu der Zeit wählte mich das Ensemble zur Personalratsvorsitzenden und damit zu seiner Sprecherin. Gewähltes Organ der Arbeitnehmer zu sein – eine völlig ungewohnte Rolle. Doch für mich war entscheidend, dass mir die Leute vertrauten und ich unsere Interessen im Berliner Senat vertreten konnte. Ich war überzeugt, Brecht wird gebraucht. Wir hatten immer vor vollem Haus gespielt, und eines Tages, wenn sich die Wogen geglättet hätten, würde das wieder so sein. Die Touristen kamen auch in jener Wendezeit, alle wollten in Brechts Haus, dieses Theater schließt niemand, und wenn wir uns davor aufbauen und es mit allen Mitteln verteidigen. Diesen Standpunkt vertrat ich in meiner neuen Funktion gegenüber dem Senat.

Meine erste Amtshandlung bestand darin, im Schöneberger Rathaus, dem damaligen Amtssitz des Senats, einen Nachfolge-Intendanten zu fordern. Roloff-Momin versprach eine schnelle Lösung, wir luden ihn ins BE ein. Der Besuch geriet zum Desaster. In einer aufgeregten Diskussion beschuldigten sich Ost und West des Unverständnisses und Desinteresses. Der Zeitpunkt einer solchen Zusammenkunft hätte unpassender nicht sein können, der Senator war noch nicht mit Lösungsvorschlägen ausgerüstet, das Ensemble zu aufgeputscht.

Die Sprecher der Berliner Theater trafen sich einmal wöchentlich im Schöneberger Rathaus. Wir tagten im Sitzungssaal an einem großen, ovalen Eichentisch. Der Raum wirkte auf mich dunkel und muffig. An der Wand hingen Monumentalbilder der Regierenden Bürgermeister Eberhard Diepgen und Walter Momper, die mich an unsere Personenkult-Bilder erinnerten. Auf unseren Plätzen ein Schild mit dem Namen des jeweiligen Theaters, ein Mäppchen, Kugelschreiber und Wasser. Die Herren Staatssekretäre laberten endlos von Strukturen und von Neugestaltung, palaverten einerseits von unkündbarem Personal, andererseits von überbesetzten und überalterten Ensembles und großzügigen Abfindungen. Woche für Woche gab es ein solches Endlosgesülze ohne Entscheidungen, bräsig, amtlich, unkreativ. Niemand interessierte sich für die Mitglieder der Theater und ihre Probleme.

Absurd fand ich nur, mit den Schauspielern des Schillertheaters zusammenzusitzen, von denen etliche einst in der DDR gelebt und gearbeitet hatten.

Mir erscheint es heute, als ob damals die Personalratsvorsitzende Antoni besser war als die Schauspielerin Antoni, weil es etwas zu diskutieren, zu kämpfen gab. Immer wieder verlangte ich nach einer Leitung des Hauses, um die Gefahr des Abwickelns zu bannen.

Schließlich kam R. Serge Mund ans Theater, ein Bankkaufmann und Wirtschaftswissenschaftler, später leitete er das Staatstheater

Cottbus. Er besorgte die Interimsgeschäfte. Ihm oblag es, Kündigungen auszusprechen und die neuen »Westverträge« anzubieten. Die vielen Kündigungen – ohne Begründung und mit lächerlich geringen Abfindungen – konnte ich nicht verhindern. Nicht nur Schauspieler hat es getroffen, auch Dramaturgen und Mitarbeiter des Archivs, der Fotoabteilung, Beleuchter, Handwerker, Kascheure, die gesamte Kaderabteilung.

Die Treuhandanstalt veranstaltete einen Ausverkauf, der in der Geschichte seinesgleichen sucht. Sie verdient diesen Namen nicht, denn sie ging nicht treuhänderisch mit dem DDR-Vermögen um, sondern veranstaltete die größte Verramsche aller Zeiten. Von vier Millionen Angestellten verloren innerhalb kürzester Zeit drei Millionen ihren Job.

Es gab neue Wörter, die das Mäntelchen des Freundlichen über Schamloses hängen sollten: Altlasten, Abwicklung, vorzeitiger Ruhestand, ich glaube, auch die Warteschleife ist ein Wort dieser Zeit. Es hatte für uns ein Körnchen Wahrheit, wir warteten alle, obwohl wir nicht schlechter spielten als zuvor. Jedenfalls fühlten auch wir uns damals wie Schlussverkaufsramsch – alles muss raus, denn nur ein leeres Haus ist ein neues Haus.

Kurz vor der Sommerpause war die Drecksarbeit erledigt, Serge Mund abgezogen, das Ensemble um die Hälfte geschrumpft, das Haus wieder ohne Direktion. Der Senat bestimmte eine Interimsleitung, die aus dem Regisseur Fritz Marquardt, der Dramaturgin Bärbel Jaksch und mir bestand.

Die Euphorie vom November war der Wut gewichen. Wut auch auf mich, denn etliche Kollegen glaubten, der Personalrat habe bei den Kündigungen mitgewirtschaftet. Dabei sind diese Entscheidungen komplett an uns vorbei gefällt worden. Aber Neid, Gerüchte und diese Unsicherheit schufen Misstrauen. Wen es nicht getroffen hatte, der war verdächtig. Man verlangte die Überprüfung des Personalrats auf eventuelle Mitarbeit bei der Staatssicherheit. Nach wenigen Wochen bekam ich meinen »Persilschein«. Er hing ein paar Monate lang im Flur meiner Wohnung.

Ich habe mich oft gefragt, warum die gekündigten Kollegen sich so stillschweigend damit abgefunden, warum sie sich nicht gewehrt haben. Ich hatte mich damals bei einem Rechtsanwalt erkundigt und hätte gestritten, wenn es mich getroffen hätte. Andererseits konnte keiner wissen, wie die Geschichte weiterginge, alle waren ja bislang gut beschäftigt gewesen bei Film, Funk und Fernsehen. Niemand vermochte, sich vorzustellen, fortan – wenn es gut lief – nur noch mit einem befristeten Vertrag für eine bestimmte Produktion beschäftigt oder überhaupt nicht gefragt zu werden. Nur wenigen gelang es, im neuen Staat Fuß zu fassen. Ein Schicksal, das sie mit Millionen Ostdeutschen teilten.

Auch die Zurückgebliebenen erlebten eine schlimme Zeit. Ruderboote in alle Richtungen, jeder ruderte wie wild, es gab aber keine Hinweisschilder, es war eine Unbekannte-Ufer-Zeit.

Der Ausverkauf am BE geschah leise. Zuerst mussten die gehen, die zuletzt gekommen waren und nur kurze Zeit dem Ensemble angehört hatten. Dann die Älteren, mit einer zu kleinen Abfindungssumme. Sogar während des Urlaubs wurden Kollegen entlassen. Beistand der Leitung? Gab es nicht mehr. Solidarität? Kam niemandem mehr in den Sinn. Egoismus und Misstrauen hatten aus uns sehr schnell Einzelkämpfer gemacht. Aber diese Schutzlosigkeit war furchtbar.

Thomas Langhoff holte mich während einer Warteschleife in den Neunzigerjahren ans Deutsche Theater, ich spielte im *Wiener Wald* und konnte in den Kammerspielen mit Johanna Schall unser Brecht-Programm machen.

Heute gehe ich mit Warteschleifen gelassener um. Übrigens erfährt man, ob und wie man besetzt ist, nicht mehr von einem Papier am Aushang, sondern der Intendant lässt ein paar Tage vor Probenbeginn anrufen: »Sie spielen bei mir …«

Überraschung oder Enttäuschung, das ist dann die Frage. Am Schwarzen Brett hängen nur noch allgemeine Informationen.

Einmal fragte mich eine Nachbarin: »Frau Antoni, es ist ja plötzlich so still um Sie geworden?«

Ich fragte zurück: »Wo waren Sie denn letzten Monat?«

»Bei meiner Cousine im Schwarzwald, und dann suchen wir ja auch eine neue Wohnung.«

»Okay, ich war und bin am Theater und arbeite.«

Aber auch am Theater fehlte die Orientierung.

Dem jahrelangen Gezerre um die Theaterschließungen fiel zuerst die Freie Volksbühne Westberlin zum Opfer. Ein Jahr später, 1993, das Metropol-Theater, einzige deutschsprachige Repertoire-Operettenbühne, dann das Schlossparktheater, die Schiller-Werkstatt und das Schillertheater, das 99 Jahre zuvor gegründet worden und bis dahin Aushängeschild der Westberliner Bühnen war. Kollegen erzählten, wie unrühmlich dessen Ende geriet: Das Mobiliar verschleudert, der Fundus geplündert, sogar ein Steinway sei geklaut worden.

Nachdem Matthias Langhoff abgesagt hatte, das BE in diesem Zustand allein zu übernehmen, verfiel man auf die Idee eines Gesellschafter-Gremiums aus fünf Intendanten. Ein Einfall, wie er noch nie funktioniert hat. Er stieß auf allgemeine Ablehnung, denn das Fiasko der »Viererbande« am Schillertheater war noch in den Köpfen. Nun also eine »Fünferbande«: Matthias Langhoff, Fritz Marquardt, Peter Palitzsch, Peter Zadek und Heiner Müller.

Westwind weht

Eine der ersten Handlungen der fünf neuen Herren bestand darin, den Rundhorizont auf der Bühne entfernen zu lassen, den Brecht einst wegen seiner wunderbaren Akustik hochgelobt hatte. Die zweite Handlung: Der Zuschauerraum wurde teilweise Spielfläche.

Die Intendanten liefen durch das Haus und über den Hof, mieden Gespräche mit uns, überließen dem Geschäftsführer, mit dem Ensemble zu verhandeln, zu schlichten und zu glätten.

Der Westwind wehte neue Regisseure ins Haus, und die brachten ihre eigenen Protagonisten mit aus Bonn, Hamburg, Bochum, München und sonst woher, Martin Wuttke, Volker Spengler, Margarita Broich, Gert Voss und viele andere.

Regieassistenten aller Art wuselten im Haus herum, keiner von ihnen aber vermochte es, den Glanz des einst so berühmten Ensembles aufzupolieren. In jener Zeit spielte das BE im Berliner Theaterleben keine Rolle. Sensationelles gab es am Deutschen Theater, wo Thomas Langhoff inszenierte. Man sprach über Frank Castorfs Volksbühne, der Christoph Marthaler und Christoph Schlingensief engagiert hatte, und über Leander Haußmanns Klassiker-Inszenierungen am Schillertheater, solange es das noch gab.

Die alten Herren nahmen bewährte Brecht-Stücke – bis auf *Baal* und *Galileo Galilei* – aus dem Spielplan, eine weitere fatale Entscheidung. Allein Heiner Müllers Inszenierung des *Arturo Ui* mit Martin Wuttke wurde, wie einst die Aufführung mit Ekke Schall, ein Welterfolg. Über vierhundertmal wurde es gespielt. Aber sonst? Shakespeares *Kaufmann von Venedig* und *Antonius und Cleopatra*,

Charly Chaplins schwarze Komödie aus dem Jahr 1947 *Monsieur Verdoux,* Cesare Zavattinis *Wunder von Mailand.* Unaufregende Theaterkost eben. Und wenige Frauenrollen.

Nur *Wessis in Weimar* in der Regie von Einar Schleef lief mit Erfolg, aber mit Schleef konnte Zadek nicht.

Was für Stücke sollte man jetzt spielen, die irgendeine Wirkung haben könnten? Über die menschlichen Katastrophen jener Zeit gab es keine Stücke.

Damals sagte ich mir, nun, da ich nicht wie viele meiner Kolleginnen und Kollegen gekündigt worden bin, gehe ich nicht weg. Ich freute mich, dass all jene zu uns kamen, mit denen ich schon immer gern gearbeitet hätte. Wir kannten die meisten ihrer Arbeiten, denn wir hatten uns in der DDR Videos von Inszenierungen geborgt und bestaunt, von Peter Zadek und Peter Stein, von Andrea Breth und Claus Peymann, hatten Rezensionen ihrer Arbeiten gelesen, uns informiert.

Ich glaubte fest, sie hätten sich auch über uns informiert, wo sie es doch nun mit uns zu tun bekamen.

Wie naiv! Wir waren ihnen offenbar egal.

Peter Palitzsch hielt mich für eine Maskenbildnerin.

Peter Zadek bat mich an einem späten Nachmittag, bei ihm vorzusprechen. Am Abend stand *Der gute Mensch von Sezuan* auf dem Spielplan, ich gab die Shen Te. Sagte: »Sehen Sie sich doch nachher die Vorstellung an.«

Er kam, aber schon nach kurzer Zeit hörte ich die Regielogentür klappen, er war verschwunden.

Am nächsten Tag begegneten wir uns auf dem Hof, ich fragte arglos: »Hat es Ihnen gefallen?« Da sagte er: »Wissen Sie, ich kann so starke Frauen wie Sie nicht so gut leiden.«

»Und ich kann schwache Männer nicht so gut leiden.«

Das schoss spontan aus mir raus, obwohl ich seine Arbeit bewunderte. War es die Arroganz, die in seiner Stimme mitschwang, fühlte ich mich provoziert, empfand ich seine Worte als Frechheit, ich weiß es nicht mehr, vielleicht alles zusammen. Jedenfalls hatte sich damit eine Zusammenarbeit erledigt. Er grüßte mich nicht mehr, strafte mich mit Missachtung. Sehr männlich.

Einar Schleef kam ans Haus zurück, wieder hoffte ich vergeblich auf eine Besetzung, erst viel später bekam ich im *Puntila* eine Rolle.

Nur Fritz Marquardt besetzte mich noch, ich spielte in *Der arme Vetter* und in *Juno und der Pfau* mit Hermann Beyer und Dieter Montag, den alten Volksbühnen-Kollegen.

Fritz und ich sind einen langen Weg gemeinsam gegangen, schon als ich an der Filmhochschule war, unterrichtete er dort hin und wieder. Wir hatten zusammen Filme gedreht, *Platow* und *Kindheit* zum Beispiel, und ich spielte in seinen Volksbühnen-Inszenierungen *Avantgarde* und *Weiberkomödie.*

Fritz ist ein Unikum, klug, besessen, ein Wahrheitsfanatiker, ein Clown, ein bodenständiger Eigenbrötler, unbestechlich und mit einer großen Liebe zu den dunklen Theaterstücken, denen von Barlach und Ibsen. Vielleicht interessierten ihn auch nur besonders die Gescheiterten, die tragischen Figuren. Denke ich an jene Zeit zurück, lag das sicher nahe. Jedenfalls war Fritz Marquardt damals einer der wenigen, mit denen man über Theater reden konnte, auch wenn seine Finsternis zunahm, was sicherlich dieser unseligen Konstruktion der Intendanz geschuldet war.

Er trug, solange ich mich erinnern kann, eine schwarze Mütze. Wenn er sie lüftete, glich das dem Ätna – er spie Feuer oder Kritik. Fritz mit den buschigen Augenbrauen, immer in Bewegung, mit beiden Händen in der Luft rudernd, Laute ausstoßend, stöhnend oder verschmitzt drohend – mir fallen viele seiner Gesten ein, die wir Schauspieler oft im Spaß nachahmten.

Er lebt jetzt, da ich das schreibe, in seinem Landhaus in der Uckermark, malt und schreibt. Im Sommer 2008 ehrten und feierten wir ihn zu seinem 80. Geburtstag.

Diese Zeit hatte einen merkwürdigen Sound, es war der Blues, schwere Rhythmen zwischen Euphorie und Trauer.

Die auch fürs Künstlerische so ersehnte deutsche Einheit funktionierte am Berliner Ensemble nicht. Ich war enttäuscht, wie wenig von der versprochenen Demokratie und dem Mitspracherecht ich gebrauchen konnte an dem neuen Berliner Ensemble, der Gesellschaft mit beschränkter Haftung.

Der Erste, der schon bald vom Tritt sprang, war Langhoff. Marquardt, Palitzsch und Zadek folgten ihm. Für kurze Zeit tauchte Eva Mattes als Gesellschafterin auf und verschwand wieder. Nach drei Jahren war Heiner Müller allein übrig geblieben.

Unbekannte und auch unbegabte Regisseure sprachen mit uns, als wären wir ABC-Schützen. Sie stellten keine Konzeptionen vor, sagten: »Spielt einfach, wie euch ist.« Wie spielt man, wenn einem nach gar nichts ist?

Für uns Ost-Schauspieler blieb nicht viel an Rollenauswahl. Wir waren das Beiwerk, die unbekannten Kollegen, fremd im eigenen Haus. Es verlangte den ganzen Enthusiasmus dieses Berufes, nicht zu verzweifeln an diesen kleinen Wurzen, die man uns zu spielen gab. Eine ungewohnte, unbefriedigende Situation. Das war kein Ensemble mehr, noch nicht einmal ein Team. Es bezeichnete sich so hochtrabend als das »Neue« und bot nicht viel mehr als Mittelmaß.

Ein Lichtblick war für Annemone Haase, Christine Gloger und mich Hölderlins *Pharsalia,* das Stephan Suschke für die Probebühne inszenierte.

Gelegentlich saß eine oder einer der Neuen mit am Tisch in der Kantine, und manchmal kam eine Frage nach unserem früheren Künstlerleben. Wir berichteten kurz und knapp, ohne diese Bugwelle, mit der man uns entgegenkam. Wir wurden für einen Augenblick bestaunt, dann wehte rasch wieder der Westwind. Ich begriff schnell, dass man an das berühmte Berliner Ensemble ging, um seine Vita zu schmücken. Besetzt zu werden von einem bekannten Regisseur, an diesem Haus gespielt zu haben, das wertet die Biografie ungemein auf.

Einmal saß ich mit einem jüngeren Kollegen in der Kantine, der ein halbes Jahr am BE war. Er raunte mir allen Ernstes mit bedeutender Miene zu: »Ich wünschte dir, mal Heiner Müller zu begegnen, mit dem bin ich befreundet.«

So, so. Mir verschlug es die Sprache, und das will was heißen. Ich habe anerkennend genickt, mir war nicht danach, den jungen Mann aufzuklären.

Mit Heiner Müller trank ich an meinem fünfzigsten Geburtstag den dritten und letzten Whisky, das war im August 1995 im Brecht-Haus in der Chausseestraße. Die Krankheit hatte ihn schon sehr gezeichnet. »Den nächsten Whisky dann da drüben«, sagte er und zeigte auf den Friedhof. Im Dezember darauf ist er gestorben.

Den ersten Whisky hatte ich mit ihm fünfundzwanzig Jahre davor in der Volksbühne getrunken. Für den zweiten Whisky, den ich spendierte, schrieb er mir ein paar Zeilen auf einen Zettel. Die fand ich später wieder in seinem Gedicht *Theatertod:*

»Leeres Theater. Auf der Bühne stirbt
Ein Spieler nach den Regeln seiner Kunst
Den Dolch im Nacken. Ausgerast die Brunst
Ein letztes Solo, das um Beifall wirbt
Und keine Hand. In einer Loge, leer
Wie das Theater, ein vergessenes Kleid.
Die Seide flüstert, was der Spieler schreit.
Die Seide färbt sich rot, das Kleid wird schwer
Vom Blut des Spielens, das im Tod entweicht.
Im Glanz der Lüster, der die Szene bleicht
Trinkt das vergessne Kleid die Adern leer
Dem Sterbenden, der nur sich selbst noch gleicht

Nicht Lust noch Schrecken der Verwandlung mehr
Sein Blut ein Farbfleck ohne Wiederkehr.«

Heiner Müller war in der DDR ein angezählter, in der gemeinsamen BRD ein angesagter Dichter. Immer mal wieder wurde eines seiner Stücke von der Partei arg kritisiert oder gar verboten. Kam er jedoch in die Kantine der Volksbühne, bildete sich eine Traube um ihn, alle verehrten ihn, besonders die Frauen. Wir mochten seine leise, fast sanfte Stimme. Dabei konnte er auch sehr bestimmt und zynisch werden. Er formulierte klar, reduziert, schnörkellos und gewählt.

Er trank gern guten Whisky, den er sich, als er »nur« Dichter war und noch nicht inszenierte, kaum leisten konnte. Wir Schauspieler zahlten gern mal einen für ihn. Nach der Wende stieg Heiner auf in die Upperclass, wurde umwuselt, umbuhlt, belagert, vereinnahmt von vielen. Nun bezahlte er seinen Whisky selbst und lud ein. Intendant zu sein, gehörte nicht zu seinen Träumen, warum er sich berufen ließ, habe ich nicht verstanden. Er war viel zu klug, um die Lage nicht scharfsinnig zu durchschauen. Nach Brecht war Heiner Müller für mich der Favorit am Theater und für das Theater.

Das ist auch eine merkwürdige Beobachtung dieser Zeit, die Traubenbildung. Eine neue Produktion begann, und Hospitanten, Assistenten, Regieassistenten, Kostümbildner, Kostümassistenten, Bühnenbildner und deren Assistenten, ungezählte Kaffeeholer, dazu Schauspielerinnen und Schauspieler, die all diese Leute seit Jahren kannten, hockten zusammen, abgeschottet vom Rest des Ensembles, wie eine Traube eben. Nach der Premiere fiel die Traube auseinander, bis sich die nächste bildete. Wahrscheinlich war das die Entbehrung, die ich empfand. Wir wurden uns fremd, interessierten uns nicht mehr füreinander. Es galt nur noch die Leistung auf der Bühne, aber dazu braucht es Rollen, wenigstens eine Besetzung.

Zwischen Schauspielern gibt es ohnehin nur selten haltbare Freundschaften, das ist jedenfalls meine Erfahrung. Zu groß sind die Eitelkeiten, zu hart auch die Konkurrenz. Aber so gar kein Interesse aneinander, das war neu.

Da komme ich zum Beispiel von den Brecht-Tagen in Augsburg, von einem Dreh in Irgendwo, von meiner Kinderoper in Frankfurt an der Oder, von einer auf- und anregenden Sitzung der Filmakademie, war tagelang beschäftigt, habe viel erlebt – und niemand weiß davon. Früher wussten wir, wo sich die anderen aufhielten, bei welchem Gastspiel, bei welchem Dreh, und wir fragten: »Wie war es? Ich hab gehört, dass du Erfolg hattest, erzähl mal …«

Damit sich das hier nicht so liest wie Sehnsucht nach der guten alten Zeit: Diese Distanz untereinander hat Vorteile, man konzentriert sich wirklich nur auf sich, auf den Abend. Ich genieße die völlige Erschöpfung nach einer gelungenen Vorstellung, bin danach ganz entspannt, ganz locker.

Das neue Zauberwort in der Traubenbildung heißt: Kontakte. In der DDR sagten wir Vitamin B, B wie Beziehungen. Gemessen an denen, die heute erforderlich sind, um im Geschäft zu bleiben, waren das Lächerlichkeiten. Beziehungen pflegten wir etwa zu einer Fleischverkäuferin, die gelegentlich zischelte: »Ich hab was für Sie, macht 3 Mark 47«, und ein Päckchen rüberreichte, von dem man ahnte, dass es Kochschinken enthielt.

Heutige Beziehungen oder Kontakte funktionieren anders. Man setzt sich so lange bei jeder sich bietenden Gelegenheit an einen Kantinentisch zu diesem oder jenem, bis man beachtet wird, man schreibt Briefe und bittet um Rollen. Dabei bleibt der Stolz auf der Strecke, stattdessen wachsen kleinliches Denken, Missgunst und Neid, was der Kunst und einem Ensemble schadet. Das missfällt mir, da spiele ich nicht mit. Mit den wirklichen Könnern unseres Metiers habe und hatte ich nie Probleme, wahre Größe zeigt sich bekanntlich in Bescheidenheit.

Es war eine harte Zeit damals, doch nach und nach bekam ich wieder gute Rollen und damit mein Selbstwertgefühl zurück.

Mit Heiner Müllers Tod im Winter 1995 ging eine weitere Epoche des Berliner Ensembles zu Ende. Junge Männer wie Martin Wuttke, Stephan Suschke versuchten sich an der Intendanz, es klappte nicht, trotz aller Ambitionen und des festen Versprechens an Heiner, das Haus in Brechts Sinne weiterzuführen. So ein Betrieb verlangt nach einem, der den Hut aufhat, oder – vielleicht noch besser – nach einer Frau, die keinen Hut braucht.

Mitte der Neunzigerjahre gab es dann noch diesen gnadenlosen Kampf um die Immobilie. Es hatte sich herausgestellt, dass das Theater am Schiffbauerdamm der Ilse-Holzapfel-Stiftung gehört, die nach Rolf Hochhuths Mutter benannt ist. Hochhuth kämpfte verbissen um besondere Rechte. Das Gerangel endete schließlich in einem Mietvertrag zwischen der Stiftung und dem Land Berlin, das Land stellt das Haus dem BE für dreißig Jahre zur Verfügung.

Dann tauchte das Gerücht auf, Claus Peymann würde das Wiener Burgtheater verlassen und als alleiniger Gesellschafter das BE übernehmen. Eben der Peymann, der in Stuttgart so genial die *Iphigenie* inszeniert hatte. Das Video hatte mir einst Lore Brunner gegeben.

Ich hatte inzwischen am Deutschen Theater gespielt, Filme gedreht, aber nun schöpfte ich Hoffnung, brannte auf neues Theater an meinem alten Haus.

Warteschleifen

Meine Nachbarin fragte mich einmal, womit ich denn eigentlich meine Tage verbringe, da ich doch nur abends spielen würde. Wobei sie das Wort spielen so aussprach, als meine sie keine Arbeit, sondern wirkliches Spielen.

Ich strahlte sie an und sagte, dass ich viel Glück hätte in meinem Leben. Fast sah sie sich in ihrer Beobachtung bestätigt. Doch dann sagte ich, ich hätte Glück, weil ich immer arbeiten könne, meistens den ganzen Tag bis spät in die Nacht: das Neue proben und das Alte immer wieder, Umbesetzungsproben, Arbeiten für den Rundfunk und Dreharbeiten für Film oder Fernsehen. Es gibt Tage, an denen ich kaum Zeit zum Luftholen habe und morgens denke, nein, nicht aufstehen, weiterschlafen! Und dann raffe ich mich auf, denn ich liebe dieses Tempo.

Allerdings genieße ich die seltenen Tage, an denen nichts im Kalender steht – keine Probe, keine Vorstellung, keine Verpflichtung in Schauspielschule oder Filmakademie. Ich bin nun mittlerweile in einem Alter, in dem ich alles gern etwas langsamer angehe. An diesen seltenen Tagen schlenze ich im Schlafanzug rum, frühstücke mit Muße, lese ausgiebig Zeitung, gieße die Grünpflanzen, räume den Schreibtisch auf, gucke Fotoalben an. Abends besuche ich Vorstellungen in anderen Theatern.

An solchen Tagen bin ich ohne Plan, entscheide intuitiv nach Wetter und Stimmung: endlich mal wieder malen oder spazieren gehen oder eine Ausstellung besuchen oder ein Buch lesen. Ich bin eine Intensivleserin, bietet sich die Gelegenheit, lese ich einen ganzen Nachmittag lang.

Aber dann gibt es Zeiten – für die einen häufiger, für die anderen seltener –, in denen es nichts zum Spielen gibt, in denen die leeren Tage im Kalender wirklich leer sind, in denen sich Angst breitmacht. Die Angst, alles zu verlernen, womit man einmal glänzen konnte, die fürchterliche Angst, vergessen zu werden von Regisseuren und Besetzungsbüros. In unserem Beruf kann man nicht Hier! schreien, man wird besetzt oder eben nicht. Manchmal verlässt einen das Glück, oder der Spielplan gibt nichts her für einen bestimmten Typ, oder ein Regisseur kennt oder mag jemanden nicht.

War ich mal eine Weile nicht besetzt, freute sich zunächst meine Familie. »Wenn du nicht Theater spielst, sondern mit uns, spielt es sich viel schöner«, sagte mein Sohn einmal. Beide Kinder durften im Kindergarten glückliche »Mittagskinder« sein. Ich lag mit ihnen bäuchlings auf der Erde und baute Legolandschaften, fuhr mit ihnen in den Tierpark, las bis zur Ohnmacht Märchen vor, kochte ihre Lieblingsspeisen, röstete Puffmais in der Pfanne zu Popcorn. Aber bald schon wurde ich rappelig und suchte mir Aufgaben. An der Volksbühne arbeiteten in den Siebzigerjahren etliche Regisseure, die offen waren für Ideen. Damals schlug ich vor, im Sternfoyer *Rameaus Neffe* zu spielen, ich arbeitete mit Fritz Decho an der Regie eines *Sittenbilds der Antike*, das Programm nannten wir *Die Pfeile des Eros.* Ich konnte meine Bilder ausstellen, und in der Kantine beredeten wir mögliche Projekte. Dort saßen häufig genug Heiner Müller, die Brasch-Brüder Thomas und Klaus, der Besson-Schüler Dimiter Gotscheff, der nach Biermanns Ausbürgerung in seine Heimat Bulgarien ging, und etliche andere. Gotscheff kehrte bald zurück und machte sich an der Volksbühne und am DT einen Namen mit großen Inszenierungen, unter anderen mit Sophie Rois und Samuel Finzi.

Komplizierter war das Lückenfüllen am BE. Ging es um Brecht-Stücke, hatten die Erben ein Mitspracherecht bei der Besetzung, da blieb einem nichts weiter übrig, als auf Mitwirkung zu hoffen. Wenn nicht – Pech gehabt.

Wobei Besetzungsentscheidungen grundsätzlich nicht gegen die Qualität eines Schauspielers sprechen, da spielen der Typ, die Art des Spiels eine Rolle. Manche Regisseure begründen ihre Entscheidung mit der Konzeption, manchmal geht es auch einfach um Sympathien und Antipathien. Wer kann das schon im Einzelnen nachvollziehen – wir Schauspieler jedenfalls nicht. Es gab einige Rollen, von denen ich glaubte, das seien genau meine, und der Regisseur war ganz anderer Ansicht. Aber so ist das Leben.

Mit einem Regisseur legte ich mich mehrere Male an, ich habe ihm nicht nur widersprochen, sondern ihm wohl zu deutlich zu verstehen gegeben, dass ich ihn für unfähig hielt. So etwas nimmt kein Mann einfach hin. Er warf mir politische Unzuverlässigkeit vor. Die Begründung blieb er mir schuldig, aber so ein Vorwurf galt in der DDR als Totschlagargument. Auf diese Weise kaltgestellt zu sein, rief in mir kreativen Zorn hervor. Ich begann wieder, an den Schauspielschulen zu unterrichten, erarbeitete Texte für eigene Leseabende, malte Bilder – und bei all den schönen Beschäftigungen nährte ich den festen Willen, es bald wieder allen zu zeigen.

In einer solchen Pause kam ich auf die Idee, ein Brecht-Programm zu erarbeiten. Ein Soloprogramm wollte man nicht von einer politisch Unzuverlässigen, also suchte ich einen Partner, den fand ich in Hans-Peter Reinecke. Wir passten hervorragend zusammen: Pit, »der proletarische Held, und die vitale, quirlige, schrille Person mit dem Charme von Chaplin« – so wurden wir einmal beschrieben.

Dazu der Pianist Karl-Heinz Nehring, der beglückt war von meiner Stimme, der gut mit mir arbeitete und dem ich viel verdanke, nicht nur technische Finessen und richtige Atmung. Er hat mir den Mut zu sehr hohen Tönen abverlangt und mir Lieder zugetraut, an die ich mich musikalisch ohne seine Unterstützung kaum gewagt hätte.

Ich stellte die Texte zusammen, und bald umfasste unser Repertoire mehr als fünfzig Lieder. Ich bekam die Genehmigung von Barbara Schall, der Brecht-Erbin, denn wer Brecht singen durfte, entschieden sie und ihr Mann Ekkehard Schall.

Aus dieser durch Frust und Zorn entstandenen Idee wuchs eine neue, wunderbare Aufgabe. Wir drei bekamen Einladungen nach Paris, nach Polen, Schweden, England, in die Türkei, nach Griechenland.

Später folgten ähnliche Programme mit Johanna Schall, dann mit Manfred Karge, ein weiteres mit Pit Reinecke, ein Soloprogramm.

Übrigens bin ich Bundesbürgerin schon seit dem 5. September 1990. Johanna Schall und ich waren mit unserem Brecht-Programm und zu einem Workshop für zehn Tage nach London eingeladen. Als wir am Einreiseschalter in London-Heathrow unsere DDR-Pässe, aber keine Arbeitserlaubnis vorzeigten, schien unsere Reise zunächst beendet. Man brachte uns in einen Raum mit dem Schild »Emigration«, in dem ein paar Schwarze Menschen auf der Erde saßen, als hockten sie schon ewig dort. Luke Dixon, der Regisseur, der uns eingeladen hatte, stand draußen und hatte keine Ahnung über unseren Verbleib.

Wir baten, die DDR-Botschaft in London anrufen zu können. Nach etlichen Versuchen bekamen wir eine Frau an die Leitung, die uns mitteilte, dass alle Mitarbeiter ihre Koffer packten und sich niemand mehr für unser Problem zuständig fühlte. Wir flehten die Flughafenleute an, mit der bundesdeutschen Botschaft telefonieren zu dürfen, und erfuhren dort, nur mit bundesdeutschen Pässen könne man uns helfen und eine Arbeitserlaubnis ausstellen.

Wie wird man Bundesbürger, wenn man auf dem Flughafen in London festsitzt?

Wir baten den Botschaftsmenschen, für uns die Künstleragentur der DDR zu informieren, damit man uns von dort aus helfe. Vier Stunden später landete Frau Tatsch von der Künstleragentur in London. Man erlaubte uns, den Passbildautomaten zu benutzen. Mit den völlig verstressten Fotos fuhr Frau Tatsch zur Botschaft der Bundesrepublik Deutschland und beschaffte Pässe mit unseren Namen. Wir mussten allerdings versprechen, sie sofort nach unserer Rückkehr in Berlin für ungültig erklären zu lassen.

Mein Pass liegt heute noch bei mir.

Gelandet waren wir morgens um acht Uhr, aus der »Emigration« entlassen wurden wir gegen 17 Uhr.

Kaum befreit, telefonierte Johanna mit der deutschen Presse. Die vermeldete am nächsten Morgen: »Brecht-Enkelin in London festgehalten«.

Als Junge spielte ich Alte, nun spiele ich junge Alte

Fasse ich die Kritikermeinungen zu meinem Aussehen zusammen, lautet die Essenz: blond, strubbelig, spitznasig, frech, also immer mehr Clown als eine tolle Frau. In den Alte-Frauen-Rollen werde ich als ungestüm, anrührend, warmherzig apostrophiert. Die »Ost-Masina«, das war das heißeste Kompliment.

1995, da war ich fünfzig, spielte ich, wie gesagt, als Gast im Deutschen Theater im *Wienerwald* die sechsundsechzigjährige Mutter von Guntram Brattia und die Tochter von Käthe Reichel. Ich war ziemlich stark geschminkt und trug eine Perücke mit Dutt.

An einem Abend wollte Jo Baier mich nach der Vorstellung in der Kantine treffen, weil er mich für die Verfilmung von Strittmatters *Laden* im Blick hatte. Ich schminkte mich hastig ab, zog mich um und ging in die Kantine. Sah den Produktionsleiter, mit dem ich zusammen studiert hatte, an einem Tisch mit anderen sitzen. Ich stellte mich diskret und vage lächelnd in die Nähe dieses Tisches, es wurde gerade Bier und Kaffee serviert. Der Produktionsleiter lächelte zurück, ich wartete. Jo Baier drehte sich fragend zu mir um: »Ja?« Und mehr in die Runde als zu mir: »Wir warten auf Frau Antoni.«

»Die bin ich«, sagte ich.

Ihm entgleisten die Gesichtszüge. Offensichtlich bekam er die Figur auf der Bühne und die private vor ihm nicht zusammen. Sah ich jünger, älter, anders aus, als er sich das vorgestellt hatte? Während ich noch rätselte, sagte er: »Die Verwandlung ist ja fantastisch! Sie würden auch Latex und Perücke in Kauf nehmen?«

Natürlich stimmte ich sofort zu, denn dass ich an dieser Rolle viel Freude haben würde, war klar.

Schon mit vierzig Jahren hab ich ältere Frauen gespielt. Ich war die Mutter von Ekkehard Schall im *Baal,* die verbiesterte Schwiegermutter im *Selbstmörder* mit Martin Seifert, die alte Frau Wurm in der Radikal-Komödie *Volksvernichtung oder Meine Leber ist sinnlos.* Ich spielte die Omamutter in dem Film *Kindheit,* da war ich 41, und dann, mit 53 Jahren, die Anderthalb-Meter-Großmutter im *Laden.* Das alles waren Frauenfiguren zwischen 60 und 86 Jahren.

So haben mich auch die Zuschauer weit vor der Zeit als alt wahrgenommen. Als mein Sohn etwa dreizehn war, fragte ihn ein behandelnder Arzt: »Hast du eine Oma am BE? Ich war gestern im Theater, eine köstliche Alte …« Mein Sohn war total entsetzt.

Das erzähle ich ohne Bitterkeit. Vielleicht hat meine fehlende Eitelkeit die Lust auf diese Art Veränderung und Verwandlung befördert. Zudem war für mich schon früh ungemein reizvoll, das Alter, vor dem wir uns fürchten, mit jugendlicher Kraft darzustellen. Alte Frauen spielen, die vital sind und noch was zu sagen haben – vielleicht hat mir das mein eigenes Altwerden sympathisch gemacht.

Ich empfand diese Besetzungen als Glück, sind das doch Rollen, die man durch tägliches Beobachten erfahren und umsetzen kann. Obendrein haben die Zuschauer Spaß am Zugucken wie ich am Spielen. Zum Beispiel in *Doña Rosita bleibt ledig:* Im letzten Bild war ich 84 Jahre alt, und so lief ich auch, also definitiv anders als im ersten Bild: schwerer, watschelnder. Ich wuchs da rein, spielte ohne Sperre, ohne Angst uralte Damen.

Das Alter hat eine Lebenskomik, die ich liebe. Alte Menschen können so hinreißend komisch sein, sie wirken wie alte Kinder. Geradezu magnetisch fühle ich mich von ihnen angezogen, habe ihre Gestik, ihre Mimik, ihre Eigenheiten beobachtet, studiert.

Brachte meine Schwiegermutter zum Beispiel eine Kaffeekanne und die Torte ins Zimmer, stieß sie wie eine Halbstarke, ohne hinzuschauen, mit dem Fuß die Tür zu.

Erzählte sie etwas oder gab mir Ratschläge, lehnte sie häufig stehend am Kachelofen, rutschte jedoch beim Fortgang der Rede, immer mit dem Rücken am Ofen, tiefer und tiefer in die Hocke. Erst als sie auf der Erde saß, fiel ihr auf, dass sie nicht mehr stand, und sie verlangte: »Kann mir mal jemand aufhelfen?«

Eine andere Beobachtung: Kam meine Schwiegermutter nach Hause, musste sie häufig ganz schnell etwas erzählen. Dabei ging sie hin und her, packte ihre Einkäufe aus, hielt eine ganze Weile den Wohnungsschlüssel in der Hand. Plötzlich bemerkte sie das – er störte sie – und warf ihn irgendwohin, ohne ihren Redefluss zu unterbrechen. Zehn Minuten später suchte sie ihn in der ganzen Wohnung.

Physische Prozesse belästigen die Alten. Meine Schwiegermutter sagte: »Sport ist Mord. Man muss sich nicht überflüssig bewegen, man hat einen Kopf, um Bewegungen zu minimieren.«

Alte Frauen, die ein Leben lang schwer gearbeitet haben, laufen oft breitbeinig. Das liegt an den steifen Hüften. Vielleicht auch an der mittlerweile toten, weil nicht mehr erotischen Zone. Handtaschen tragen sie nicht unter dem Arm oder mit einem Schulterriemen, sondern schlenkern sie am Henkel.

Vor den Dreharbeiten zum *Laden* setzte ich mich in Parks neben alten Damen auf eine Bank, beobachtete ihre Fußstellung, wie sie ihre Handtaschen festhielten, wie sie vergaßen, den Mund zu schließen, wie sie Vögel fütterten, vor sich hin erzählten, auch böse wurden. All ihre Gesten und Hilflosigkeiten studierte ich.

In der Straßenbahn forderte einmal ein Kontrolleur den Fahrschein einer alten Frau. Sie sagte seelenruhig, sie hätte heute die falsche Tasche mit, aber morgen nähme sie wieder die andere, wo der Fahrschein drin sei. Dabei baumelte sie mit ihren kurzen Beinen und wickelte einen Bonbon aus. Der Kontrolleur ging sprachlos weiter.

Alte Leute sind pur, das gefällt mir so. Diese göttliche Naivität, die wie aus der Trickkiste kommt, weil das Leben sie genug belehrt hat. Sie müssen sich und anderen nichts mehr beweisen. All diese kleinen Eigenheiten zu beobachten, finde ich lustig. Und für meinen Beruf ungemein hilfreich.

Verwandlung besteht darin, dass man sich nicht verwandelt, sondern überzeugend verschiedene Charaktere darstellt. Das wird von Sir Laurence Olivier kolportiert. Jeder geht anders an eine Figur. Armin Mueller-Stahl sagte mal in einem Interview, dass für ihn zuerst die Schuhe wichtig seien. Die gäben ihm die Haltung für die jeweilige Rolle. Stimmen die Füße, stimme auch der Kopf.

Erarbeite ich am Theater eine Rolle, ist für mich die wichtigste Frage: Welche Perücke bekomme ich, welches Kleid, welche Handtasche?

Mit der Perücke wechsle ich sozusagen den Kopf. Trage ich ein Kleid, weiß ich den Gang. Nehme ich eine Tasche in die Hand, denke ich mir deren Inhalt, der ja meistens eine Geschichte hat, und meine Fantasie wird so groß wie ein ganzes Altersheim.

Es gab am Deutschen Theater und dem Berliner Ensemble großartige alte Damen. An der Spitze die Oberladygrandedametraumfrau Inge Keller. Wie sie in den *Gespenstern* mit ihrer Diktion eine Aura verbreitete, dass man sofort viel lieber mit Heine oder Kleist leben wollte als im Sozialismus, das war einmalig. Diese Frau mit ihrem Charisma, mit ihrer Contenance, mit ihrer vollendeten Sprachkultur, dem in jeder Hinsicht aufrechten Gang, diese Frau ist einmalig.

Ich erinnere mich an die glockenhelle, fast kindliche Stimme der Elsa Grube-Deister in der *Schönen Helena* und an einen Volksliederabend viele Jahre später. Sie sang wie ein Mädchen, so anmutig, so lyrisch.

Ich denke an den garstigen, einmaligen, Thomas Bernhardschen österreichischen Humor, an den Biss der Erika Pelikowsky. Nach der Premiere des *Hofmeister* sagte sie zu mir: »Schatzi, die Welt besteht fast nur aus Idioten, schad drum, aber gut, dass wir net dazughörn.«

Bei den Dreharbeiten zu *Wege übers Land* konnte ich sie beobachten; unglaublich, mit welcher Klarheit und Härte sie ihre Figur durch die fünf Teile des Films führte. Die Weisheit eines ganzen Lebens lag in ihrem Gesicht. In ihren Mundwinkeln sah man den Spott, sie stand über den Zuständen dieser Gesellschaft mit einer herrlichen Arroganz, mit einer Weltfraulichkeit, die den Triumph vor sich hertrug, zur Not nicht dazugehören zu müssen.

Und dann Käthe Reichel, diese kleine Frau mit der schrillen Stimme, die mir immer schreiend in Erinnerung ist, permanent politisch engagiert, ständig für eine bessere Welt kämpfend. Die Skurrile, die ihre Finger bewegte, als hätte sie ein Orchester zu dirigieren. Sah ich diese Frauen spielen, hätte ich knien können in Verehrung.

Dabei fällt mir ein, sie alle hatten verrückte große Männer: Inge Keller war mit Karl-Eduard von Schnitzler verheiratet, Erika Pelikowsky mit Wolfgang Heinz, Elsa Grube-Deister mit Herrn Li, einem Chinesen, Käthe Reichel gehörte zu Brechts weiblichem Umfeld.

In diese Reihe gehört unbedingt Gisela May, die damals als Weigel-Nachfolgerin gehandelt wurde. Sie pflanzte in mir das Saatkörnchen Gesang. Denn schon in Potsdam verzauberte mich diese tiefe, unerbittliche Stimme, die Brecht sang: hart, lüstern, charmant. Ich glaube, ich habe alle Platten, die sie je besungen hat. Damals ahnte ich nicht, was es an Kraft, Individualität und Persönlichkeit braucht, einen Brecht-Abend zu stemmen. Sie gestaltete viele dieser Abende. Und jede, die nach ihr Brecht sang, wurde an Gisela May gemessen.

Diese Schauspielerinnen brachten mir gutes Altern und das gute Alter nahe. Ihre Geheimnisse, die in ihren Bewegungen, in ihrer Aura lagen, waren für mich wie der Schlüssel zu einer Schatzkiste, wie ein lebendiges Lehrbuch. Und diese Rollen haben mir den Erfolg beim Publikum eingebracht. Warum also sollte ich deshalb gekränkt oder bitter sein? Nein, stolz bin ich darauf.

Eine Sternstunde: *Der Laden*

Im Jahr 1995 verfiel das Theater in eine Art Totenstarre. Zu Pfingsten hatte Heiner Müllers Inszenierung von Brechts *Arturo Ui* Premiere, es war sein Requiem, denn am Jahresende erlag er seinem Krebsleiden. Nach ihm übernahm Martin Wuttke die Intendanz des Hauses am Schiffbauerdamm, danach Stephan Suschke. Fritz Marquardt inszenierte sehr dunkel, kein Stern des Theaterhimmels glänzte mehr, der Spielplan war dünn, das einstige Berliner Ensemble ein zusammengewürfelter Haufen Leute mit Gästen aus Ost und West.

Der Filmregisseur Jo Baier öffnete mir den Himmel. Ich sollte die Anderthalb-Meter-Großmutter in der Strittmatter-Verfilmung des *Laden* spielen – ein historischer Fernsehfilm in drei Teilen, eine Traumrolle. Zum ersten Mal waren meine Einmeterfünfzig von dramaturgischem Vorteil. 1997 sollte es losgehen.

Als ich von Baiers Vorhaben erfuhr, wunderte ich mich: Was weiß ein Regisseur aus dem tiefsten Bayern von Erwin Strittmatter? Wir waren ja mit *Tinko* und *Ole Bienkopp* groß geworden – aber er?

Um es vorwegzunehmen: Es wurde für alle Beteiligten eine wunderbare Arbeit und ein großer Erfolg. Die ARD-Programmdirektoren wollten den Dreiteiler aus Angst vor zu wenig Quote zwar in die Nacht versenken, dann wurde er – als Kompromiss sozusagen – auf ARTE an drei Abenden ab 20.45 Uhr, ein paar Tage später in der ARD ab 21 Uhr gezeigt. Er erhielt den Bayerischen Filmpreis, den Grimme-Preis, und für Martin Benrath gab es noch den Deutschen Fernsehpreis.

Aber zurück auf Anfang: Baiers Produktionsleiter lud mich zum Kennenlernen nach München ein, dann wurde gecastet. Traumrollen brauchen Partner, und ich war glücklich über die Wahl: Dagmar Manzel, eine Wahnsinnsfrau, ein Urgestein der Schauspielerei, war meine Tochter; Jörg Schüttauf mein staunender, blauäugiger, jähzorniger Schwiegersohn; Hermann Beyer der verzweifelte, tragische Nachbar, großartig auch Ingo Naujoks als mein unehelicher Sohn – alles so hinreißend schräge Typen. Und diese wunderbaren Kinder, allen voran der kleine Ole Brandmeyer als erster Esau, denn in jedem Teil gab es einen neuen Esau, der sich aus dem ersten, dem Kind entwickeln musste zum Jugendlichen und schließlich zum Erwachsenen.

Und dann der Großvater, mein Mann, der absolute Glücksgriff: Martin Benrath. Leider starb er im Jahr 2000, 74 Jahre alt. Er war einer der letzten Gentlemen, ein zauberhafter, großartiger Schauspieler der alten Schule, der uns Frauen mit Handkuss begrüßte, ein toller Kollege, weise und aufmerksam, jeden nahm er unvoreingenommen als Partner wahr. Etliche von uns kamen aus dem Osten, er war neugierig auf unsere Arbeit, auf unser gelebtes Leben, auf die Literatur der DDR.

Im *Laden* passten wir zusammen wie zwei alte Latschen. Als er sich die Rolle des Großvaters eroberte, kamen ihm die Erzählungen von Erwin Strittmatters Bruder Heini zugute, der damals noch in Bohsdorf lebte. Wunderbares wusste der über den wirklichen Großvater zu erzählen. Durch Heini Strittmatter begriffen wir besser die Mentalität der Lausitzer, die Härte, mit der sie das Leben nahmen, ihr fast verstocktes Wesen, und diesen Sound. Niemand von uns konnte diesen Lausitzer Dialekt genau sprechen, den Strittmatter in seinem Buch bildhaft, teilweise verschroben umgesetzt hat. Auch kommen darin etliche uns unbekannte Wörter vor. Jo Baier setzte bei uns auf Verschleifen und Vernuscheln. Wichtig war ihm, den Klang zu erhalten. Dass er Otto Sander als Erzähler aus dem Off auftreten ließ, half sehr, die Töne möglichst nah am Originalbuch zu halten.

Ich las Strittmatters Beschreibungen und Erzählungen über seine Großmutter, diese kleine Frau. Ich kroch förmlich in meine Magdalena Kulka hinein, übte eine Art Lausitzer Mundart und lebte für Monate in ihrer Zeit. Verglich sie mit meiner Großmutter, mit deren Gang und deren Angewohnheiten. Die olle Kulka war eine rührende Einfalt, naiv, gutgläubig und dabei witzig. Sie war unendlich geduldig und gütig zu ihren Enkeln, schlitzohrig gegenüber ihrem Mann, und ihr Aberglaube schützte sie wohl vor manch bitterer Wahrheit. Essen kochen für die ganze Familie hielt sie für ihren größten Liebesbeweis. Eine einfache, liebevolle Oma, die wollte ich mit meinem Wesen bestücken.

Die Requisiten – Waschschüsseln, Eimer, Zuber, Pumpen, Öllampen, der Kaufmannsladen aus jener Zeit –, all das bezauberte mich. Dazu verwandelten mich die derben, langen Röcke, die Tücher, Pantinen, Hütchen – ich lebte in einem anderen Jahrhundert und auf dem Lande.

Das Drehbuch von Ulrich Plenzdorf und Jo Baier entsprach kongenial der literarischen Vorlage; ich war glücklich über diese Rolle. Ein Stück Leben inmitten einer großen Familie über etwa zwanzig Jahre erzählt, das ist eine reizvolle Aufgabe, die mir allerdings einiges abverlangte. Einen derart langen Prozess zu spielen, kannte ich bis dahin nur vom Theater. Auf der Bühne markiert eine Pause den Zeitsprung, danach trägt man eine andere Perücke, eine andere Maske und zeigt so ein anderes Alter. In dem Fernsehfilm *Wege übers Land* bin ich auch gealtert, aber die Geschichte war kleiner und meine Rolle darin mehr episodenhaft. Im *Laden* hingegen entwickelte sich die Maske mit der Rolle, ich musste den Prozess des Altwerdens allmählich umsetzen in Gestus, Sprache, Gang. Einerseits fand ich das aufregend, andererseits aber auch erschreckend, sah ich im Spiegel mein Gesicht als Sechsundachtzigjährige!

Im ersten Teil war ich um die sechzig Jahre alt, da dauerte die Maske noch nicht allzu lange. Als der dritte Teil gedreht wurde, ich war über achtzig, saß ich mehr als zwei Stunden in der Maske. Zuerst wurde meine Haut im ganzen Gesicht in Falten geschoben und mit einer Art Latex zusammengeklebt. Das wurde trocken geföhnt, darüber kam die Schminke. Dann wurde die Perücke mit meinem Haaransatz verklebt, und die Verwandlung war perfekt. Ich ahnte beim Blick in den Spiegel, wie ich mit achtzig aussehen werde.

Das Abschminken ist eine ziemliche Tortur, denn die Haut ist gereizt und gerötet. Da muss getupft und gecremt und gesalbt werden, aber auch das gehört zum Beruf.

Einmal drehte ich drei Tage hintereinander mit dieser Maske, und beim Abschminken blieben die Falten wie plissiert. Ich geriet in leise Panik, denn ich war erst fünfzig, und wer will da schon aussehen wie hundert! Aber nach einiger Zeit hat sich die Haut wieder entfaltet.

In diesem dritten Teil bringt mir ein Enkel aus Amerika einen Kaugummi mit. Ich wickle ihn aus und lese »schewing gumm«. Ich kaue und kaue und kaue, und das Ding wird nicht alle, und ich wundere mich maßlos.

Nachdem der Film gelaufen war, kaufte ich mal in einem Supermarkt ein, tat alles auf das Laufband, und plötzlich lag am Ende meines Einkaufs eine Packung Kaugummi.

Ich sagte: »Das gehört mir nicht«, doch eine Frau, die hinter mir stand, sagte lachend: »Doch, das ist Ihr schewing gumm aus dem *Laden!*«

Viele Menschen sprachen mich damals auf der Straße an: Da kommt ja unsere Anderthalb-Meter-Großmutter!

Durch diese kleine Großmutter habe ich Eva Strittmatter kennengelernt, ich war bei ihr auf dem Schulzenhof und an all den Orten, die sie bedichtet hat. Ich bin zum Ehrenmitglied des Strittmatter-Vereins benannt worden, habe in dem winzigen Original-

Laden in Bohsdorf eine sehr schöne Lesung gehabt und ein Gespräch über den Film.

Denke ich an die Dreharbeiten, gerate ich immer wieder ins Schwärmen.

Morgens um acht Uhr ging ich vom Maskenwagen zum Drehort. Lothar Holler hatte das Niederlausitzer Bohsdorf in der Nähe von Bad Wilsnack nachgebaut – mit Laden, Wohnung, Scheune, Garten, Taubenhaus und Kirche. Unterwegs im Frühnebel, zwischen Pferden und Wagen und Hühnern, grüßten mich die Einheimischen, am Drehort wurde gewuselt, vorbereitet, eingerichtet. Autos durften nicht fahren, damit es im Sandboden keine Spuren gab. Ich tauchte ein in die scheinbare Romantik des vorigen Jahrhunderts.

Alles hatte hohe Qualität, das liebevoll ausgestattete Szenenbild von Lothar Holler, die wunderbare Arbeit von Gernot Roll, dem Kameramann, und der leise, behutsame und so gründliche Jo Baier.

Seine Vorbereitung auf jeden Drehtag erinnerte an eine Morgenmesse. Unaufgeregt stimmte er uns ein, erläuterte Situationen, Orte, Stimmung, Licht. Die Arrangements der Schauspieler hatte er sorgfältig in seinem Drehbuch aufgemalt. Zunächst machte er allein mit uns eine Stellprobe, dann kam Gernot Roll dazu. Requisiten, Probe, letzte Fragen – und drehen. Diese morgendliche Disziplin und diesen Ernst kenne ich vom Theater, und ich liebe es. Auch bei Michael Haneke habe ich diese Sensibilität gespürt.

Aber es gab auch viel zu lachen. Wenn meine Tochter Dagmar Manzel ihre Ohnmachten kriegte und einfach umfiel. Wenn Jörg Schüttauf reden musste, während er heiße Brote aus dem Ofen ziehen sollte, die alle auf dem Boden landeten. Wenn ein Kind, das im Hintergrund der Küche im Badezuber hockte, plötzlich beim Drehen sagte: »Oh, jetzt hab ich in die Wanne gepinkelt!«

Spaß gab es jeden Tag. Und wenn man drei, vier Monate miteinander arbeitet, dann ist das wie ein neues Zuhause.

Das Jahr 1998 begann hoffnungsvoll für mich. Hin und wieder fuhr ich nach Berlin zu Proben von Heiner Müllers *Bauern*, außerdem inszenierte ich einen Brecht-Abend mit Kindern. Die Arbeit am *Laden* war fast beendet, freudig und doch voll Wehmut sahen wir dem großen Abschlussfest entgegen, mit dem alle Filmteams das Ende der Zusammenarbeit feiern. Das Leben schien wieder wunderbar, denn auch am Theaterhorizont schimmerte Licht.

Der für mich vorletzte Drehtag war eisig kalt. Wir drehten den Tod des Großvaters, meines Film-Mannes, und dessen Beerdigung. Da blieb für mich die Zeit stehen. An diesem Tag starb Malte, mein Mann, schnell und ohne Ankündigung.

Ich weiß nicht, wie ich den letzten Dreh überstanden habe und die Vorstellungen am BE. Jo Baier half mir mitfühlend und sensibel in diesen Stunden, meine Kinder waren bei mir, und wir beschlossen, dass ich mich am letzten Drehtag vom Team verabschiede, das große Abschlussfest fand ohne mich statt. Meine Kinder managten alles großartig.

Das traurigste Jahr unseres Lebens begann.

Den Film sah ich erst zur Premiere im Berliner Kino International. Ich war unglaublich traurig, dass mein Mann nicht neben mir sitzen konnte. Er wäre so stolz gewesen.

Mein letzter Liebesbrief an Malte

I wish, I wish, I wish in vain,
That we could sit in that room again,
Ten thousand dollars, at the drop of a hat,
I'd give it all gladly, if our lives could be like that …

Bob Dylan

Weißt Du noch …

… Frühstücksbrote austauschen auf dem Schulweg, nachmittags ins Kino gehen, Deine Sammlung von Filmprogrammen; in der Oberschulzeit Küsse und Verliebtsein am Klavier, Du spieltest *Für Elise,* mehr für mich, dann Trennung durch unser Studium, Du Anglistik, ich Schauspiel, und auch durch unsere verschiedenen Elternhäuser: deines »fortschrittlich und gebildet«, meines ein »Künstlerhaushalt«. Du hier, ich da. Immer wieder Liebesbriefe. Du schriebst von Deinen Wünschen und Deiner Sicht auf die Welt, von der Selbstverständlichkeit, der linken Partei anzugehören, von der Angst, zu vielen Langweilern und Leerköpfen zu begegnen, von Deiner Entscheidung, kein Lehrer sein zu wollen, Dir ging es um Philosophie, Sprachen und Religion. Du wurdest Journalist, nachdem Du den Maler Walter Womacka als Dolmetscher nach Kairo begleitet hattest. Jeder von uns machte sich auf seinen Weg, traf Freunde und Fremde, Geliebte und Ungeliebte – Lebenshunger eben, Aufbruch in die Welt. Deine Neugier hat Dich davongetrieben, ewiges Gehen und Zurückkehren – wir konnten uns einfach nicht lassen. Eine zarte Bewunderung füreinander hat unsere Liebe wachsen lassen.

Einmal riefst Du unvermittelt an: »Ich komme in Deine Premiere.« Du kamst, sahst, siegtest, liebtest und reistest wieder weg. Ich wurde sehr dick von dieser wundervollen Nacht, bekam 1973 unseren Sohn Jacob. Wir heirateten, und 1976 kam unsere Tochter Jennipher.

Jeder, der heute mit uns diese letzte Stunde mit Dir verbringt, denkt gern zurück an die nächtelangen, wilden Gespräche mit Dir, Diskussionen voller Feuer, Besessenheit und Streit, der unsere Köpfe frisch hielt. Du hast uns zum Denken animiert, uns in unserer Bequemlichkeit provoziert, uns aus unserer geistigen Enge gelockt. Jeder Lehrer fürchtete Deine Argumente, wenn Du Deine Kinder verteidigt hast gegen Anpassung und Reglementierungen.

Unbestechlich warst Du in Deinem Beruf, traurig und zornig, wenn Dich Freunde, Kollegen nicht verstanden haben. Feigheit und Opportunismus waren Dir verhasst, Du littest förmlich unter engstirnigen Vorgesetzten, uninteressierten Kollegen, dogmatischen Lehrern unserer Kinder.

Ganz wichtig war Dir, informiert zu sein. Deine Weitsicht hat mich oft bewahrt vor vorschnellen Aktionen, vor emotionalen Überreaktionen. Durch Dich bin ich ein politisch denkender Mensch geworden.

Freunden warst Du ein freundlicher Ratgeber in scheinbar aussichtslosen Situationen. Deine konsequenten Ansichten erschreckten oft. Nein, ein bequemer Mensch warst Du nie. Man konnte damit rechnen, dass Du den Salat umwarfst auf einer Party oder eine Rede hieltest, die alles sprengte. Man nannte uns liebevoll das Bombenlegerpaar. Oder Du verließest das Haus von Freunden mit knallender Haustür, um draußen mit einem herrlichen Lachanfall vorzuschlagen: Jetzt müsste man tanzen oder was erleben, was Spaß macht. Dein Lachen, das war mitreißend, animierend, es nahm kaum ein Ende, und nie klang es schadenfroh.

Dein Zorn – wie ein Dämon konntest Du Dich aufregen, besonders über dumme Leute. Dein umfangreiches Wissen – ob Politik, Wirtschaft, Medien, Film, es gab kein Thema, das Dich nicht interessierte. Auskosten jeden Tag, jede Nacht – fast immer zu wenig Schlaf, zu schön war das Dasein auf diesem Planeten für Dich.

Und ich bin Dir gefolgt, so wie Du mir, beobachtend, kritisch, verliebt. Mit Dir lebte ich auf einem Extrastern. Waren wir getrennt, haben uns unsere Briefe atmen und das Feuer brennen lassen über alle Jahre. Ja, man konnte eine Persönlichkeit sein an Deiner Seite, wenn man Kraft hatte. Meine Kraft reichte aus für Dich, hat mich nie verlassen. Du hast mich gefordert, ich konnte mein Chaos ordnen, da Du mir vertraut hast. Auch in den schwierigsten Situationen hast Du mich ermutigt, mich zu wehren, die Feinde zu beißen und nichts zu tun, was mir nicht gefällt. Ich tat es und wurde angegriffen wie Du, oftmals. Aber ich wuchs.

Zweitausend Bücher hast Du mir hinterlassen. Du warst der leidenschaftlichste Leser, den ich je gesehen habe. Gleich nach der Arbeit gingst Du ans Bücherregal, vertieftest Dich bis zum Abendbrot, danach lasest Du Märchen vor, wir lauschten Deiner tiefen Stimme, beruhigten uns, es war Frieden im Hause Antoni. Kam ich von der Vorstellung oder aus der Küche, fand ich häufig einen großen und zwei kleine Menschen schlafend ineinander gekuschelt und obenauf ein Buch.

Oder Du saßest im Schaukelstuhl, hörtest Bob Dylan, Joan Baez, Leonard Cohen, Mahler, Bach oder Mozart, und Du warst glücklich, dass auch das nach meinem Geschmack war.

Feiern – ein Zauberwort für Dich, das wollte und konnte keiner wie Du, jeder hier von unseren jahrelangen Freunden erinnert sich an die großen Feste bei uns, jedes Ereignis bot Anlass für ein großes Treffen. Auch heute sind alle, die es ermöglichen konnten, gekommen.

Du liebtest die Premieren, Geburtstage, Jahreswechsel, Ereignisse Deiner Kinder und der Familie. Dann warst Du oft der schillernde Mittelpunkt, der Halt, der jedoch kaum einen in seinen Dschungel ließ. Ich liebte und akzeptierte diese Distanz, denn wenn ich anklopfte, durfte ich hinein.

Der geschichtliche Stoß, der dieses jetzt gemeinsame Land erschütterte, brachte auch für uns eine erste Krise. Für Dich bedeutete er zunächst den Verlust einer großen Wertschätzung, Deiner Autorität und Deiner Arbeit, dazu Existenzangst und Sorge um Deine Familie. Doch unser Mut reichte aus, den Neubeginn zu meistern.

Wieder Schulbank, ein anderer Job, wieder Anerkennung Deines Fleißes, Deiner Disziplin und Deiner Wärme. Wachsendes Vertrauen und Wohlfühlen in der Arbeitswelt, Du lebtest auf in einer neuen Verantwortung. Öffentlichkeitsarbeit – immer ein Zauberwort für Dich, denn man sah Dich gern öffentlich, wie Du auf Menschen zugingst, gewandt, charmant, souverän. Dabei haben wir sicherlich nicht genug auf Deine Kondition geschaut, oder Du schontest uns und verbargst Deine Erschöpfung. Ich dachte, Du seist der Gesündeste, der Stärkste, der Baum im Wind, unser Halt. Nein, Du warst der Sensibelste, der Verletzlichste, der Verzweifeltste. Aber auch der Schönste, der wundervollste Liebhaber und der hinreißendste Papa der Welt.

Sollte ich über unsere Liebe etwas sagen, halte ich mich an den Paulusbrief: Sie hört nimmer auf. Und man muss jeden Tag neu mit einem Mut beginnen, das wiederum ist von Rosa Luxemburg.

Lass mich nun vom Schönsten in unserem Leben sprechen, von unseren Kindern, die jeder einen süßen Teil von Dir, von uns und unserer Liebe in sich tragen wie eine kleine Fackel. Sie waren unser Meilenstein, unsere liebkosten Kleinodien, die uns nur Trost und Freude brachten vom ersten Schrei an.

Da ist Dein Sohn Jacob, der so langsam auf die Welt wollte, dass ich fast verzweifelte. Er ist ein Träumer, Analytiker, Beobachter geblieben, er kann auf eine Pflanze so lange schauen, bis sie wächst, er entwickelt eine Konstruktion, und anschließend zeigt ein Foto das Ergebnis. Du ermahntest mich zur Geduld, ihm diese Ruhe zu lassen, denn daraus erwächst seine Kraft. Er brauchte nicht viele Worte, um glücklich zu sein, er war es immer, er durfte weinen, als Kleiner mit Puppen spielen, Technik stundenlang ausprobieren, die Welt beobachten. Deine Gutenachtgeschichten haben ihn bewahrt vor Kindergartenängsten, Dein Kuscheln vor groben Freunden.

Und da ist Jennipher, die eine klitzekleine, schreiende Person war, versehen mit dem Feuer der Mama und den sanften braunen Augen von Dir. Bis heute verliebt in alle Aktionen dieser Welt, geschmückt mit Deiner Sprachvernarrtheit, Wort, Film und Bühne verfallen, doch auch so zaghaft und schüchtern wie Du, mit Deiner Nachdenklichkeit ausgerüstet und mit so wertvollen Gedanken. Ich sehe sie an Deine Schulter geschmiegt, auf Deine Worte lauschend, Eure Gemeinsamkeit: die Bücher.

Ich danke Dir, Malte, dass sie sich heute zurechtfinden, weil unsere Liebe und Sorgfalt sie stark gemacht haben. Viele Fragen werden nun unbeantwortet bleiben, jeder von uns muss den Weg nun ohne Dich gehen. Auch Deine Mama, unsere einzige Oma, der wir Dich verdanken und die schon einmal ein Kind verloren hat und nun ihren jüngsten Sohn. Ich erinnere mich an Omas neunzigsten Geburtstag, an dem wir lachend mit Deinem Bruder und dessen Familie überlegten, wie wir an Omas Hundertsten wohl aussehen werden. Wir konnten nicht ahnen, dass Du uns überholen wirst. Jetzt bist Du uns mit allem voraus.

Die Sonntage bei Deiner Mutter im Wald werden einsam sein, der Wald unserer Kindheit ist in Trauer. Der Garten wird von Erinnerungen bepflanzt werden, und durch alles bläst, wie wir wissen, der Wind. Es wird kaum einen Ort geben, der nichts mit Dir zu tun hat, und das ist schmerzlich.

Deine alten und neuen Freunde werden Deinen Biss vermissen, die Jungen Deinen immer so guten Rat, die Kollegen Deine unendliche Geduld, Deine Aufmerksamkeit und Deine Freundlichkeit, Deine Vorgesetzten Deine Korrektheit und Sanftmut. Verzeih, wenn wir Dich manchmal verkannt haben, aber Du brauchtest unser Temperament, unseren Widerspruch und unser Feuer.

Die Erinnerung an Dich ist schmerzlich und tief. Mit Deiner Klugheit im Herzen werden wir uns auf die Neuigkeiten dieser Welt stürzen, weil es Dir gefallen hätte. Wir werden Deine Mama versorgen wie jeden Sonntag. Jacob wird Blumen und Bäume pflanzen, Jenny wird die Bücherregale stürmen, den Waldspaziergang werden wir zu einem Treffen mit Dir werden lassen, wir werden ein starkes Trio bleiben und uns Deine Freunde bewahren.

Du wirst nicht erleben, wie Deine Jenny zum ersten Mal auf einer großen Bühne steht und ihre ersten Briefe in japanischen Kanjis schreibt, nicht, wie Dein Jacob ein Kreativhaus baut als Architekt oder eine Kamera führt, auch nicht, wie Deine Frau im Film eine alte, herrliche Großmutter darstellt und mit Applaus verwöhnt wird, um Dich stolz zu machen.

Ich danke, dass Du so ein schöner Mann warst, dass ich Dir treu sein konnte, dass Du mich beschützt und umarmt hast in den schwersten Tagen und den schönsten Nächten.

Ich danke Dir für diese wunderschöne Zeit.

Du bist von uns gegangen in einem neuen Jahr, ahnungslos, mit Späßen, die wir als Trost deuteten. Dein Geburtstag sollte wieder ein Fest werden – aber Dein Herz fand, es sei genug, es wollte schlafen. Du liebtest es, sehr lange zu schlafen. Nun kannst Du uns zuschauen und ausruhen. Wir haben Dich ein letztes Mal gesehen, so friedvoll, so entspannt – also schlaf wohl, eingekuschelt von unserer Liebe und unserer kostbaren Erinnerung an Dich.

Adieu
Deine Maja, Dein Jacob und Deine Jenny

Alles neu macht der Peymann

Mit dem Intendanten Claus Peymann begann 1999 eine neue Ära am Berliner Ensemble. Ich war froh, dass da einer kam und sagte: »Ich nehme das Theater. Ich will.« Neugierig auf die Arbeit mit ihm, hoffte ich auf einen guten Anfang.

Da er sich zunächst als Bauherr zeigte, hieß das wohl, er bliebe länger. Er ließ eine neue Chefetage bauen: Auf das Hauptgebäude wurde eine weitere Etage gesetzt mit zwei langen Fluren. Rechts und links gehen Räume ab für das Künstlerische Betriebsbüro, die Geschäftsführung, Öffentlichkeitsarbeit, Dramaturgie, Regieassistenten, Dramaturgen, Bibliothek. Da es Durchgangszimmer sind, kann von Intimität keine Rede sein. Am Ende des Flures Peymanns Reich hinter einem Vorzimmer. Fast alle, die dort oben arbeiten, sind Frauen, die ein Eigenleben führen. Keine Beziehung zur Basis, hätten wir früher gesagt. In der *Heiligen Johanna der Schlachthöfe* heißt es: »... es soll eine Trennung sein zwischen oben und unten.« Es ist eine Kluft, zumindest scheint es unten so.

Um keine solche Kluft herzustellen, hatte einst der olle Brecht seiner Heli nur das winzige Zimmer in der ersten Etage gegeben.

Dass eine Kantine gelegentlich einer Renovierung bedarf, steht außer Frage. Eine Theaterkantine ist Klimaspiegel der Bühne, Tratschzentrum der Schauspieler, Aufenthaltsort zwischen Proben und Vorstellungen, da werden Ideen geboren, Fantasien ausgemalt, Meinungen ausgetauscht, Intrigen gesponnen, alles mit oder ohne Alkohol. Intendanten sehen Kantinen wohl nur als Kneipe. Claus Peymann sorgte für einen neutralen Aufenthaltsraum mit getrennter Kammer für Raucher – kühl, unpersönlich, pragmatisch. Früher war es gemütlich, Kollegen von anderen Theatern kamen nach den Vorstellungen zum Gedankenaustausch. Jetzt ist alles getrennt wie der beste Müll. Wir gehen nach der Vorstellung nach Hause, nur wenn Freunde gekommen sind, bleiben wir, aber anheimelnd ist unsere Kantine nicht mehr. Damit war auch der letzte Charme des alten Theaters dahin. »Fort mit den Trümmern und was Neues hingebaut. Um uns selber müssen wir uns selber kümmern …« heißt es bei Brecht.

Den Osten wie den Westen Berlins bezeichnete Claus Peymann als Pflegefall, er käme als Heilender. Nannte sich selbst einen Arbeitsplatzerhalter, einen Unerbittlichen, einen Eroberer. In einem Interview sagte er, er führe Formel 1 und nicht Dreirad.

Ich gehörte zwar zu den wenigen des einstigen Ensembles, die er übernommen hatte, aber ich fuhr zu dieser Zeit Tretroller.

Er brachte einige Schauspieler mit, dazu George Tabori, den Bühnen- und Kostümbildner Karl-Ernst Herrmann, die Dramaturgen und Regisseure Hermann Beil, Jutta Ferbers – und Stücke.

Tabori war ein Jahrhundertmann, der in hohem Alter, mit 85 Jahren, noch einmal seine Koffer packte und nach Berlin kam; der mit Charlie Chaplin, Thomas Mann und Bert Brecht in Hollywood am Tisch gesessen hatte.

Ich sehe ihn vor mir, wie er zwischen Bauschutt, Ziegelsteinen und Gerüsten über den Hof schritt: groß, dünn, ein wenig gebeugt, den Blick auf den Boden gerichtet. Vom Gesicht sah ich nur seine große Nase. Ein Grandseigneur mit edlem Stock, langem Kaschmirschal und einem Mantel, der mich an Dostojewski denken ließ. Seine weiße Mähne wehte im Wind.

Er hatte zur Wiedereröffnung des BE im Januar 2000 ein Stück geschrieben: *Die Brecht-Akte.* Darin spielte ich die Weigel in Hollywood und hatte vier oder sechs Sätze zu sagen, in denen »Weißwürschteln« und »Sauerkraut« vorkamen.

Bei einer der ersten Proben bat Tabori charmant und leicht vernuschelt: »Setzen Sie sich bitte in einen Kreis, ich möchte Sie sehen.« Wir saßen mit Überspannung auf unseren Stühlen, es geschah nichts, er schaute sehr lange von einem zum anderen, die Spannung wuchs ins Unerträgliche, dann sprach er: »Ich sehe, Gott sei Dank, viel Gutes.«

Seine Augen blickten so listig, so scharf, so hell, so spöttisch, so gütig, so stechend – obwohl er schon schlecht sah. Bei unserer Arbeit habe ich nur auf seinen Blick geachtet, der war das Maß der Dinge.

Auf einer Probe sagte er: »So, meine Lieben, mit dem Faxenmachen und Improvisieren hört's jetzt auf. Von nun an halten wir uns, bittschön, an den Text.«

Im Juni seines letzten Lebensjahres, es war das Ende der Spielzeit 2006/2007, saß er im Hof auf einem Lehnstuhl, dem »George-Stuhl«, rot gepolstert, majestätisch. Stock, Mantel, Schal wie damals, die Hände lagen ruhig auf der Lehne. Er schaute prüfend um sich, erblickte mich, sagte: »Komm her.« Ich nahm seine große Hand und hielt sie, er lächelte mich an, und wir nahmen Abschied. Er ging so, wie er gekommen war, das gleiche Bild.

Aber zurück zu Claus Peymann. Nach unserem ersten ausführlichen Gespräch stellte ich mit Erstaunen fest, wie viel ich von diesem Mann und seiner Arbeit wusste und wie wenig er von mir.

Er sagte, er kenne nur eine Frau aus dem alten Ensemble, die gefiele ihm sehr gut, sähe der Giehse ähnlich, sie spielte die Mutter vom *Baal,* sehr, sehr interessant, und dann direkt an mich gewandt: »Ja, bei mir könnten Sie ...«

Ich unterbrach ihn: »Das war ich.«

»Nein.«

»Es gab nur eine Inszenierung von *Baal* mit Ekkehard Schall, und die Mutter habe ich gespielt. 1988 habe ich dafür den Kritiker-Preis der Berliner Zeitung bekommen.«

Da staunte er.

Ich bekam erst einmal etliche kleine Rollen zu spielen, im *Theatermacher* hatte ich zwei Sätze zu sagen. Meine Parts in Übernahmen, *Richard II., Hamlet, Unsichtbare,* waren zwar größer, doch bei solchen Rollen fügt man sich in das Arrangement, passt sich in das Timing ein. Das lässt keinen Raum für eine eigene Gestaltung.

Ich fühlte mich ein wenig wie in einem Wartesaal, bis der 11. September 2001 die Welt erschütterte.

Die Idee, den *Nathan* zu spielen, war Peymanns Antwort auf das Desaster. Es sollte eine Tischlesung werden. Darüber war ich nicht glücklich. Aber sehr schnell stellten wir die Stühle zu Requisiten um, es wurde kreativ, und die Sprache Lessings für uns zu entdecken, geriet zu einem Heidenspaß. Acht Schauspieler, meine erste große Arbeit die Rolle der Daja unter der Regie von Preußenkönig Peymann, wie Tabori ihn liebevoll tituliert hatte, das Bühnenbild von Achim Freyer – eine glänzende Konstellation für einen Erfolg, der sich dann auch einstellte. Heute, nach dreizehn Spielzeiten, spielen wir das Stück immer noch vor ausverkauftem Haus, und der Spaß ist geblieben.

Übrigens hörte Christoph Hein einmal, als er nach einer Vorstellung im Gewühl aus dem Theater drängte, hinter sich eine Dame sagen: »Das Beste, was Peymann aus Wien mitgebracht hat, ist die Antoni!«

Wenn auch das Haus nun den Untertitel Theater am Schiffbauerdamm trägt – ein Spielplan ohne Brecht ist nicht vorstellbar. Für das heimische Publikum nicht, für Touristen und Weltenbummler nicht und für Brecht-Fans schon gar nicht. Das erkannte auch der Meister schnell.

Die *Kleinbürgerhochzeit,* Brechts heiteren, bis dahin noch nie am BE gespielten Einakter, inszenierte Philip Tiedemann, ich spielte die Mutter des Bräutigams. Da konnte ich erstmals unter Peymann mein komisches Talent zeigen. Das Stück läuft seit elf Jahren vor vollem Haus.

Dann war ich die Frau Luckerniddle in der *Heiligen Johanna der Schlachthöfe* und die Anna Kopecka in *Schweyk im Zweiten Weltkrieg.*

Eigentlich ist Peymann der ideale Theaterchef. Wenn er spricht, herrscht Ruhe, er hasst Störungen. Er behält die Übersicht, ist ein brillanter Analytiker, durchschaut die Geschehnisse, ist harmoniesüchtig, und da er das nicht sein darf, besteht er auf Haltung und hasst Solidarität unter den Kollegen. Solidarität macht allen Unternehmern Angst. Es sieht aus, als habe er Freude daran, jeden Widerstand zu zerbrechen, er regiert unumwunden.

In einem Gespräch mit André Müller, einem westdeutschen Journalisten und hervorragenden Interviewer, sagte er einmal: »Ich will nicht denken, ich bin gebildet.« Peymann ist tatsächlich mit einer enormen Intelligenz gesegnet, und seine Bildung gibt ihm Haltung. In brisanten politischen Zeiten tat er das Richtige, gab all jenen Asyl für ihre Kunst, die in der Öffentlichkeit standen und von ihr aussortiert wurden – Jean Ziegler, Wolf Biermann, Franz Josef Degenhardt und vielen anderen.

Das BE läuft unter seiner Intendanz die zwölfte Spielzeit mit schwarzen Zahlen – das soll einer erst mal nachmachen. Er ist eben, wie Thomas Bernhard ihn beschrieben hat, ein richtiger Theaterdirektor, ein Burgtheater-Direktor. Und ich füge hinzu: ein Schiffbauerdamm-Direktor.

Durch ihn bekam meine Alterskarriere einen steilen Aufwind mit Brechts *Mutter.* Für diesen Windstoß, der dann die *Courage* zur Folge hatte, bin ich Claus Peymann sehr dankbar. Die Position des lieben Gottes ist schon vergeben, aber die des Theatergottes ist wohl für Peymann reserviert. Dafür mag folgende Anekdote sprechen:

Wir gastierten mit *Richard II.* in Stratford-upon-Avon, hatten vormittags Probe, alle im Kostüm. Plötzlich betrat ein Herr den Saal, verneigte sich kurz und sagte in bestem Oxford English: »His Royal Highness The Prince of Wales wird heute, 16 Uhr, ins Theater kommen, 16.12 Uhr wird er den Saal wieder verlassen. Er wird jedem die Hand geben, bitte fragen Sie ihn nichts, sondern warten Sie, bis Sie gefragt werden, er wird an jeden von Ihnen das Wort richten, Sie können dann antworten. Fotos bitte nur mit Erlaubnis. Die Damen brauchen nicht zu knicksen.«

Peymann sagte: »17 Uhr wäre mir lieber.«

Der Herr verbeugte sich erneut und verließ uns.

Das Berliner Ensemble stand bereits vor 16 Uhr in Kostümen auf der Bühne, natürlich waren wir alle sehr aufgeregt. Punkt 4 p.m. betrat Prinz Charles den Saal mit einer Dolmetscherin. Er gab wirklich jedem von uns die Hand, richtete an jeden eine Frage. Mich fragte er, warum ich drei Parts spielte, er wusste also bestens Bescheid.

Ich, grinsend: »Weil ich besonders gut bin.«

His Royal Highness was amused, Jokes liebt er offenbar.

Genau 16.12 Uhr entfernte sich der Prinz.

Wir zogen uns um, gingen in die Kneipe, immer noch freudig erregt und schwer beeindruckt, schließlich spricht unsereins nicht jeden Tag mit einer Königlichen Hoheit. Wir tauschten uns aus, was er wen gefragt hat, waren also euphorisiert für die Abendvorstellung.

Später erzählten uns die Garderobieren, Herr Peymann sei um 17 Uhr ins Theater gekommen und habe in einem leeren Saal gestanden.

Seitdem ist bei uns geflügeltes Wort, wenn ein nicht ganz passender Termin angesagt wird: 17 Uhr wäre mir lieber …

Die Brecht-Frauen

Vor Jahren fand ich es seltsam, wenn jemand mich als Brecht-Schauspielerin bezeichnete. Das klang so, als könne ich nichts anderes spielen und stecke nun in einer Schublade. Es stimmt, Brecht hat mich durch mein Theaterleben begleitet, ich habe ihn lieben gelernt. Seine Rollen verfolgten mich an jedem Theater, an dem ich engagiert war, doch das habe ich genossen. Ich spielte alle seine herrlichen Frauengestalten: die Shen Te in *Der gute Mensch von Sezuan*, die Eva in *Herr Puntila und sein Knecht Matti*, die Lucy Brown in der *Dreigroschenoper*, Frau Cornamontis in *Die Rundköpfe und die Spitzköpfe*, die Mutter in *Baal*, die Sängerin in *Galileo Galilei*.

Es wäre mir nicht im Traum eingefallen, diese Rollen in reine Formen zu pressen. Brecht war ein wollüstiger, lebenspraller Mensch, nie ohne Emotionen zu denken und zu spielen. Wer behauptet, Brecht müsse emotionslos gespielt werden, verwechselt das mit der Tatsache, dass seine Texte Gesetz sind. Man steht draußen, wenn man ein falsches Wort sagt. Seine Sprache leuchtet, man muss sie entdecken und sich zu eigen machen. Die Atmosphäre seiner Stücke entsteht mit der Präzision der Interpretation.

Peymann übernahm die Regie der *Mutter*, Brechts politischstem Stück. Das war mutig. Immerhin geht es darin um das Lob des Kommunismus, den Kampf um die Kopeke. Im Januar 2004, zum Todestag Rosa Luxemburgs, war Premiere. Peymann stand unter enormem Erfolgsdruck. Viele neue Kollegen waren engagiert worden, noch waren wir uns fremd, arbeiteten zunächst mit großer Distanz.

Ich spielte die Pelagea Wlassowa, die Mutter, meine erste große Arbeit als Peymanns Protagonistin. Und es tat mir unendlich gut, mich nach sieben mageren Jahren wieder in die Herzen – und ins Bewusstsein – der Zuschauer zu spielen.

Die Proben glichen jedoch einem Match – Angriffe, Treffer, Siege, Tränen, Aufbrausen, Verstehen. Es waren die extremsten Proben meiner gesamten Laufbahn. Er zweifelte an mir, misstraute meinem Spiel. Für ihn war wohl die Art von uns Ost-Schauspielern ungewohnt, ohne Erfolgsgier unsere Erfahrungen in die Arbeit einzubringen. Aber offenbar beeindruckte ihn meine Kraft, mich seine geniale Textarbeit. Diese Zeit empfand ich als wild, verzweifelt und anrührend zugleich. Peymann arbeitete am Text, an Betonungen, ich versuchte zu spielen. Wir probten monatelang, es gab kaum eine Pause. Er war unerbittlich, wir kämpften für- und gegeneinander. Einmal habe ich die Perücke auf die Bühne geschmissen und die Probe verlassen, bin nach Hause gegangen. An dem Tag konnte ich seine Worte nicht einfach hinnehmen und wegstecken. Ich war verletzt und beleidigt, bin erst am nächsten Tag wiedergekommen. Und habe mir ein dickeres Fell gestrickt.

Ich weiß nicht, ob die Probenarbeit, die ich kannte, gut oder schlecht war – mitarbeiten, mitdenken, Texte auf der Probe lernen. Das galt nun nicht mehr. Absolute Textsicherheit auf der Probe, zuhören, ausführen, wiederholen, lange Proben, abends Vorstellung, endlose Kritiken – so lief es jetzt. Niemand wird so viel kritisiert wie Schauspieler. Kritisiert zu werden, schmerzt, doch es provoziert und setzt ungeahnte Kräfte frei. Der kreative Zorn inspiriert wiederum den Regisseur, der behauptet, da sei noch mehr drin, da kann ich noch mehr rausholen. Aber wenn einer wie Claus Peymann Formel 1 fährt, will ich mit im Rennen sein und siegen.

Er lobte ungern, forderte das Äußerste. Ordnete auch am 24. Dezember eine Probe an. Die Stimmung tendierte gen Null, ich setzte mir den Heldenhut auf und schlug ihm vor, mit mir allein zu probieren. Etliche Kolleginnen und Kollegen hatten schließlich Flüge und Bahnfahrten gebucht, um das Fest zu Hause zu verbringen. Er nahm das Angebot an, vielleicht um mich auf die Probe zu stellen oder was weiß ich, jedenfalls arbeitete er tatsächlich mit mir alleine bis kurz vor 17 Uhr. Und ließ mich dann von seinem Fahrer zu meinen Kindern bringen.

Dieser Mann hatte mal geraucht, Bart und Parka getragen, sei ein Achtundsechziger gewesen, hörte man. Wie konnte er nun so preußisch sein, so unbedingte Disziplin fordern? Was hat ihn derart verändert? Ich weiß es nicht. Aber ich dachte immer mal wieder darüber nach, wenn ich mir von ihm so schrecklich ungeliebt vorkam. Ich will, wie jeder Schauspieler, geliebt werden, auch vom Regisseur. Natürlich bin ich zerbrechlich, aber es zählt nur ein guter Schauspieler, der Mensch muss draußen bleiben, wenn er die Bühne betritt.

So manches Mal hätte ich mir einen Boxenstopp gewünscht, aber es ging immer weiter. Schwäche wird nicht akzeptiert. Jeder ist ersetzbar, das erfährt man bei einer Krankheit, dann erfolgt eben eine Umbesetzung, der Lappen geht hoch auch ohne dich, the show must go on, schließlich will der Regisseur auch geliebt werden.

Bei einer Probe sprachen wir darüber, dass diese Pelagea Wlassowa an den lieben Gott glaubt. Da machte es klick in mir: Sie ist eine ganz einfache Frau. Also muss ich mich runterschrauben, eine ehrliche Haut sein und schlicht im Denken. Als dann diese wundgeschlagene Frau ganz allein dasteht und endlich etwas begriffen, das Mitgefühl der Zuschauer entzündet hat, war das bestürzend und aufrüttelnd. Brecht hat diesen Dialog witzig aufgebaut; am Ende der Szene sagt die Mutter, sie glaube an Gott, sei gegen Gewalt und deshalb müsse man der Polizei mit einer friedlichen Demonstration antworten, und auf die Tafeln müsse man Forderungen schreiben, dann könne nichts passieren. Genauso war es am 4. November in Berlin geschehen.

Die Zuschauer spürten den Zeitbezug, und sie entdeckten den Spaß früher als die Wlassowa: Die jungen Genossen erklären ihr Ökonomie und Klassenkampf, und sie fragt in ihrer Naivität immer wieder nach, so schlau, so provokant. Das Publikum amüsierte sich, ahnte die nächste Frage der Mutter bereits, war ihr genau vier Sekunden voraus – vier Sekunden!

Vielleicht hat es mit der politischen Situation zu tun, dass wir Brecht wieder brauchen. Er ist frappierend aktuell. »Der Kapitalismus ist krank und du bist der Arzt. Du bist also für die Annahme der Lohnkürzung?«, heißt es im Stück. Das gilt doch heute mehr denn je! Und das hat Brecht 1931 nach dem Roman von Gorki geschrieben!

Die Mutter wurde ein Erfolg, und der Erfolg machte Peymann und mich zu Partnern.

Damals verglichen mich Rezensenten zum ersten Mal mit der Weigel und der Giehse. Auch Therese Giehse war in dieser Rolle umjubelt worden. Der Vergleich war mir nicht mehr unheimlich. Ich hatte das Eigene, die Antoni in der Figur gefunden.

An meinem sechzigsten Geburtstag schenkte mir Claus Peymann nicht nur sechzig Rosen, sondern auch die Rolle der *Mutter Courage.* Damit ging ein Traum in Erfüllung. Wobei dieser Geburtstag ohnehin der größte in meinem ganzen Leben war. Ich leiste mir hier eine ausführliche Beschreibung dieses Abends:

Es war der 23. August 2005, ich spielte die *Mutter.* In dem Bild vor der Pause sitzt Pelagea Wlassowa an einer langen Tafel, nimmt das Lob für ihre politische Arbeit entgegen. Der Fleischer mit der Kochmütze auf dem Kopf sitzt am Ende der Tafel. Applaus. Pause. Doch der Vorhang fiel nicht, sondern unter dem Beifall des Publikums kamen meine Freunde und Kollegen auf die Bühne: alle vom BE und viele von anderen Theatern, Fernsehkollegen, Regisseure, George Tabori und Iris Berben, Katrin Saß, Jaecki Schwarz, Thomas Langhoff und auch meine Kinder, die den ganzen Aufmarsch eingefädelt hatten. Alle mit einer weißen Kochmütze, sie trugen sechzig Kuchen auf die Bühne, die unser Dramaturg Hermann Beil gebacken hatte. Sie sangen ein Ständchen, in das das Publikum einfiel, und klatschten wie verrückt. Das war eine unglaubliche, einmalige Liebeserklärung, die mich mitten ins Herz traf.

Nach der Pause spielte ich wie auf Flügeln. Anschließend feierte ich im Foyer, aß und trank mit dem Publikum, trug immer noch das Kostüm der Wlassowa – mit der Zusage für die *Courage* in der Tasche.

Auch für die *Courage* probten wir intensiv und lange, ungefähr drei Monate. Und auch auf diesen Proben ging es nicht immer friedlich zu. Meinungen und Widersprüche prallten ein ums andere Mal aufeinander, doch mit Feigheit wird der Himmel nicht erstürmt, heißt es im Paulus-Brief, also los – ich wurde die Courage.

Seit der Premiere im November 2005 ist viel verändert worden. Etliche Rollen wurden inzwischen neu besetzt, das hat Auswirkungen aufs Zusammenspiel. Und nach so vielen Vorstellungen, bisher weit über hundert, entdecke ich immer wieder einen Satz, den ich anders interpretieren kann.

Wenn ich eine Rolle bekomme, gucke ich mir keine anderen Inszenierungen an, keine Videos, keine Aufzeichnungen. Ich lese das Buch unbelastet und sehe mich darin.

Wieder wurde meine Darstellung mit denen von der Weigel und der Giehse verglichen. Auch davon musste ich mich abgrenzen. Die Vergleiche haben mich zwar geehrt, verstanden habe ich sie nicht. Jede Aufführung hat ihre Zeit.

Therese Giehse feierte ihre Erfolge als große Brecht-Interpretin im westlichen Teil Deutschlands.

Ich las irgendwo eine Notiz von Brecht aus dem Jahr 1955 zu Helene Weigels Darstellung der Courage: Sie tut nicht so, als ob sie selbst diese Anna Fierling ist, sondern sie zeigt, dass sie für einen begrenzten Zeitabschnitt die Courage spielt. Es war die Zeit des

Wiederaufbaus, des Neuanfangs. Helene Weigel war eine außerordentliche Intendantin, eine bedeutende Persönlichkeit, sie hat ein Ensemble gegründet, das sie geführt hat wie eine Mutter. Außerdem war sie Brechts Frau und seine Protagonistin. Sie hat 1971 die letzte Vorstellung der Courage gegeben. Ich begann damit 34 Jahre später. Ich gehöre zu einer anderen Generation, das gibt mir das Recht, eine neue Courage zu interpretieren, eine Courage, die jeder Krieg hervorbringt. Dass es der Dreißigjährige war, hat Peymann in seiner Inszenierung ausgespart. So rückt die Geschichte der Mutter und ihrer Kinder in den Mittelpunkt, bekommt aktuelle Bezüge.

Mir war zum Beispiel wichtig zu zeigen, dass die Courage eine gute Mutter ist. Sie hält ihren Kindern großartige moralische Predigten: Der Schweizerkas, geistig nicht ganz auf der Höhe, soll wenigstens ehrlich sein – er stirbt an seiner Redlichkeit. Eilif, der Draufgänger, soll ein toller Kerl sein – und stirbt an seiner Kühnheit. Und die stumme Kattrin, die alles sieht, alles speichert, die stirbt an ihrer Gutmütigkeit. Es geht der Anna Fierling immer um die Tugenden, sie erzieht nach bestem Wissen und Gewissen und verliert alle drei. Aber fremde Kinder aus dem Feuer holen, das will sie nicht. Sie denkt nur an sich, garstig und stur. Ich fand es interessant, diese beiden so unterschiedlichen Seiten zu zeigen, das wollte ich neu interpretieren.

Jede Courage-Aufführung ist ein besonderer Abend mit hohem Anspruch an meine Physis und an meine Gefühle. Es ist Krieg, ich verliere in dem Stück durch meine Schuld meine drei Kinder, ich mache meinen Schnitt als Händlerin, ich versuche zu überleben. Es gibt tragische Situationen, die mir ehrliche Trauer abfordern, die glaubwürdige Empfindungen brauchen. Am Ende bin ich jedes Mal völlig kaputt. Der Riesenapplaus – eigentlich sind es immer Ovationen – gibt mir neue Kraft und lädt meine emotionalen Batterien wieder auf für die nächste Vorstellung dieser wunderbaren Rolle.

Ja, eine Brecht-Schauspielerin bin ich inzwischen sehr gerne.

Die Tücken der Technik

Wir Theaterschauspieler sind waghalsig, abenteuerlustig, artistisch grandios, sportlich belastbar. Wir spielen jahrelang auf Bühnen, die schräg sind und uns deshalb schmerzhaft daran erinnern, dass wir eine Wirbelsäule und Hüftgelenke haben. Wir spielen mit grippalem Infekt und mit Darmkatarrh. Wir singen und sprechen mit Angina und Bronchitis, wenn sich eine Zahnplombe gelöst hat oder die Nase vor sich hin blutet. Martin Wuttke brach sich bei einer Vorstellung an der Volksbühne das Wadenbein und spielte noch zwei weitere Vorstellungen mit Krücken.

Wenn ein Scheinwerfer über uns zerknallt oder etwas herunterfällt, wenn sich die Szene verdunkelt, weil der Lichtcomputer ausgefallen ist, spielen wir weiter, als gehöre das zum Stück. Wir Schauspieler sind Steher.

Doch manches Bühnenbild birgt von vornherein Tücken. So in unserem Dauerbrenner *Bezahlt wird nicht,* das wir über zehn Jahre lang am BE gespielt haben. Auf der Bühne standen Küchenschränke, in denen ich die von mir geklauten Supermarktwaren versteckt hatte. Unter dem Bühnenboden verliefen elektrische Kabel, mit deren Hilfe Techniker aufs Stichwort die Schranktüren öffneten: Die oberen gingen auf, ich knallte sie zu, dann öffneten sich die unteren, ich knallte sie zu, und das immerfort. Im Gegenrhythmus rannte Peter Bause, mein Ehemann Giovanni, hinter mir her und suchte das Zeug. Wir verfolgten uns gegenseitig, sprachen unseren Text und hatten ein irres Tempo drauf. Das war Slapstick auf höchstem Niveau.

Ich bückte mich also einmal, um die unteren Türen zu schließen, fuhr hoch und knallte mit dem Kopf gegen eine obere Tür, die sich zu früh geöffnet hatte. Ich sprach meinen Text weiter, hörte mich aber immer den gleichen Halbsatz sagen. Auch spürte ich an Kopf und Hals etwas Kaltes. Peter Bause trat an die Rampe und sprach geistesgegenwärtig ins Publikum: »Meine Frau Antonia, also meine geschätzte Kollegin Carmen-Maja Antoni, hat sich verletzt, sie sieht das Blut nicht, aber ich und Sie sehen es. Ich bitte einen Arzt auf die Bühne, und Ihnen gönne ich eine kleine Pause – Sie haben ja bezahlt! – vielen Dank.« Das konnte er großartig, Situationen retten und durchparlieren.

Ich bekam einen Druckverband, spielte bis zum Ende, es ertönte Wahnsinnsapplaus. Nach der Vorstellung ging es in die Charité, wo die Wunde genäht wurde und ich eine Tetanusspritze bekam. Am nächsten Morgen fuhr ich wieder zur Probe.

»Augen auf bei der Berufswahl«, sagte Peter Bause gern.

Es gibt etliche Stücke, die solche kleinen und größeren Turbulenzen geradezu herausfordern, was meist an einer pompösen Ausstattung oder an vielen Requisiten liegt.

In der *Kleinbürgerhochzeit* ruht ein Teil der Bühne des BE auf riesigen Federn, sodass sie immer leicht wankt. Das soll eine Metapher für die morbide, untergehende Gesellschaft sein. Auf dieser wackeligen Bühne steht ein langer, schmaler Tisch. Dahinter sitzen wir zu neunt in einer Reihe, essen, trinken, palavern. Mir obliegt es, dauernd etwas zu servieren, das heißt, ich stehe auf, drehe mich um die eigene Achse, quetsche mich durch eine schmale Tür, um alle möglichen Speisen und Getränke hervorzuholen, die an der Rückwand aufbewahrt werden. Diese ganze Wand wackelt ebenfalls.

Es geschah, glaube ich, in einer Voraufführung, als der gedeckte Tisch samt Geschirr, Besteck, Gläsern und Speisen umkippte und in die erste Reihe stürzte. Glücklicherweise kam niemand zu Schaden, aber spielen konnten wir nicht mehr, beraubt all unseres Werkzeugs. Seitdem bleiben die ersten drei Reihen frei, wenn das Stück auf dem Spielplan steht.

An einem anderen Abend flog der große Löffel, der in der vollen Puddingschüssel steckte, durch eine falsche Geste ins Publikum und landete auf dem hellen Anzug eines Zuschauers. Der reagierte bemerkenswert, er verzog nämlich keine Miene, obwohl der rosarote Pudding an ihm herunterlief. Natürlich sahen wir das alle, aber wir versuchten, das Komische zu ignorieren. Stattdessen improvisierten wir Texte über Reinigung und Versicherung, bauten für den Mann viele Extempores ein. Aber wie mag er nach Hause gefahren sein – in der Straßenbahn?

Einmal kippte die Puddingschüssel um, und der Pudding ergoss sich auf die Bühne. Der Tanz nach dem Essen geriet zwar nicht als Tanz auf dem Vulkan, aber ähnlich heikel, denn wir rutschten auf der glibberigen Masse wie auf einer Eisbahn. An Kleidern, Anzügen, sogar an den Perücken klebte der rosarote Matsch. Wir spielten unverdrossen weiter, was höchste Konzentration erfordert, um nicht loszuprusten und in einem Lachanfall zu ersticken.

Denke ich an Aufführungen der letzten Jahre an Berliner Theatern, fallen mir etliche Situationen ein, bei denen ich froh war, weiter hinten zu sitzen.

Immer wieder heftige Tücken bietet der Planwagen, mit dem Mutter Courage durch die Lande beziehungsweise über die Bühne zieht. Er ist eine einzigartige Konstruktion. Etliche Männer, die alle viel von Technik verstehen, haben ihn gebaut. Da es nicht die Erfindung eines einzelnen Hirns ist, besitzt der Wagen verschiedene Finessen, die unterschiedliche Reaktionen verursachen.

Die vier Räder hatten offensichtlich eine andere Art von Oberteil erwartet, denn sie weigern sich in fast jeder Vorstellung, das zu tun, wofür ein Rad erfunden worden ist, nämlich ordentlich zu rollen.

Habe ich sie dazu gebracht, lassen sie sich nur schwer wieder bremsen. Bei den ersten Vorstellungen hatte ich es mit einer Handbremse zu tun, in der ich mir fast immer die Finger einklemmte. Nachdem ich entschieden um eine Lösung gebeten hatte, bei der meine Finger unversehrt bleiben, wurde die Handbremse zugeklebt, verblieb aber am Wagen. Inzwischen ist sie so verrostet, dass sie ohnehin nicht mehr zu gebrauchen wäre. Die Techniker bauten eine weitere Bremse an, eine, die ich hochreißen musste, sollte der Wagen stehen bleiben. Das erleichterte mir die Sache enorm. Leider hielt sie nicht lange. Schon das zehnte Hochreißen hat die Bremse nicht überstanden.

Nun bekam der Wagen eine Bremsstange mit einem kleinen Knopf. Um zu bremsen, drücke ich das Knöpfchen und reiße gleichzeitig die Stange nach oben. Um weiterzufahren, löse ich das Ganze wieder.

Die Deichsel kann nur liegen, was gelegentlich hinderlich ist, denn sie ist eine Stolperfalle. Darum gibt es eine Eisenkette mit einer Öse, in die man sie einhängt und die man auch immer lösen muss.

Damit ich den Wagen überhaupt ziehen kann, hängen zwei Gurte mit Schlaufen daran, die ich mir über die Schultern streife. So hat mich das Gefährt fest im Griff.

Der Wagen ist verdammt schwer. Er durfte nicht zu leicht gebaut sein, denn wir sitzen zu zweit darin, die stumme Kattrin und ich. Außen hängt allerlei Klimbim, Dinge, die eine Marketenderin im Krieg braucht: eine Trommel, Kellen, Becher, Körbe. Während der ersten Proben fuhr noch ein lebendiges Huhn im Käfig mit. Dieser Regieeinfall wurde jedoch schnell wieder vergessen, das Tier war hinderlich. Jetzt liegt nur noch Stroh in dem Eisenkorb, aber der ist überall im Wege, ich bleibe mit dem Rock daran hängen, Requisiten verfangen sich darin, aber der Eisenkorb muss bleiben. Es gibt auch ohne Huhn genug zu beachten.

Im Wageninnern liegt eine Batterie, die das Licht für einige Bilder speist. Außerdem sind die Waren darin, die ich feilbiete. Zu Beginn der Vorstellung sind sie wohlgeordnet, sodass ich alles leicht finde. Aber schon die geringste falsche Reaktion der Achse bringt sie – und demzufolge auch mich – in eine andere Lage.

Techniker, Umbaustatisten und ich bewegen ihn in der Dunkelheit und im Licht, be- und entladen ihn. Und wenn im achten Bild die Grillen zirpen, das Publikum die Stille und die Leere auf der Bühne genießt, räume ich, die Courage, mit meiner Tochter Kattrin den Inhalt des Wagens um, sodass für den zweiten Teil alles parat liegt.

Zum Beispiel die beiden Stapel mit weißen Hemden. Die einen sind präpariert, damit sie sich leicht zerreißen lassen, die anderen nicht. Ich weiß nicht, wie oft diese Stapel beim Packen verwechselt worden sind. Dass ich wieder den falschen erwischt habe, erkenne ich, wenn Martin Seifert, der Feldprediger, sich vergeblich müht, ein Hemd zu zerreißen.

Einmal fand ich die roten Absatzschuhe der Hure Yvette nicht im Wagen, die ich kurz zuvor der stummen Kattrin versprochen hatte. Auf geheimnisvolle Weise waren sie verschwunden oder jemand hatte vergessen, sie wieder in den Wagen zu stellen.

Auf offener Bühne habe ich alles durchwühlt, wobei meine Gehirnzellen schwer arbeiteten, was mache ich zu dem Text: »Die wolltest du doch immer haben!«, was sag ich bloß, um Himmels willen? Ich kann ihr höchstens was von mir schenken. Aber der Schuhkarton mit Seidenpapier und den roten Schuhen hat einen Sinn. Was tun? Die Szene durfte nicht beschädigt werden.

Ich war sauer, irgendwas musste jetzt passieren. Ich zog meine derben Schuhe aus, gab sie Kattrin und ging barfuß weiter. Wer das Stück kennt, hat sich sicher gewundert, viele aber dachten wohl, es müsse so sein.

Während einer Aufführung zerknallte einmal die große Wassergallone, die ebenfalls am Wagen hängt. Also gab es nichts zu trinken, obwohl in dem Stück dauernd getrunken werden muss.

Oft ist es dunkel beim Umbau, da passieren die wahnsinnigsten Sachen. Das schwarze Übertuch war in den Speichen festgeklemmt. Die Leuchtschrift leuchtete nicht. Der Wagen fuhr gar nicht, ich hatte vergessen, die Bremse zu lösen. Dieser Planwagen mit seinem Inhalt fordert immer wieder meine ganze Aufmerksamkeit und lässt mich oft über Technik im Einzelnen und im Besonderen nachdenken.

Sagte ich schon, dass die Bühne eine Schräge bildet? Bei den ersten Proben mit diesem Planwagen habe ich schnell begriffen, was es mit Hub und Schub auf sich hat.

Bei einem Gastspiel in Lyon funktionierten Hub und Schub anders als vorgesehen. Wir spielten in einem Amphitheater, hinter uns fiel die Bühne steil ab in einen regelrechten Abgrund, nur eine Barriere diente als Absperrung. Die Abfahrtsschräge war kürzer als die im heimischen Berliner Ensemble. So bot sich mir auch eine andere Sicht auf die Situation als zu Hause. Die Techniker rieten mir zur Vorsicht. Ich probierte einmal, noch einmal, alles schien gut.

Doch dann, während der ersten Vorstellung, entglitt mir die Sache mit dem Hub, und ich musste den Schub stoppen, was gründlich misslang. Der Wagen fuhr mir mit voller Wucht in die Kniekehle. Es machte Plopp, dann spürte ich einen irrsinnigen Schmerz. Der Meniskus war hin. Das Knie schwoll an, wurde dicker als mein Oberschenkel, ich konnte es kaum noch strecken. Vor mir lagen zwei Vorstellungen und ein Brecht-Programm. Ein Gummistrumpf verhinderte weiteres Anschwellen, Tabletten betäubten immer nur kurzfristig den Schmerz. Ich kann wirklich meine Zähne zusammenbeißen, die beiden Vorstellungen habe ich absolviert. Aber das Brecht-Programm servierte ich auf einem Hocker sitzend; ich hatte angesagt, warum ich nicht mehr stehen konnte, und das Publikum dankte es mir mit Applaus. Eine Woche später wurde ich in Berlin operiert.

In einer anderen Vorstellung, wieder zu Hause am BE, bekam der Schub einen Drall, ein stechender Schmerz pfiff durch meinen Leib, und ich konnte mich nicht mehr aufrichten, blieb irgendwie krumm. Der Rest bis hin zu den Verbeugungen beim Applaus war ein Horrortrip. Am nächsten Morgen ging ich zum Arzt, der schickte mich zum Orthopäden, der zum MRT, ein Bandscheibenvorfall. Es begann ein nerviges Tralala, denn eine Operation lehnte ich ab. Also Physiotherapie, Osteopathie, Kurzwelle, Rückentraining, Schwimmen, haufenweise Schmerztabletten – und auf die Bühne im Korsett. Die Berufsgenossenschaft erkannte den Unfall nicht als solchen an – ich sei schließlich in einem Alter, in dem man mit Verschleiß rechnen müsse.

Auch einen weiteren Unfall mit dem Courage-Wagen verbuchte man unter Verschleiß. Die Luft in den Reifen muss regelmäßig kontrolliert werden, denn bei den Fahrten im Dunkeln und immer wieder die Schräge rauf und runter gibt gelegentlich das eine oder andere Ventil seinen Geist auf. Es geschah während des Schlussbildes, dass einem Reifen die Puste ausging. Der Wagen stand in Startposition, ich zog los, ahnte den Schaden, denn ein platter Reifen bremst enorm. Ich zerrte meine Fuhre heldenhaft eine Runde in Richtung Abgangsschräge, in der irren Hoffnung, die Sache zu retten. Kurz vor der Schräge kam der Wagen jedoch ins Rollen und stürzte die Schräge runter. Ich riss mir das Geschirr von den Schultern und lief ohne Wagen hinab an die Rampe. Die Szene versank im Dunkel, tosender Beifall hob an. Als ich später in die Kantine kam, hörte ich, wie ein Zuschauer sagte: »Toller Einfall, den Wagen runterkrachen zu lassen!« So sieht man das von unten.

In einer anderen Vorstellung saß ich auf der Bühne, die tote Kattrin im Arm. Oben stand der Wagen in seiner Position. Plötzlich begann er zu rollen, kippte hinten nach unten und knallte dröhnend gegen die Brandmauer. Ich saß da wie vom Donner gerührt. Und nun? Ich überlegte hektisch: Wie teile ich jetzt den Dialog ein? Wie laufe ich die letzte Runde? Wie soll das Stück enden? Ich konnte doch nicht einfach aufstehen und nachschauen. Ich entschloss mich, den Wagen nach oben zu hieven, meinen Text zu sprechen, dann wird der Inspizient das Licht ausmachen – ja, so könnte es klappen. Ich zerrte also mit aller Kraft das Teil mit der festgefahrenen Bremse nach oben in der Hoffnung, dass der Inspizient sah, jetzt läuft die Antoni die eine Runde mit dem Wagen, alles ist wie immer, und er löscht das Licht auf der Bühne. Doch die Szene blieb hell erleuchtet. Mit letzter Kraft schleifte ich den Wagen mit seiner festsitzenden Bremse hinter mir her bis zur Abwärtsschräge, zischte in Richtung Inspizientenpult: »Licht aus!« und nach hinten »Wolle!« Das ist der Techniker, der in allen Vorstellungen zu meiner Sicherheit auf dem Sprung sitzt und trotz seiner Körpermasse zuverlässig reaktionsschnell agiert. Er sprang auf die Schräge, half mir aus den Seilen, hielt den Wagen an, nahm mich bei der Hand und führte mich zum Applaus. Diese Techniker sind einfach großartige Jungs! An dem Abend war ich am Ende meiner Kraft. Nach drei Stunden Spiel eine solche Strapaze, das war, als hätte ich im Laufschritt zwei Kästen Wasser fünf Treppen hochgetragen.

Was ich noch hinzufügen muss: Der Wagen wiegt fast 300 Kilogramm, ich wiege 62 Kilogramm. Ich bin eben die Courage. Und ich glaube an den Spruch: Am Theater krank sein gibt es nicht, nur mit dem Kopf unterm Arm!

Der Rock

Wenn Proben beginnen, werden Kostüme gesucht, die ungefähr den Entwürfen der Kostümbildner entsprechen. Diese Klamotten, tausendmal getragen, hundertfach gereinigt, haben für mich einen gewissen Zauber. Sie riechen nach vielen Menschen, nach Theaterstaub und Bühnenluft. Aufbewahrt werden sie im Fundus. Jedes Theater hat einen, im Berliner Ensemble ist der Fundus unter dem Dach. Es gibt einen weiteren in Berlin-Weißensee, früher hatten wir noch eine Kostümaufbewahrung in den Werkstätten der Staatsoper.

Unter der Leitung von Helene Weigel, Ruth Berghaus und Manfred Wekwerth wurden zu jeder Inszenierung Figurinen für die Schauspieler angefertigt, gezeichnete Vorlagen mit der entsprechenden Bekleidung, die in dem Stück getragen wird. Nur wenn sich nach Proben andere Anforderungen an ein Kostüm ergaben oder bei sehr stichhaltigen Argumenten wurden diese Vorlagen verändert.

Zu der Zeit trugen wir bereits während der Proben Kostüme, die später den handgefertigten der Aufführung entsprachen. So konnten wir uns an den Sitz und das Material gewöhnen. In diese Probenkostüme war jeweils ein kleines weißes Wäscheband eingenäht, auf dem mit schwarzer Tusche der Name dessen stand, der es trug.

Heute entwickelt sich die Gestaltung der Kostüme während der Proben, vor allem aber richtet sie sich nach dem vorhandenen Geld.

Als das Fünfer-Gremium die Macht übernahm, wurde dieser wundervolle Fundus regelrecht geplündert. Kleider, Blusen, Sakkos, Anzüge, Oberhemden, Wäsche- und Uniformteile, Zylinder, Hüte, Schuhe verschwanden, es wurde ausgesucht und zurückgebracht oder nicht, in die Außenstelle verlagert oder nicht, es herrschte ein großes Durcheinander, niemand kontrollierte mehr den Raum unterm Dach, der Verwalter war ja entlassen worden.

Dem Fundus erging es übrigens wie dem Von-Appen-Zimmer, das einst jedem Theatermitglied offenstand. Darin wurden seine wunderbaren Modelle für Bühnen- und Szenenbilder und seine Figurinen aufbewahrt.

Brecht hatte 1954 Karl von Appen ans BE geholt, er war viele Jahre lang Chefbühnenbildner, arbeitete auch für die Münchner Kammerspiele und The National Theatre London. Selbst dieses Zimmer wurde geplündert, die zauberhaften Miniaturen landeten in Puppenstuben, gingen in Entwürfe anderer ein, wurden entsorgt. Da verstand ich das Wort »abwickeln«: Was keinen materiellen Gebrauchswert hat, ist überflüssig.

Es sind glücklicherweise immer noch viele der alten Kostümteile erhalten und durchaus zu gebrauchen. Das löst aber bei einigen neuen Kolleginnen und Kollegen Verwunderung aus: »Das ist eine Hose von einem Hermann Hiesgen, die ist ja schon getragen, so was ziehe ich nicht an!« Oder: »Den Rock von einer Frau Felicitas Ritsch? Ich bin Frau XYZ – den Rock will ich nicht!«

Ignoranten, die sich nicht für die Künstler des Theaters interessierten, an dem sie gerade arbeiteten, das aber schon vor ihrer Zeit bekannt, berühmt und gefeiert worden war.

Als Peymann *Die Mutter* inszenierte, wurde für mich ein Proben-Rock gesucht, einer mit Charme und Flicken. Er sollte nicht zu lang sein, ein festes Gewebe haben, musste alt aussehen. Endlich war einer gefunden worden. Ich probierte ihn an, er gefiel mir und auch Peymann.

Nach der Probe zog ich ihn aus und entdeckte ein kleines weißes Baumwollschild. Unauswaschbar stand da »Heli«. Mir lief ein

Schauer über den Rücken. Ich bekomme die erste Rolle, die auch die Weigel gespielt hatte, und trage ihren Rock! Das waren in doppeltem Sinne große Fußstapfen!

Die neue Garderobiere deutete jedoch meine Rührung völlig falsch. Sie sagte: »Oh, da ist ein falscher Name drin, das ändere ich noch!«

»… die singt, wie es Papa wollte«

Ich singe, seit ich denken kann. Gesangsunterricht hatte ich nie, aber es gab im Berliner Ensemble die Möglichkeit, einmal in der Woche Sprecherziehung zu nehmen, und in diesen Stunden konnte man auch singen – eine komfortable Einrichtung, die ich selbstverständlich genutzt und mir dadurch ein großes Repertoire erarbeitet habe.

Im Laufe der Zeit habe ich gelernt, dass der Vortrag von Brecht-Liedern vor allem Persönlichkeit verlangt, wie Paul Dessau das einst erwähnt hatte. Es braucht keine aufwendige Garderobe, keine Schminke, aber man muss Haut zeigen, sich öffnen. Diese Lieder haben eine Botschaft, eine Idee, mit der ich mich identifizieren kann. Aus den einfachen Texten, dieser klaren, schnörkellosen Sprache, der Musik von Eisler, Weill und Dessau notengetreu Kunst zu machen, die das Publikum berührt, ist eigentlich nicht zu schwer, aber sehr schwer. Und ich habe irgendwann entdeckt, dass Brecht durchaus das große Gefühl verträgt, wenn man es auf den Punkt genau bietet. In jedem seiner Stücke gibt es Lieder, ich begreife sie als Monologe, behandle sie wie eigenständige, kleine, poetische Geschichten, die tief aus dem Inneren kommen. Das Stück ist der Rahmen, die Lieder sind die Mosaiksteinchen, die den Rahmen zum Leuchten bringen.

Die Seeräuber-Jenny aus der *Dreigroschenoper* zum Beispiel ist eine Anarchistin, sie sagt nie: Meine Herren, ich hab so 'ne große Wut im Bauch! Nein, dieses Küchenmädchen singt ihre Drohung wie nicht für fremde Ohren bestimmt: »Und ein Schiff mit acht Segeln und mit fünfzig Kanonen wird liegen am Kai.«

Oder die Mutter Courage: Ihr Song *Von der Kapitulation* ist existenziell, weil sie damit sagt: Entschuldigt, dass ich mich so fies benehme, ich muss mich so verhalten, sonst komme ich nicht durch.

Oder die große Liebende, die den alten Surabaya-Johnny anfleht:

»Wie du dastehst und grinst, Johnny,
nimm die Pfeife aus dem Maul, du Hund. …
Surabaya-Johnny, warum bin ich nicht froh?
Du hast kein Herz, Johnny, und ich liebe dich so.«

Das würde sie ihm doch niemals gestehen! In der *Ballade von der Hanna Cash* heißt es:

»Und wenn er hinkt und wenn er spinnt,
und wenn er ihr Schläge gibt:
Es fragt die Hanna Cash, mein Kind,
doch nur: ob sie ihn liebt.«

Die Frauen lassen sich schlagen, treten, misshandeln, aber sie bleiben bei den Kerlen. Erst wenn gar nichts mehr geht, wenn alles zu spät ist, dann geben sie zu, wie mies sie behandelt worden sind. Dennoch: Steht der Kerl wieder vor ihr, ist alles beim Alten.

Das sind ehrliche, kraftvolle Lieder, die müssen ehrlich und kraftvoll gesungen werden. Denn auch das Böse, die dunkle Seite, gehört zu uns. Brecht-Interpretation verlangt punktuell Emotionen. Einen Lachkrampf kriegen oder minutenlang schweigen – nicht spielen, sondern wirklich empfinden, sonst kommt es nicht über die Rampe. Auch Tränen kannst du nicht lügen. Entweder du weinst, oder du tust, als ob du weinst, dann sieht man das.

Solche Emotionen habe ich weder bei Therese Giehse noch bei Helene Weigel noch bei Gisela May gesehen. Ich habe es probiert und zugelassen.

In Peymanns Inszenierung der *Mutter* hört man in einer Szene im Hintergrund Pawel, den toten Sohn, mit dem *Lied für alle, die verzagen wollen*. Ich, die Mutter, stehe auf der Bühne, und der Parteisekretär bringt mir die Botschaft vom Tod meines Sohnes. Wie nimmt man so eine Nachricht auf? Hinter mir sang Markus Meyer ergreifend:

»Sie haben Tanks und Kanonen,
Maschinengewehre und Handgranaten.
Die Gummiknüppel zählen wir nicht!
Sie haben Polizisten und Soldaten,
die wenig Geld bekommen und zu allem bereit sind …«

– da kann ich doch vorne nicht agieren! Wir haben alles Mögliche ausprobiert, bis Peymann sagte: »Gebt ihr doch mal irgendwas von dem Sohn.«

Man gab mir Pawels zerschlagene Brille. Ich hielt diese Brille in der Hand und fing an zu heulen. Es war die gleiche Situation, die ich in der Wirklichkeit erlebt hatte, als mein Mann gestorben war. Auch da hatte man mir seine Brille und den Ehering gegeben. Ich sah also auf diese Brille und fing an zu heulen, und Peymann sagte: »Großartig! Das isses!«

Ich konnte mich dann rasch wieder beruhigen, aber Peymann hat nie erfahren, warum ich geheult habe. Es fiel mir nicht leicht, in jeder Vorstellung erneut die schmerzliche Erinnerung zuzulassen und diese Brille zu betrachten. Aber so etwas gehört eben auch zu den Geheimnissen der Schauspielerei.

Ich erinnere mich an den berührenden Brief einer Frau. Sie schrieb, ich hätte mit dieser Szene dazu beigetragen, über den Tod des Sohnes hinwegzukommen. Nach einer Vorstellung suchte sie mich sogar auf und umarmte mich lange.

In den Fünfziger-, Sechziger-, Siebzigerjahren haben viele Künstler Brecht sehr »salonig« behandelt und gesungen. Das war eine besondere, spröde Arbeitsweise, um sich auf die Gedanken, auf die Texte zu konzentrieren. Man war der Meinung, das sei die Methode der Interpretation, auf die Brecht gehofft hatte.

Ich habe viele unterschiedliche Musik-Programme gemacht. An der Volksbühne mit Usch Karusseit, mit Hilmar Thate, Rolf Ludwig. Später am Berliner Ensemble mit den »Goldenen 9«: Das waren Gisela May, Christel Gloger, Annemone Haase, Franziska Troegner, Peter Bause, Holger Mahlich, Stefan Lisewski, Ekke Schall und ich. Wir gingen auf Tournee durch Europa, sogar in Toronto sind wir aufgetreten. Und etliche Male bei Veranstaltungen der Kommunistischen Partei in Italien und Frankreich. Das war meistens lustig: Die Genossen aßen Pizza und Nudeln, tranken Wein und Bier, sie waren mächtig in Schwung, hörten dennoch zu und applaudierten. Brecht hatte schon recht: »Erst kommt das Fressen, dann die Moral.«

Wir waren wunderbar aufeinander eingespielt, kleine Pannen haben wir weggelacht. Ertönte zum Beispiel das Vorspiel für den Mackie-Messer-Song, und einer schmetterte los: »Und weil der Mensch ein Mensch ist …«, hat er nach drei Takten erschrocken innegehalten und noch mal begonnen. Das Publikum akzeptiert so etwas.

Allerdings gab es Lieder, die nur für Ekkehard Schall, den Brecht-Schwiegersohn, reserviert waren, die durften wir anderen nicht singen. Erbrecht sozusagen. Oder Vorrecht.

Derart merkwürdige Verbote haben etwas Reizvolles, man bekommt Appetit. Ich habe die verbotenen Früchte gelernt: den *Surabaya-Johnny*, die *Hanna Cash*, die *Erinnerung an Marie A.* Bald gehörten sie auch in mein Repertoire.

Mit Johanna Schall trat ich lange Zeit im Deutschen Theater auf, »Von A – S« nannten wir das, von Antoni bis Schall. Ich bedaure, dass es keine Bänder, keine CDs, keine Kassetten von meinen

Brecht-Abenden gibt, nur private Mitschnitte. Dabei wimmelt der Markt von Brecht-Interpretationen auf CD, die nicht immer gut sind.

Schön waren die beiden Programme, die ich mit Hans-Peter Reinecke und dem Pianisten Karl-Heinz Nehring erarbeitet habe, *Vom Glück und vom großen Kotzen* und *Love and revolution.* Damit sind wir in den Achtzigerjahren durch Europa gezogen. An vielen dieser Abende habe ich selber moderiert, und zwar jeweils in der Landessprache. Hatte mal kurz in der Volkshochschule Schwedisch gelernt, bevor ich mit Pit Reinecke nach Gotland, Christiansund und Malmö ging. Ich jodelte da los, und die Leute waren glücklich. Es ist eine Reverenz an das Land, wenn man ein paar Brocken in der Landessprache sagen kann.

In Polen hab ich sogar zwei kurze Lieder auf Polnisch gesungen. Die Zwischentexte hatte ich mir von einem Polen vorsprechen lassen und in Lautschrift aufgeschrieben. An einem Abend kam ein Journalist zu mir, er bat um ein Interview, ich sagte auf Deutsch: »Entschuldigung, ich spreche nicht Polnisch.«

»Aber Sie haben doch auf der Bühne Polnisch gesprochen und gesungen!«

»Stimmt, das hat mir jemand beigebracht, ich weiß nicht, was ich da sage, weiß nur, was ich sagen wollte!«

Benno Besson kam mit seiner *Kreidekreis*-Inszenierung aus Paris ans BE; ein Kollege war erkrankt, er besetzte mich als Yussuf, den Schwiegersohn: »Carmen, mach du das! Den französischen Text lernst du bis morgen!« Wir spielten alle mit Strumpfmasken, also saß ich im Badezuber mit Strumpf auf dem Kopf und sprach meinen Text auf Französisch – köstlich! Das hab ich mir ebenfalls phonetisch angeeignet. Mein Glück, dass ich eine gute Auswendiglernerin bin.

Nach dem Mauerfall stellte ich mir meine eigenen Programme zusammen, darunter die *Keuner-Geschichten,* die *Buckower Elegien* und vieles andere. Brecht hat ein unerschöpfliches Repertoire hinterlassen.

Einmal bin ich in meiner ehemaligen Schule in Berlin-Adlershof aufgetreten. Heute ist die Schule eine Kulturstätte mit der großen Stefan Heym Bibliothek und Ausstellungsräumen. Da saßen 350 Leute, die am Ende stehend applaudierten. Sie brachten Blumen, eine Frau schenkte mir ein Foto von mir und der alten Frau Schmidt, unserer Nachbarin – das war verrückt und berührend.

Claus Peymann reagierte zunächst nicht gerade euphorisch auf meine Angebote, Brecht-Abende zu veranstalten, aber vielleicht war er am Beginn unserer Zusammenarbeit nicht sicher, ob ich überhaupt Theater spielen könne. Inzwischen musste er sich vom Erfolg überzeugen lassen, seit sieben oder acht Jahren spielen Manfred Karge und ich an vielen Samstagen auf der Probebühne des BE Brecht, und das ist immer ausverkauft.

In Augsburg, Brechts Geburtsstadt, wird seit 2010 ein Festival ihm zu Ehren veranstaltet. Im Februar 2012 trat ich dort auf. Man hatte mich zwar erst zwei Monate zuvor eingeladen, aber ich sagte gern zu, obwohl es für mich Stress bedeutete. Ich konnte meine Tochter Jennipher, Katharina Spiering, ebenfalls Schauspielerin, und den Pianisten Guido Raschke gewinnen, mit mir in aller Eile ein Programm zu erarbeiten. *Zwei Generationen, drei Frauen, ein Brecht* überschrieben wir den Abend. Nur leider fand sich das dann nicht in dem aufwendig gestalteten Programmheft. Wie die Menschen, die gekommen waren, Uhrzeit und Ort erfahren haben, blieb im Dunkeln, im schönen Rathaussaal war jedenfalls jeder Stuhl besetzt. Auch da gab es noch kein Programmheft, nicht mal Handzettel für die Besucher. Also habe ich uns vorgestellt, dann spielte Raschke die ersten Töne und wir – alle drei in schlichtem Schwarz – begannen. Als ich *Diese Arbeitslosigkeit* vortrug und anmerkte: »Brecht, 1928«, raunte es hörbar im Saal. Und beim *Wiegenlied einer deutschen Mutter* sah ich zwei Frauen weinen.

Nach dem Konzert fragte mich ein Besucher, ob ich Brecht gekannt habe. Innerlich musste ich grinsen. »Ja«, hab ich gesagt, »ich durfte ihm einmal einen Blumenstrauß überreichen, meine Schule trug nämlich seinen Namen. Ich war elf und hatte weiße Kniestrümpfe an.«

Die Kritiken versöhnten uns mit der fehlenden Ankündigung. Zum Beispiel stand in der *Augsburger Allgemeinen:* »Die drei Sängerinnen Carmen-Maja Antoni, Jennipher Antoni und Katharina Spiering, begleitet von Pianist Guido Raschke, trugen die Lieder Brechts mit Hingabe vor … Es fand sich kein falsches Pathos in der Stimme, dafür … eine gute Portion Schalk, weil die Pointen von Brechts Aphorismen einfach saßen …« Und: »… Ein durch und durch gelungener Abend und ein stehend applaudierendes Publikum – d e r Brecht-Abend.«

Übrigens wurde ich, ebenfalls kurzfristig, gebeten, für die zwar groß angekündigte, aber verhinderte Marianne Faithfull einzuspringen. Sie sollte an einem Abend im Goldenen Saal auftreten, in dem ungefähr 900 Menschen Platz finden. Da musste ich passen. Zumal ich am Vorabend und am Abend danach im Berliner Ensemble Vorstellung hatte. Nur kurz einfliegen, um allein einen ganzen Abend zu gestalten – nein, so etwas muss gründlich vorbereitet werden. Vielleicht wäre es zu schaffen gewesen, wenn Johanna Schall mitgemacht hätte. Doch Johanna singt nicht mehr. Schade.

Aber bei der Eröffnung des Festivals sang ich zwei Brecht-Lieder: die Kinderhymne *Anmut sparet nicht noch Mühe,* die eigentlich die ideale Nationalhymne für das vereinte Deutschland gewesen wäre, und aus der *Courage* das *Lied von der großen Kapitulation.* Auch das war zeitlich eng. Am anschließenden Empfang konnte ich nicht teilnehmen, musste zurückfliegen. Mein Theater hatte nämlich vergessen, dass ich Urlaub eingereicht hatte. Als ich heimkam, meldete mir der Anrufbeantworter: Die Vorstellung fällt aus. Dass ich immer über Handy zu erreichen bin, war irgendjemandem entfallen.

Auf dieser Eröffnungsveranstaltung zeigte man einen kurzen Film, den der Künstlerische Leiter des Festivals, Joachim Lang, einige Zeit zuvor in Berlin gedreht hatte. Es war die letzte Szene aus der *Mutter Courage:* Nach dem Tod der stummen Kattrin ziehe ich den Wagen über die Bühne des BE; darüber sieht man – synchron mit mir – Helene Weigel in einer ihrer letzten Vorstellungen ihren Wagen ziehen. Wir beide drehen auf der Bühne eine Runde und gehen weg in den Horizont. Joachim Lang sprach von mir als der »besten lebenden Brecht-Interpretin«. Und Barbara Brecht-Schall, die mit ihrer Tochter Johanna neben den bayerischen Honoratioren in der ersten Reihe saß, soll geurteilt haben: »Ja, ja, die singt schon so, wie es Papa wollte.«

Worte für Pit Reinecke

Auch Pit lebt nicht mehr. Im November 2005 haben wir ihn auf dem Dorotheenstädtischen Friedhof begraben. Er war gerade mal 64. Aufgewachsen in einer Schauspielerfamilie, ein Kriegskind. Er klaute Kohlen und Brot, wurde Zimmermann, arbeitete als Puppenspieler und Bühnenarbeiter, bevor er Schauspiel studierte. Ein Kerl wie ein Baum, von sprühender Heiterkeit, anrührend und bodenständig. Wir haben viel miteinander gelacht, vor allem aber gut zusammen gearbeitet.

Wer die DDR-Polizeiruf-Krimis gesehen hatte, wer für *Jakob der Lügner, Nikolaikirche* oder *Spur der Steine* ins Kino gegangen war, kannte sein Gesicht.

Als ich 1975 ans BE kam, gehörte er dort seit sechs Jahren zum festen Stamm. Unvergessen sein Pawel in der *Mutter;* wie er das Lied sang:

»Aber als er zur Wand ging, um erschossen zu werden
Ging er zu einer Wand,
die von seinesgleichen gemacht war …«

– als könne er seine Fesseln selber sprengen. Gänsehaut haben die Zuschauer bekommen. Oder sein Matti, ich war die Eva, wie er den Hatelmaberg baute, schwerste Teile schleppte und dabei parlierte und protestierte gegen seinen Herrn, dass die Schwarte krachte. Er war der fairste Gegenspieler seines Herrn Puntila Ekkehard Schall und der lustigste Schweyk.

Oder als das Fünfer-Gremium eingezogen war und Peter Zadek ihn besetzte im *Kaufmann von Venedig* und in *Antonius und Cleopatra:* Zadek verteilte zur Einführung in die beiden Stücke Bücher in englischer Sprache mit Kupferstichen, die über Shakespeare erzählten. Pitte schaute sich das lange an, dann sagte er: »Det is schade, dass er nich ooch Buntstifte austeilt, da könnte ick wenigstens die Bilder ausmalen.«

Vergnüglich die Kneipenabende mit ihm, an denen er »ein Bier und einen Chantré« bestellte und die Kellnerinnen irritierte. Überhaupt seine Frauengeschichten! Er war ein »Schentelmen« – stets großzügig, aber auch stets kampfbereit, wenn es eine Frau zu beschützen galt. Und wenn man vor Kummer halb umkam, tröstete er: »Det Leben is manchmal janz schön schwer, aber et is ooch schön!«

Legendär war seine Schlagfertigkeit. Als er eines Abends im *Prinz von Homburg* seinen Text nicht parat hatte, sprach er stattdessen: »Ich bin dabei ...« – einen Satz aus dem Stück *Rotter.* Hinter der Bühne entschuldigte er sich betroffen: »Bin ick froh, dass ick noch in so vielen anderen Stücken spiele, sonst hätt ick ja nich jewusst, wat ick sagen soll.«

Unvergessen auch unsere Brecht-Programme, bei denen er mit seinem gewaltigen Bass die Brecht-Fans begeisterte. Und mich liebevoll »Chefin« nannte.

Bei einer England-Reise mit Charly Nehring gaben wir der BBC London ein Interview, das auch in den USA lief. Und in der New York Times vom 23. Oktober 1991 erschien eine Lobeshymne: »Zwei Schauspieler des Berliner Ensembles, Carmen-Maja Antoni und Hans-Peter Reinecke, belebten den etwas eingestaubten Zynismus der Brecht-Lieder, die die Zivilisation auf den Prüfstand stellen, und das sinnbildlich repräsentiert durch den *Dreigroschenoper*-Song *Ballade von der Unzulänglichkeit menschlichen Strebens.* Erfrischend, ohne Didaktik ließen die beiden Künstler Brechts Lieder mit der Musik von Weill und anderen für sich sprechen. Sie sangen Liebeslieder voller Hoffnung, die sich gegen eine Welt wenden, in deren Mittelpunkt nur Eigennutz steht. Reineckes zwanglose Interpretationen stehen in einem bewundernswürdigen Kontrast zu anderen Brecht-Interpreten, die ihren Akzent nur auf die direkte Schärfe legen. Gelegentlich gibt die resolute Antoni englische Erläuterungen, wie zum Beispiel, dass Brecht ›in finsteren Zeiten über finstere Zeiten sang‹. Begleitet von Karl-Heinz Nehring am Klavier, fegten sie durch mehr als dreißig Songs, um dann im furiosen Finale bei der *Moritat von Mackie Messer* anzukommen. Sie verfeinerten die Klinge dieses Messers, indem sie Verbitterung mit der trällernden Melodie würzten.«

Anstatt dass man sich zu Hause freute über diese Anerkennung von der anderen Seite des Ozeans, bekamen wir ziemlichen Ärger. Man gibt kein Interview, ohne die Pressestelle vorher um Erlaubnis zu fragen! Aber das steckten »Mr Reinecke und the feisty Miss Antoni« weg. Der Spaß, die Freude an der Arbeit überwogen hundertfach die Wut über die Strafpredigt.

Pits Urne kam in das Grab seiner Mutter. Er hatte nichts hinterlassen, und das Geld, das unser Ensemble für seine Beerdigung sammelte, reichte nicht für ein eigenes Grab. Der Platz auf dem berühmten Dorotheenstädtischen Friedhof ist begrenzt und teuer – wie die Miete für eine Wohnung in bester Lage.

Pit hat mir einmal erzählt, dass er nur vierzehn Tage lang ein Christ gewesen sei, nämlich als seine Mutter ihn zum Konfirmandenunterricht schickte. Kurz vor der Konfirmation habe er sich für die Jugendweihe entschieden. Falls diese vierzehn Tage für den Zutritt in den Himmel nicht genügt haben, Pit, deinen Platz im Theaterhimmel kann dir niemand streitig machen!

Unterrichten und inszenieren

Es begann ziemlich früh, ich war gerade fünfundzwanzig Jahre alt und engagiert am Hans Otto Theater Potsdam, da kam die erste Anfrage auf Empfehlung von Peter Kupke: »Kann die Antoni Schauspielunterricht?« Sie wollte und konnte, und das, wie sich schon nach kurzer Zeit herausstellte, mit einem Heidenspaß. Schauspiel zu unterrichten, ist eine spezielle Art der Pädagogik; ich empfand es wie Gehirnjogging, denn ich konnte weitergeben, was ich in eigenen Proben fühlte und dachte. Ich unterrichtete viele Jahre lang an der Potsdamer Filmhochschule »Konrad Wolf«, später auch an der Berliner Schauspielschule »Ernst Busch«.

Ich ging im positiven Sinne mit großer Naivität an diese Arbeit, legte Wert auf genaues Beobachten, auf Kraft und Vitalität, Disziplin und Dynamik, auf das Engagement der Studenten für diesen Beruf. Es gibt kein Rezept für Erfolg, mir war wichtig, dass die Studentinnen und Studenten besessen sind von ihrem Beruf. Natürlich fühlte ich mich häufig erschöpft, denn die können einen ganz schön abkochen. Und oft genug unterrichtete ich vormittags und stand abends auf der Bühne.

Doch mein Konzept ging auf beglückende Weise auf. Nur sehr selten erreichte ich die Studenten nicht. Spürte ich Kälte oder Arroganz, wurde ich pädagogisch, das heißt, ich verlangte Leistung ohne jegliche Diskussion. Es gab Gruppen, die waren wie ein solider Tischwein. Die meisten Studienjahre aber empfand ich wie einen sehr edlen Jahrgang. Ich mochte ihre zaghaften Versuche, eine eigene Persönlichkeit zu finden, ihre unverschämten darstellerischen Angebote, ihre Leichtfertigkeiten, ihre Frechheiten, ihr

Feuer und auch ihre Faulheit. Ich war neugierig auf die jungen Leute, auf ihr Denken und auf ihr Spiel, und meine Art der Kritik, meine Sprache traf ihren Nerv: »Du spielst wie Oma Puschke! … Willst du uns noch länger langweilen, deine Kommilitonen schlafen gerade!« Wir lachten und machten und malochten, wie es eben am Theater üblich ist.

Ich spürte all die Jahre die Sympathie der Studenten. So viele habe ich begleitet in ihrer Arbeit, so viele schreiben mir noch heute gelegentlich, so viele erlebe ich bei der Arbeit, weil sie inzwischen Kollegen geworden sind. Diese Kontakte sind wertvoll, weil sie meine Gedankengänge frisch halten. Ich glaube, für etliche war ich ein Stein auf dem Weg zum Schauspieler, für andere vielleicht ein Meilenstein auf diesem steilen Pfad.

Schauspieler, die wie ich unterrichteten, nannte man die Außerirdischen. Dennoch passten wir gut zu den Professoren und Mentoren der festen Crew, sorgten mit unseren Erfahrungen aus der Praxis für bestes Einvernehmen und qualitativen Streit und Lockerheit.

Als Gastprofessorin an der Potsdamer Filmhochschule richtete ich vier Studioinszenierungen aus, davon gastierten zwei mit großem Erfolg am Berliner Ensemble: *Mutter Courage* und *Baal.* Für die Studierenden war es die Startrampe für ein Vorsprechen, einige andere bekamen danach sogar ein Engagement.

Ein Bühnenbildstudent schuf den Raum, ein älterer arbeitsloser Bühnenbildner die Ausstattung, dabei lernte einer vom anderen, auch das war gut. Es gab viel zu organisieren, und ohne den Ensemblegeist, die Begeisterung und die Kreativität der Studenten hätte das nicht geklappt, denn auch an der Filmhochschule stand auf der Werteskala Sparen höher als Kunst. Raummangel, Zeitnot, keine Rückkopplung durch den zuständigen Dozenten, keine kritischen Gespräche über die Entwicklungsphasen der Studierenden – schwere Arbeit.

In einer Studioinszenierung, *Schlachten,* spielte meine Tochter mit. Ich hatte versucht zu verhindern, dass wir uns in der Arbeit begegnen, ihretwegen. Da sie nun mal besetzt war, hätte mir das nichts ausgemacht, ich konnte sie behandeln wie jede andere Studentin, obwohl ich eine Präsenz und eine Zartheit in dieser Kindfrau sah, die so einzigartig ist. Doch ich hatte nicht mit dem Neid ihrer Kommilitonen und mit den Berührungsängsten eines Dozenten gerechnet. Jenny sang ein Lied vom Nazi-Soldaten, und eine ihrer Kommilitoninnen zickte, dieses Lied gehöre nicht ins Programm, eine andere forderte, sie wolle dieses Lied schon lange singen, es passe viel besser zu ihr.

Ich verhielt mich meiner Tochter gegenüber kritisch und streng, weil mir immer wichtig war, Arbeit und Privates zu trennen. Wer das vermischt, wird Hofschauspieler, spielt immer, auch im Leben. Aber sie sang dieses Lied sehr gut, also bestand ich darauf, dass sie es singt. Meine Tochter konnte diese Querelen nur schwer aushalten.

Ich glaube, das war so ein Tischwein-Jahrgang, es sind nur noch wenige von ihnen in dem Beruf. Für Jenny hat es mir leidgetan, aber sie hat kämpfen gelernt.

Und sie ist ihren Weg immer allein gegangen.

Schon als Kind wurde sie das eine oder andere Mal von Filmleuten ausgesucht, aber mein Mann und ich haben es abgelehnt, sie filmen zu lassen. Sie sollte unbeschwert Kind sein. Nur einmal, da war sie acht, hat sie – mit Zahnlücke – einen Text gesprochen. Als ich im BE *Jacke wie Hose* spielte, wollte Peter Konwitschny, dass eine naive Mädchenstimme den Text meiner elenden Kindheit spricht: »Ich setzte der toten Mutter die Haube auf, und alle nannten mich ein liebes Kind, und niemand ahnte, welches Grauen in mir war im Angesicht des Todes …« Jennys Monolog wurde auf Band aufgenommen und in den Vorstellungen abgespielt.

Als sie fünfzehn war, bewarb sie sich erfolgreich für eine Rolle in *Unser Lehrer Dr. Specht*, kurz danach spielte sie bei Frank Beyer in *Deutsches Haus*. Wir haben uns nicht eingemischt, mein Mann sagte, lass sie wählen, es heißt schließlich Berufswahl. Nach dem Abi begann sie, an der Humboldt-Universität Japanologie und Russisch zu studieren, darauf waren wir sehr stolz.

Aber dann kam ein Angebot, das sie nicht ausschlagen wollte: 1999 spielte sie in dem Film *Natascha* eine junge Polin, die nur gebrochen Deutsch sprach. Martin Benrath lobte sie, riet ihr, Schauspiel zu studieren und alles andere an den Nagel zu hängen. Sie hörte auf ihn, ging an die Filmhochschule Potsdam, wo ich vierzig Jahre zuvor studiert hatte.

Ihr Papa und auch Martin Benrath haben nicht mehr erlebt, dass sie nach dem Studium am Potsdamer Hans Otto Theater engagiert wurde, ebenso wie ihre Mama viele Jahre zuvor. All das schaffte sie allein, ohne meine Hilfe.

Uwe Eric Laufenberg besetzte uns beide 2007 in seinem Stück für Anna Politkowskaja *Putin hat Geburtstag* – Mutter und Tochter auf der Bühne des Hans Otto Theaters und im Leben. Das hat gut funktioniert.

Danach beschlossen wir, zusammenzuarbeiten, wenn es sich ergibt. Wir haben das gleiche Grundverständnis fürs Spielen, Bevormundung lehnen wir beide ab, wir denken schnell. Wenn wir vor Publikum lesen, können wir Spontanes zulassen.

Inzwischen haben wir zusammen Filme gedreht, Hörspiele gesprochen, ein Brecht-Programm erarbeitet. Dabei blieb jeder von uns der Freiraum, den wir brauchen.

Jenny war, wie so viele Kinder von Schauspielern, mit der Disziplin des Berufes von Kindheit an vertraut, sie hat meinen Ernst aufgenommen und auch meine Freude am Spiel.

Auch mein Sohn, der lieber still vor sich hin denkt und technische Perfektion liebt, arbeitete schon mit mir zusammen. Das war ebenso fantastisch. Ich war zu einem Workshop über Brecht an der

Academy of Acting in Toronto eingeladen und durfte eine Begleitperson mitbringen. Kinder, Jugendliche und auch Erwachsene aus Kanada, den USA und vielen anderen Ländern studieren dort. Hauptfächer sind Dramaturgie und Theaterwissenschaft, dazu Schauspiel und Regie. Man kann sogar an der Academy promovieren, auch ein Seiteneinstieg ist möglich. Junge Leute vom Cirque du Soleil besuchen zum Beispiel einen Schauspielkurs.

Eigentlich wollte Jacob, mein Sohn, Kameramann werden. Das scheiterte, er studierte Architektur. Brotlos sind heute beide Berufe. Jacob baute mir also in Toronto aus ein paar Latten und Pappen, die er bemalte, ein wunderbares Bühnenbild, denn auch dort ist das Geld knapp. Er sorgte für gutes Licht, das den improvisierten Charakter der Bühne kaschierte, er fuhr den Ton. Und er übersetzte einige Passagen aus dem *Kanonensong* neu ins Englische; es gab irgendwo ein paar Silben zu viel oder zu wenig; er hat eine Nacht lang ziemlich geschwitzt, wie er mir später gestand. Er engagierte sich unendlich, war voller kreativer Einfälle, schuf praktisch etwas aus dem Nichts. So konnte ich mich auf die Studenten konzentrieren. Außerdem dolmetschte er für mich, da mein Englisch noch lange nicht so toll war wie seins. Wir bildeten ein perfektes Team.

Diese Arbeitsmomente mit jungen Menschen, auch oder besonders mit meinen eigenen Kindern, sind Zuckerstückchen für meine Seele.

Erlesene Lesungen

Eigentlich schäme ich mich nachträglich ein wenig, denn ich muss in dieser Geschichte einen Hauch von Unehrlichkeit zugeben, die mir eigentlich zuwider ist.

Es war kurz nach der Wende, ich wusste nicht wirklich, ob und was sich verändert in meinem Beruf, gedachte jedenfalls, mit Lesungen mein Haushaltsbudget aufzubessern. Das begann auch hoffnungsvoll. Wider Erwarten blieben mir die anderen Verpflichtungen erhalten, also griff ich eines Abends, als ich in Marzahn eingeladen war, in meinem üblichen Tempo, nämlich hypereilig, die vorbereitete Lesemappe und machte mich auf den Weg. Das Thema des Abends lautete »Berlin in Veränderung«. Am Veranstaltungsort angekommen, packte ich meine Tasche aus und fand nichts zu Berlin in Veränderung, sondern die Mappe »Die goldenen Zwanziger«. Da wird einem heiß und kalt, da rumoren die Gehirnzellen. Sollte ich zugeben, dass ich die Mappen vertauscht hatte? Nein, unmöglich.

Fieberhaft suchte ich ein paar Texte von Kurt Tucholsky und Mascha Kaléko, die Zwanzigerjahre boten genügend Veränderung in Berlin, doch die Ausbeute war dürftig, drei Gedichte. Die Veranstalterin stellte mich vor, es ging los.

Ich las die drei Gedichte. Dann legte ich den Text beiseite und erzählte, wie unpersönlich und langweilig oft Lesungen seien, gerne würde ich mich mit meinem Publikum unterhalten, damit man sich ein wenig kennenlerne. Die Leute könnten mich alles fragen, ich würde gern antworten, und lesen könnte ich später immer noch. Es entstand eine kleine Pause, ich lächelte ungeniert ins Publikum, und plötzlich gingen die Hände hoch. Es hagelte Fragen über meine Filmarbeit, über das Theater, über Politik – es wurde eine heiße Diskussion. Nach mehr als einer Stunde schaute die amüsierte Veranstalterin auf die Uhr und sagte, das sei ein wunderschöner Abend, »aber seien Sie uns nicht böse, Frau Antoni, vielleicht reden wir noch weitere zehn Minuten, lassen das Lesen, und Sie besuchen uns später noch einmal?« Wir redeten also weiter, dann packte ich die Mappe mit den »Goldenen Zwanzigern« ein und freute mich. Das war eine wunderbare ungelesene Lesung!

Ein anderes Mal – das Thema des Abends hatte irgendwas mit großen Männern zu tun – las ich mit meiner Tochter. Ich hatte von Stefan Heym *Immer sind die Weiber weg* ausgesucht. Ich weiß nicht, wie es geschehen konnte, plötzlich fehlten mir die letzten beiden Seiten des Textes, sie waren einfach weg. Ich merkte es schon beim Umblättern. Unter dem Tisch stieß ich mit dem Knie Jenny an, wir scharrten in den Papieren, erfolglos. Ich schaute ins Publikum und versuchte, die Geschichte aus dem Kopf zu Ende zu bringen. Die Leute schienen erstaunt über diese Art der Lesung, aber ich hielt tapfer durch bis zum Ende. Meine Tochter gackerte vor sich hin. Zwei Geschichten später fand ich die vermissten Blätter und las doch noch das richtige Ende vor. Glücklich atmete ich aus, das Publikum applaudierte, dann setzte die Musik ein, der Titelsong aus dem Film *Solo Sunny* sollte es werden. Jemand hatte die falsche CD eingelegt, es erklang die Stimme von Zarah Leander. Manche Lesungen sind einfach seltsam.

Es kann aber noch schlimmer kommen. Vor einigen Jahren rief mich eine Dame an, sie bat mich und meine Tochter inständig, vier Tage vor Weihnachten in einer kleinen Kirche irgendwo im Brandenburgischen zu lesen. Es gäbe auch eine Gage, sagte sie, nicht viel, aber es sei so wichtig und das Publikum wundervoll, und schließlich brauche das Land doch Kultur. Ich ließ mich breitschlagen, überzeugte auch Jenny, obwohl unsere Kalender voll waren.

An besagtem Tag fuhren wir über die Brandenburger Autobahn, weiter durch kleine Dörfer, durch noch kleinere Dörfer, und als wir kaum noch eine menschliche Ansiedlung erwarteten, standen wir vor einer Kirche. Sie war leer bis auf einen alten Mann, der an einem Weihnachtsbaum herumfummelte, uns kurz »Tach« sagte, auf alle anderen Fragen, auch auf die nach jener Dame, jedoch keine Antwort wusste.

Jenny und ich hatten schöne weiße Blusen an, es war sehr kalt, die Kirche ungeheizt. Wir froren und warteten. Versuchten erneut, den alten Mann zum Reden zu bringen, sinnlos. Plötzlich hielten auf dem Kirchplatz zwei Reisebusse mit bayerischen Kennzeichen. Männer in dicker Wintermontur, Frauen in Pelzen und Stiefeln quollen heraus, kämpften in der Kirche um die Plätze. Die Dame, mit der ich telefoniert hatte, begrüßte uns kurz, »schön, dass Sie hier sind«, von irgendwoher erklang *O Tannenbaum*, dann: »Bitte, Frau Antoni, und ach ja, bitte auch Sie, Frau Antoni, Sie können loslegen.«

Offensichtlich handelte es sich um eine Weihnachtskaffeefahrt, und wir waren der kulturelle Höhepunkt. Wir lasen also, aus unseren Mündern wehten weiße Wolken, die Kinnladen zitterten vor Kälte, wir griffen zu unseren Mänteln, um nicht zu erfrieren. Wir lasen tapfer, allerdings verkürzten wird das Programm ein wenig, als wir wahrnahmen, dass zwei der Zuschauer bereits schliefen. Es gab eine Art verhaltenen Applaus, man befand sich schließlich in der Kirche, und alles stürzte zurück in die warmen Busse. Die Dame bedankte sich wortreich, drückte uns einen Bildband über Brandenburg und ein Kuvert in die Hand und verschwand. In dem Kuvert fanden wir weder einen Scheck noch Bares, sondern eine schlichte Weihnachtskarte. Am nächsten Tag, drei Tage vor Heiligabend, hatte ich eine saftige Erkältung,

Schnipsel aus dem Familiennähkästchen

Gleich in den ersten Winterferien nach dem Mauerfall fuhren wir zum Karneval nach Venedig – Jenny tanzte als Pierrot durch die Straßen, ihr Bruder gefiel sich mit Dreispitz, schwarzer Maske und Umhang als Zorro. Von nun an reisten wir jeden Sommer in ein anderes Land: In Schottland lernten Jacob und Jenny, sich auf Englisch durchzufragen und bed und breakfast zu bestellen. Norwegens Fjorde bestaunten wir von einem Hurtigruten-Schiff aus. In Island starteten wir todesmutig eine Rafting-Tour auf einem wilden Fluss. An einem Geysir fanden wir Büchsen mit Kakaopulver, bereitgestellt für die Touristen; das kochend heiße Wasser dafür sprudelte aus der Felswand. In Südafrika wünschte sich Jenny, das Gefängnis auf Robben Island zu besuchen, in dem Nelson Mandela gesessen hatte – heute ein Museum. Auf dem Schnellboot zur Insel beobachteten wir Haie und Wale. Wir waren glücklich, Zeit füreinander zu haben und den Kindern die Welt zeigen zu können.

Auf Reisen und Festen, Taufen, Geburtstagen und Jubiläen werden, wie in jeder Familie, Anekdoten erzählt, darunter sogenannte Familienrenner. Viele drehen sich um die Kinder.

Einmal feierte ich mit meinem kleinen Sohn und mit »Steppis«, meinen besten Freunden, den Heiligabend. Mein Mann kehrte erst am folgenden Tag von großer Reise zurück. Jacob war eineinhalb Jahre alt. Er spielte vor sich hin, robbte durch die Wohnung, wir Erwachsenen erzählten und lachten, bis wir plötzlich bemerkten, dass das Kind verschwunden war. Wir riefen nach ihm, suchten überall, guckten in jede Ecke, gerieten immer mehr in Panik – nichts. Bis wir ihn endlich entdeckten: Neben dem Weihnachtsbaum stand das Geschenk der kleinen Tochter unserer Freunde, ein Puppenbett mit blau-weiß-karierter Bettwäsche. Darin lag Jacob in seligem Tiefschlaf.

Jenny, sie war etwa drei, verlangte auf dem Weihnachtsmarkt »das Essen, das immer weniger wird«. Wir suchten lange, bis sie es mit einem Begeisterungsschrei gefunden hatte: Zuckerwatte.

Im Kindergarten malte sie blaue Schneemänner, rote Tannenbäume und gelbe Tiere, weshalb ihre Einschulung infrage gestellt wurde. Wir sollten mit dem Kind eine Psychologin konsultieren. Sie wollte ein EEG erstellen, was leichter gesagt als getan war, denn Jenny wehrte sich mit Händen und Füßen. Erst als wir ihr erklärten, dass die Ärztin wissen wolle, ob Jenny wirklich schon Motorrad fahren könne – weshalb nun viele Strippen an ihrem Kopf befestigt werden müssten, wie ein Helm –, willigte sie aus purer Neugier ein. Und die Ärztin konnte uns guten Gewissens beruhigen: »Ein fantasievolles Kind! Lassen Sie es noch ein Jahr spielen, sie ist ja noch nicht mal sechs!« Das fantasievolle Kind machte später ein glänzendes Abitur.

Als die Kinder sieben und neun Jahre alt waren, wollten sie zum ersten Mal ins Ferienlager fahren. Alles war organisiert, die Koffer gepackt, wir saßen in der S-Bahn nach Lichtenberg, ab Ostkreuz stierten beide aus dem Fenster und fingen plötzlich bitterlich zu weinen an. Sie wollten doch nicht ohne Mama oder Papa verreisen. Also machten wir kehrt, fuhren zu viert in den Harz, und es wurde ein schöner Sommer.

Obwohl knapp drei Jahre auseinander, sahen sich die Kinder damals sehr ähnlich. Fremde auf einer öffentlichen Toilette fühlten sich gelegentlich bemüßigt, den langhaarigen Sohn auf das Damenklo zu verweisen, die kurzhaarige Tochter zu den Herren.

Von einem Gastspiel brachte ich meinem Sohn ein Matchboxauto mit Campinganhänger mit, das er sich gewünscht hatte. Er übte mit diesem Spielzeug unermüdlich einparken. Jahre später beobachteten wir auf einem Parkplatz an der Ostsee, wie ein Mann versuchte, seinen Wartburg samt Campinganhänger in eine Parklücke zu bugsieren. Jacob schaute interessiert zu, der Mann schien am Ende mit seinem Latein, seine Frau saß entnervt am Rand. Jacob, damals vierzehn, ging zu dem Mann und sagte: »Ich kann das, darf ich das machen?« Der schaute entgeistert, sollte er einen Zwerg an sein Auto lassen? Nein danke! Mein Mann fragte unseren Sohn in bestimmtem Ton: »Kannst du das wirklich?« Jacob bejahte: »Ich habe das so oft geübt, Papa.« Der hilflose Wartburg-Fahrer gab nach, Jacob setzte sich hinter das Steuer, mein Mann auf den Beifahrersitz, und Jacob parkte ein. Nicht nur der fremde Mann war sprachlos. Und mein Sohn mindestens vier Zentimeter gewachsen.

Wir hatten einen Rosenkopfpapagei, Schnicki. Nach der Wende bekam er aus einer aufgelösten Zoohandlung einen verwaisten Kumpel namens Olli, einen Zwerghasen Gizmo und einen Nachrichtenhund aus Pappe. Schnicki war eine Handaufzucht, das bedeutet, er fühlte sich am wohlsten auf einer Hand. Fliegen war nicht sein Ding. Er konnte Schulhefte und Klassenarbeiten in exakte Streifen zerlegen, er frühstückte Schokobrötchen auf unseren Schultern, saß gern auf unseren Köpfen und erkundete auf kleinem Rundflug Salate und Kochtöpfe, und er rupfte sich seine Federn aus. Er knabberte am Ohr, hatte immer heiße Füßchen und wurde so alt wie Methusalem. Der neue Olli interessierte ihn nicht, der lebte getrennt von ihm im Käfig und starb, als das Haus hinter uns einer Abrissbirne zum Opfer fiel.

Der Hase wurde ebenfalls steinalt, leider gab es noch kein Rekordverzeichnis für die Lebensdauer von Zwerghasen. Ein einmaliges Tier, er hörte aufs Wort, fraß weder Kabel noch Tapete, war weiß wie Schnee und schlief nachts zwischen den Kuscheltieren der Kinder. Im höchsten Wohlfühl-Rausch schmiss er sich auf den Rücken, streckte alle viere von sich und verharrte regungslos in dieser Stellung, er stellte sich tot vor Glück. Alle waren verliebt in ihn. Nur zu Weihnachten benahm er sich wie ein Hase. Er rannte wie bekloppt um den Weihnachtsbaum und erinnerte sich wahrscheinlich an seine Urahnen im Wald. Saß in Hockstellung stundenlang vor der Tanne und schnupperte. Als er im Schoß meiner Tochter gestorben war, beerdigten wir ihn in Omas Garten unter einer Tanne. Die ging drei Monate später ein.

Unser Hund war aus Pappmaché, er hielt Nachrichten für die Familie bereit. Da wir zu unterschiedlichen Zeiten von der Schule, der Arbeit, aus dem Theater nach Hause kamen, wurden wichtige Mitteilungen auf Zettel geschrieben, am Hund befestigt und dann irgendwo versteckt – in einem Schrank, hinter einem Vorhang, im Küchenregal. Unsere große Wohnung bot unzählige Verstecke. Lag ein Zettel im Korridor »Geh mit dem Hund aus«, verhieß das eine wichtige Sache, man musste das Vieh sofort suchen.

Zwölf Jahre Schule, da gibt es viel zu erzählen. Von einem Gastspiel in Griechenland hatte ich meinem Sohn einen blauen Nicki mit der aufgedruckten Akropolis mitgebracht. Es hieß damals Nicki, denn T-Shirts kamen aus Amerika. Am nächsten Tag sollte die Klasse fotografiert werden, und Jacob wollte unbedingt das neue Stück anziehen. Auf diesem Foto tragen alle Kinder Pionierkleidung, nur Jacob nicht. Ein Jahr später, in der dritten Klasse, kam wieder ein Fotograf in die Schule. Mein Sohn zog freiwillig das Pionierhemd samt blauem Tuch an. Auf diesem Foto ist er der Einzige in Pionierkleidung, alle anderen trugen Nickis.

Meine Tochter las viel, mein Mann empfahl ihr Bücher, und sie sprachen dann darüber. Einmal nannte ihr Lehrer sie »mein liebes Mädel«, sagte auch zu den anderen »Mädels«, worauf Jenny bemerkte: »Das ist die Sprache des Dritten Reiches und jetzt nicht erwünscht, das weiß ich aus ›LTI‹.« Sie meinte Victor Klemperers Buch *Lingua Tertii Imperii*, das in der DDR viel gelesen wurde.

Abends erschien ein aufgelöster Lehrer bei uns zu Hause, den wir aufklärten und trösteten.

Häufig gerieten wir mit dem Abschnittsbevollmächtigten aneinander. An meinem vierzigsten Geburtstag startete mein Mann von unserem Balkon unter dem Gejohle und Beifall von Familie und Gästen eine Rakete für mich. Kurz darauf kam er herbei, der ABV, sehr ernst, er müsse Anzeige erstatten, wir hätten gegen das Sprengmittelgesetz der DDR verstoßen und dem Feind ein Lichtzeichen gegeben. Meinen Geburtstag ignorierte er, aber Tage später lag tatsächlich eine Verwarnung im Briefkasten mit der Aufforderung, ein Ordnungsgeld von 250 Mark zu zahlen.

Stillbüstenhalter waren damals schreckliche Baumwollteile, unpraktisch und antierotisch. Beim ersten Baby habe ich das Ding gehasst, beim zweiten noch mehr. Meine kleine Tochter war fünf Monate alt, ein Gastspiel stand an, also musste ich abstillen. Wir wohnten in der achten Etage eines Hochhauses, und eines Tages warf ich in einem meiner Temperamentsausbrüche diesen BH aus dem Fenster. Er fiel auf die Wiese, auf der immer mal Hunde herumtollten. Als ich dem BH hinterhersah, erblickte ich zwei Hunde, die sich um mein gutes Stück rissen. Am nächsten Tag traf ich eine Nachbarin, die berichtete: »War der ABV auch bei Ihnen? Er hat alle Mieter vor einem Wäsche-Fetischisten gewarnt, man hat schon Wäscheteile gefunden.«

Alle Jahre wurden wir vor dem 1. Mai von der Hausgemeinschaftsleitung aufgefordert, eine Fahne aus dem Fenster zu hängen. Wir hatten einmal auf einem Trödelmarkt aus Jux eine Fahne von einer alten Schlachterei mit der Aufschrift »Frische Wurst« erstanden. Die hängte mein Sohn nach einer solchen Mahnung aus dem Fenster. Und so leuchtete an unserem Hochhaus zwischen all dem Schwarz-Rot-Gold mit Hammer und Sichel das strahlende Weiß mit der Wurst. Und wer stand kurz darauf aufgebracht in der Tür? Der ABV. Ich will das Gespräch nicht wiedergeben, aber es endete mit meinem Spruch: »Sie sind mir zu blöde.« Das war mir so rausgerutscht, eigentlich wollte ich sagen, »das ist mir zu blöde«, so jedoch war es Amtsbeleidigung mit entsprechenden Folgen und einer saftigen Rechnung.

Auch die folgende Episode vergesse ich nicht. Mein Mann liebte Zitate. Es gab in unserer Familie jeweils einen Spruch der Woche, der bezog sich auf die aktuelle Lage, das Wetter, auf unsere Stimmung, war gedacht zur Erbauung oder Bildung. Er wurde beim Montagsfrühstück verkündet und mehrmals in der Woche angewandt, um uns zu erfreuen, zu lachen, um ihn zu behalten.

An der Tür klingelte wieder einmal ein ABV, mein Mann war schon leicht gereizt, es war sein freier Tag, und er wollte in Ruhe lesen. Der ABV fragte ihn, ob er nicht wüsste, wann der Nachbar zurückkäme, denn … Mein Mann unterbrach ihn mit seiner tiefen Stimme: »Wissen Sie, man muss noch Chaos in sich haben, um einen tanzenden Stern gebären zu können«, und schloss die Tür vor dem verdutzten Frager.

Rosarothe Zeiten

In den Neunzigerjahren erging es mir wie vielen Menschen in unserem Land, immer wieder kreisten die Gedanken um die Existenz – Standbein, Spielbein, was ist möglich, was einigermaßen verlässlich?

Überraschend wurde ich zu einem Casting eingeladen, meinem ersten Casting im Westen, eine Chance für eine Fernsehrolle. Es fand statt in einem Westberliner Hinterhof, ein Raum, eine Kamera. Der Regisseur Carlo Rola stellte sich kurz vor. Ich wusste, dass er früher eine Regieassistenz bei Ruth Berghaus hatte, das fand ich schon mal sympathisch.

Er informierte mich kurz: »Es geht um eine Krimi-Reihe für das ZDF. Ich suche eine bodenständige Person mit vielen Facetten, die zu unserer Kommissarin passt. Die spielt Iris Berben. Erzählen Sie von sich oder irgendeine Anekdote oder auch einen Witz. Also bitte los.«

Dass sich Iris Berben eine unverwechselbare, erwachsene Frau an ihre Seite gewünscht hatte, erfuhr ich erst später.

Die Kamera lief. Ich parlierte, lachte, erzählte und war wahnsinnig aufgeregt, ließ mir aber nichts anmerken. Zwei Tage später hieß es, alle wären froh und einverstanden, ich bekam die Rolle der Karin von Lomanski, Sekretärin von Iris Berben. Was für ein Glück! Gedreht wurden seit 1993 zwei Folgen im Jahr, eine im Frühjahr, eine im Herbst. 2012 ist die letzte Folge gedreht worden.

Ulrike Folkerts ermittelte als Kommissarin Lena Odenthal schon seit 1989 für den ARD-Tatort. Nun kamen mit Hannelore Hoger als Bella Block und Iris Berben als Rosa Roth für das ZDF zwei schlaue Frauen in der Ermittler-Rolle dazu, die bis dato Männern vorbehalten war. Das Publikum liebte diese Frauen sofort. Wenn auch mein Part nicht sehr groß war, so konnte ich doch im Revier zwischen Kaffeetöpfen, Akten, Telefonen und den so merkwürdigen Kriminalistenmännern mit Humor und guten Dialogen präsent agieren. Es ergaben sich tolle Spielmöglichkeiten, schnelle Reaktionen und Abenteuer, wenn meine Figur in die Geschichte des Falles einbezogen wurde, das hieß Aktionen auf den Straßen und Auto-Verfolgungsjagden, Erpressungen, Gespräche mit Rosa Roth in der Kantine.

Heute blicke ich zurück auf neunzehn Jahre mit *Rosa Roth,* das ist ein Drittel der Lebensarbeitszeit, da wächst was zusammen. Es gab Konfrontationen und Veränderungen, es gab Treue und Vertrautheiten wie in einer großen Familie. Über eine lange Zeitspanne habe ich Menschen beobachten können, in Drehpausen, in Drehphasen, beim Feiern, bei Texthängern, in privaten Notsituationen, Zerstreutheiten, in ihrer Souveränität und manche auch in ihrer Arroganz. Vieles erfährt man in den Drehpausen und bewahrt es; ich beobachte gerne die Gewerke, den Kameramann, die Beleuchter, die Techniker. Damals begann eine meiner Freundschaften fürs Leben: zu Peter Ziesche, dem Kameramann. Er hatte schon *Kindheit* gefilmt, nun sechs Folgen von *Rosa Roth* und *Krauses Fest.*

Während der vielen Folgen, die in dieser Zeit gedreht worden sind, habe ich das Ambiente, den Anspruch, den kulturvollen Umgang miteinander als besonders angenehm empfunden. Man bewegte sich am Set leise, sprach fern aller Kumpanei wohltemperiert und respektvoll miteinander. Und das Catering schmeckte wie aus einer guten Küche. Was da für so viele Menschen in einem Anhänger an Essen gezaubert worden ist, verdient meine Hochachtung. Habe ich zu Hause zehn Gäste, ist in meiner Küche blankes Chaos.

Auch bei allen großen Szenen herrschten Ruhe und Rücksichtnahme, was sicherlich Iris Berben zu verdanken war, die das dem Team abforderte.

Die Besetzungen jeder einzelnen Folge waren großartig. Wunderbare, hochkarätige Schauspieler agierten: Christoph Walz, Andrea Jonasson, Ulrich Tukur, Sylvester Groth, Anna Thalbach und viele andere.

Und auch die Drehorte empfand ich als wirklich außergewöhnlich in all den Jahren. Wir drehten in abgewickelten Krankenhäusern, in noch funktionierenden Polizeipräsidien mit Knast, in abgewrackten Immobilien, auf Autobahnen, in Schwimmbädern, auf Schiffen und Landstraßen, nachts, im Morgengrauen.

Jede Folge hatte einen literarischen Spruch, der ein Leitfaden oder eine Inhaltsorientierung war.

Dispositionen beim Film, das sei hier erläutert, enthalten Beginn und voraussichtliches Ende der Dreharbeiten, wann man abgeholt wird, wann man in die Maske geht, die Folge der Bilder, die Wetterprognose. Alle Darsteller, Techniker und Gewerke sind aufgeführt.

In den Wohnwagen standen bei unserer Ankunft Blumen, am jeweils ersten Drehtag begrüßte uns der Produzent Oliver Berben, der achtzehn Jahre zuvor noch Setrunner gewesen war, ein aufmerksamer, wohlerzogener Mensch.

All das klingt nach Harmoniesucht, doch in einer solchen Atmosphäre lässt sich gut arbeiten. Ich empfand es als angenehme Abwechslung, nach anstrengenden Probenzeiten am Theater mit den mir so vertrauten Kollegen zu drehen, zumal ich erwartet und geschätzt wurde.

In dem Dreiteiler *Der Tag wird kommen* gab Mario Adorf den Erfinder einer gefährlichen Wunderwaffe, Jasmin Tabatabai seine Auftragskillerin. Wir drehten einen ganzen Tag lang in einem Keller. Karin von Lomanski, also ich, war entführt und gefesselt worden, wurde geschlagen und angebrüllt.

Das leise Sterben des Kolibri spielte in einer Gärtnerei unter Gehörlosen. Ein Coach hatte mir einige Grundbegriffe der Gebärdensprache beigebracht. Am Drehort war es so still wie sonst nie.

So manche Geschichte erschien mir psychisch kompliziert, ich musste das Drehbuch dreimal lesen, um zu wissen, wer was war und warum. In anderen Folgen ging es um totale Aktion oder aktuelle politische Probleme wie Korruption, Abschiebungen, undurchsichtige Geschäfte. Die Drehbücher waren sehr gut, oft ohne eine Lösung, aber das ist wie im richtigen Leben, denn die schmierigen Geschäfte dieser Welt bleiben auch meist unaufgeklärt.

Die Drehbücher unterschiedlicher Autoren, die immer neuen Besetzungen einerseits und die Kontinuität der Hauptfiguren andererseits fand ich reizvoll. Oliver Berben vertraute der bewährten Produktion mit Carlo Rola als Regisseur, man arbeitete fast immer mit derselben Technik-Crew. So entstehen Kontakte, wachsen Sympathien. Natürlich gab es auch Konflikte, aber die gehören zu einer kreativen, guten Zusammenarbeit.

Und wir feierten gemeinsame Feste. Bei keiner Filmproduktion erlebte ich solche Abschlussfeste wie die von *Rosa Roth.* Die Herren erschienen im Anzug, die Damen in edlen Fummeln. Auch die Weihnachtsfeiern waren unübertroffen und ausgestattet mit allem, was dazugehört: Weihnachtsmann, Glühwein, Pfefferkuchen und praktischen Geschenken: von einem Stuhl über Pullover bis hin zu Büchern, CDs, Duschgel, Handtüchern, Decken, T-Shirts. Da mag man denken, was soll der Kram, doch das Feiern brachte uns einander näher, wir empfanden das wie eine Belohnung unserer Arbeit.

Die Anforderungen an eine Rolle führen, wenn es gut läuft, zu Fachsimpeleien unter den Kollegen; besonders wenn man selbst zweifelt, braucht man kreative Ratschläge. Ich weiß nicht mehr genau, welche komplizierte Situation beim Dreh Iris Berben und mich einander sehr nahebrachte, wahrscheinlich stießen weibliche

Emotionen auf das Missverständnis der Männerwelt, was wiederum ein Einvernehmen bei uns Frauen bewirkte. Es gab eine kleine Solidarität zwischen uns gegen die Herbheit um uns herum, ein Blick, und es war Neugier aufeinander entstanden, die bald darauf das Du zuließ. Wir begannen, uns über ihre Filmprojekte und meine Theaterarbeit zu unterhalten, über ihre politischen Lesungen in Schulen, ihre Bindung zu Israel, über Lebensverluste und Erfolge. Wir achteten unsere Arbeit, wir schauten Filme an, diskutierten, sie besuchte meine Theatervorstellungen, ich ihre Lesungen, wir sahen die Leistungen der anderen, lobten, kritisierten uns, und so gedieh ein kleines Pflänzchen, eine wertvolle Freundschaft.

Durch Moovie, die Produktionsgesellschaft ihres Sohnes Oliver, und Carlo Rola bekam ich auch Rollen in anderen Filmprojekten. Zum Beispiel in *Afrika, mon amour,* einem Dreiteiler aus der Zeit des Ersten Weltkrieges, ebenfalls mit Iris Berben in der Hauptrolle und mit Robert Atzorn und Pierre Besson.

Allein die Anreise war ein Filmstoff. Ich flog mitten im November in Jeans und Pullover nach Kenia. Als ich in Nairobi aus dem Flieger stieg, haute mich die Hitze fast um. Ein Auto brachte mich zu einem Acker, dort stand ein kleines Flugzeug mit einer Art Küchenleiter, auf der ich zu einem der fünf Sitze kletterte. Der Pilot, in blütenweißem Hemd und mit Sonnenbrille, sagte knapp: »Not smoking, belt, we go«, startete, rollte ein Stück über den Acker und ging in die Luft. Erst wollte ich mich von Überlebensplänen verabschieden, aber dann genoss ich den grandiosen Ausblick über eine weite braune Ebene mit einer Bergkette am Horizont. Wir landeten vor einem großen Wasser wieder auf einem Acker, ich stieg aus, und der Pilot entschwand wortlos in den Himmel. Ein großer Schwarzer Mann sprach mich höflich an: »Miss Antoni?«, und als ich bejahte, ergriff er mein Gepäck, bestieg damit ein Boot und fuhr davon. Ich war sprachlos, was bei mir höchst selten vorkommt. Es erschien ein weiteres Boot am Ufer, der Mann im Boot gab mir zu verstehen, einzusteigen. Ich zog die Schuhe aus, stieg mit meinen Jeans ins Wasser und in das Boot. Nun war ich nicht nur sprachlos, sondern auch nass. Das Boot schepperte mit gefühlter Überschallgeschwindigkeit über den Atlantik und setzte mich auf einer Insel ab.

Das war der Drehort. Männlein und Weiblein trugen Wickelröcke. Ich wurde begrüßt, bewohnte ein Zimmer in einem afrikanischen Rundhaus, um das Bett hing ein Moskitonetz, auf dem Tisch standen Früchte, die von Zauberbäumen gepflückt zu sein schienen, denn ich hatte so etwas nie zuvor gesehen. Vor der Tür hatte sich ein Leibwächter aufgebaut.

Am nächsten Morgen bevölkerten Hunderte Schwarze Statisten das Set.

Ich schwamm im Atlantik, aß abends gegrilltes, aromatisch gewürztes Huhn mit den Fingern und andere fremde Köstlichkeiten, ich fühlte mich wie im Schlaraffenland und war nur am Staunen.

Ich liebe Herzlichkeit, Mut, politisches Engagement von Menschen, und all das verkörpert Iris Berben. Ich schätze ihren karitativen Einsatz für Kinder, Verfolgte und Benachteiligte. Es ist nicht selbstverständlich in diesen Zeiten, von seinem Geld etwas abzugeben, das ist Güte, das ist Nachdenken, das ist Verantwortung, und all das tut gut und ist gut. Iris hat mir oft von Israel erzählt, vor allem von der Klagemauer und von ihrer großen Sehnsucht danach, einmal mit solcher Inbrunst bitten und danken zu können, wie es die Menschen dort tun. Ein wundervoller Gedanke, den ich gut nachvollziehen kann.

Iris Berben und ich haben einmal unabhängig voneinander einer Zeitschrift ein Interview gegeben, sie wusste nicht, was ich sage, ich nicht, was sie sagen würde. Ich habe aus meiner Bewunderung für sie kein Hehl gemacht. Und ihre Worte über mich zu lesen, tat mir gut:

»Wenn ich Carmen auf der Bühne sehe, macht sie mich oft atemlos. Es geht so viel Kraft von dieser kleinen Person aus – da empfinde ich eine echte Zärtlichkeit für sie. Beim Spielen ist sie für mich wie ein Kompass, von ihr kann ich lernen. Dabei geht sie mit ihrem Erfolg völlig uneitel um, anders als so viele aus der Branche; Menschen, die ihr das Wasser nicht reichen können, aber mit einer unsäglichen Arroganz auftreten …«

In der traurigsten Phase meines Lebens bat ich sie, einen Zettel in die Klagemauer in Jerusalem für meinen verstorbenen Mann zu versenken. Sie tat es, das war sehr tröstend. Und sie sagte dazu in jenem Interview: »Diese Bitte hat mich ungeheuerlich berührt. Das war sehr intim, voller Vertrauen. Ich heule jetzt noch, wenn ich daran denke. In diesem Moment habe ich mich in Carmen verliebt.«

Dass Iris Berben sehr großzügig ist, durfte ich anlässlich ihres sechzigsten Geburtstages erfahren. Eines Tages kam ein Brief von ihr, sie lud mich ein, mit ihr und einigen ihr besonders nahestehenden Menschen ein paar Tage in Istanbul zu verbringen. Der Flug sei dann und dann, alles andere wäre eine Überraschung. Und: Abendgarderobe sei gefragt und Badezeug.

Ich sammelte meine beste Garderobe zusammen, ließ mir ein Kleid nähen, denn ich liebe eher das Praktische. Ich bin ja täglich am dauernden Kleiderwechseln: morgens anziehen, zur Probe fahren, umziehen, wieder anziehen, nach Hause fahren, abends für die Vorstellung umziehen, danach wieder anziehen, zu Hause ausziehen, um ins Bett zu gehen. Ich bin manches Mal auf zwölf Umzüge pro Tag gekommen.

Ich flog also nach Istanbul, schwieg, wie versprochen, über diese Einladung, indes sich die Welt den Kopf zerbrach, wo Frau Berben ihren runden Geburtstag verbringen würde und vor allem: mit wem? Auf dem Flughafen in Istanbul traf ich Hardy Krüger und einige andere Kollegen und dachte, aha, alles will dahin, wo auch ich hinwill. Irrtum, mein Koffer wurde gekennzeichnet mit einer kleinen Metallschnur und entschwand im VIP-Bereich. Die Kollegen hingegen fuhren zu einem Dreh.

Ein Bus brachte mich auf ein altes, historisches Boot, wo ich vertraute Gesichter und Freunde von Iris erkannte. Es gab einen Drink, Häppchen vom Feinsten, dann ging es ins Hotel – mit Panoramablick auf den Bosporus –, am Bett türkische Lederpantöffelchen in passender Größe, ich fühlte mich wie eine Prinzessin in einem orientalischen Märchen.

Unten am Hafen erwarteten uns zwei junge Männer in Weiß, die aussahen wie aus einer Bacardi-Reklame. In einem schnittigen Motorboot brachten sie uns zum Geburtstagsdinner. Das fand statt auf einer Terrasse in atemberaubender Kulisse: vor uns der in der Nachmittagssonne glitzernde Bosporus, rechts von uns Palmen, links ein schönes, altes Hotel, hinter uns eine stufenförmige Anhöhe mit glucksenden Wasserbächlein. Die Tafel gedeckt für zwanzig Personen, aufmerksame Kellner – wie im Film. Iris stellte ihre Gäste vor, fand wundervolle Worte für jeden einzelnen.

Ein Gang nach dem anderen wurde serviert, erlesene, viele mir bis dahin unbekannte Gerichte. Als die Sonne untergegangen war, zauberten die Kandelaber auf der Tafel ein eigenes Licht, ein Derwisch tanzte für Iris, Champagner begleitete unsere Gratulationen.

Am nächsten Tag besichtigten wir die Blaue Moschee, ließen uns in einem Hamam verwöhnen, besuchten ein Fischrestaurant auf einem Hügel, von dem wir auf Istanbul sahen. Ich versuchte, die Farben, die Gerüche, den Wind zu behalten. Es war der 13. August, und ich dachte an den Mauerbau vor vielen Jahren und dass ein Erlebnis wie dieses damals für mich in den Bereich des Außerirdischen gehört hatte.

Mein Kollege Thomas Thieme und ich schenkten Iris Berben einen Abend im Berliner Ensemble mit Liedern, Gedichten, Texten. Als Überraschung hatten wir dazu all ihre Freunde eingeladen, die in Istanbul dabei gewesen waren. Das war ein herrlicher Abend, und ich erlebte die Umkehrung, jetzt war Iris platt, gerührt und sprachlos.

Krause-Filme und krause Filmszenen

7, 9, 11, 13 – das sind die Zahlen, die ich im Lotto spielen würde. Wenn ich spielen würde. Es sind meine Glückszahlen. Zum Beweis: Bernd Böhlich hatte ein Drehbuch für Horst Krause geschrieben, *Krauses Fest,* und besetzte mich als Krauses Schwester Elsa. Das war 2007. Was für ein Glück! Denn 2009 folgte *Krauses Kur,* 2011 *Krauses Braut,* vielleicht folgt 2013 ein weiterer *Krause*-Film.

Ich habe mich auf diesen Dreh gefreut wie auf ein Klassentreffen und könnte mir vorstellen, dass viele wissen wollen, wie Hotti und Elsa den Gasthof ohne Meta schmeißen, die ja nun mit Rudi in Köln lebt, und ob Schlunzkes muntere Tochter den Laden ein bisschen aufmischt.

Das Fernsehpublikum jedenfalls hat diese Filmfamilie ins Herz geschlossen: Drei ältere Geschwister unter einem Dach lebend, einen Gasthof betreibend, beobachtet von der Mutter, die in gerahmtem Schwarz-Weiß an der Wand hängt.

Eine eigene Art von Heimatfilm ist das, ein solides Genre voller Alltagskomik und grotesker Situationen, die jeder versteht. Böhlichs Dialoge bieten Schnoddrigkeit und Schlagfertigkeit. Es geht um kleine und große Sorgen der Menschen auf dem flachen Land im Brandenburgischen, um ihre Existenzängste, Träume und Vorstellungen, um ihre Sehnsucht nach Liebe und der großen, weiten Welt. In die Lebenssituation des dicken Hotti und seiner Schwestern Meta und Elsa, für die es selten einen Grund gibt, ihr Dorf zu verlassen, können sich viele Menschen hineindenken und in ihr wiederfinden. Das macht diese Filme so beliebt und so liebenswert.

Manchmal sprechen mich Menschen auf der Straße mit Frau Krause an, erst stutze ich, aber dann freue ich mich. Zeigt es mir doch, dass etliche diese bodenständige, lakonische Elsa akzeptieren und mögen. Mit einer Volksfigur wie Hotti Krause trifft man das Publikum ins Herz. Wer kennt nicht so einen Menschen, das einzige männliche Wesen in diesem Haushalt, ausgestattet mit der Macht eines Gastwirts ist, was er sagt, Gesetz, einfach, weil es schon immer Gesetz war. Das spielt er überzeugend und aus dem Bauch. Hinzu kommt die Schar illustrer Kollegen, die Bernd Böhlich engagiert hat und die diese Arbeit so erfreulich macht.

Angelika Böttiger war auch in dem Kinofilm *Kindheit* meine Partnerin, nun ist sie meine Schwester Meta, die sich im hohen Alter von 58 Jahren verliebt, im dritten Teil den Taxifahrer Rudi (Tilo Prückner) ehelicht und mit ihm nach Köln zieht.

Umwerfend immer wieder Andreas Schmidt als Schlunzke, grandios Fritzi Haberlandt als Ärztin. Und dann diese beiden so Unterschiedlichen im Heu – eine wundervolle Szene! Angelika Waller, Steffi Kühnert, Gabriela Maria Schmeide, Dominique Horwitz schneien in die Geschichten hinein, sorgen für kleine und mittlere Katastrophen und sind in ihren Rollen unverwechselbar und doch irgendwie vertraut wie die eigenen Nachbarn.

Das Filmteam kennt sich, ein kleines, eingespieltes Ensemble, es gibt kaum Änderungen in der Maske und den Kostümen, auch die Technik ist immer die gleiche. Das bringt Sicherheit in die Arbeit. Böhlich ist gründlich, unerbittlich und dabei sehr komisch. Bierernst kann er eine Szene erklären, und ich spüre sofort, wo die Komik sitzt.

Auch wenn es nicht so aussieht, die Darstellung solcher Charaktere zwingt zu präziser Interpretation. Sogenannte kleine Leute darzustellen, erfordert ein hohes Maß an Sensibilität und Uneitelkeit. Böhlich wollte keine Kunstfiguren, er wollte das Normale, das Einfache, und das ist, wie Brecht schon wusste, sehr schwer zu machen.

Ich liebe diese Figuren, besonders natürlich »meine« Elsa mit ihren tragischen und saukomischen Momenten. Mir bereitet es eine wahre Lust, mich zu verwandeln, zu verändern, auch zum Hässlichen. Die kleinen grauen Löckchen, die praktische bunte Kittelschürze, das Ausgehkleid aus Perlon und aus der Mode, die klobigen Schuhe … Aber fahre ich übers Land, sehe ich solche Frauen vor ihren Häusern auf der Bank sitzen. Die Hände im Schoß gefaltet, warten sie ab, was auf der Straße oder in ihrem Leben passiert.

Als wir den ersten Teil drehten, war es Winter, an manchen Tagen lag Schnee, manchmal nicht. Einmal Schnee, immer Schnee, die Anschlüsse müssen stimmen, also brauchten wir Schnee. Der Szenenbildner musste welchen herzaubern. Als wir keinen Schnee mehr brauchten, hatte es über Nacht wie verrückt geschneit. Nun musste der Schnee beseitigt werden.

Natürlich feiert man Weihnachten im Winter, aber dass das Thermometer an dem Tag, an dem wir Weihnachten drehten, auf minus 14 Grad sank und der Wind eisig blies, war nicht vorgesehen. Ein Weihnachtsgottesdienst beginnt in der Dämmerung, doch die Dämmerung brachte noch mehr Kälte. Festliche Kleidung ist angesagt zum Kirchgang, aber festliche Kleidung ist nicht warm. Also Hütchen auf, Sonntagsschuhe und Mäntelchen an, keinen Schal, denn am Kragen sollte die Anschlussbluse rausschmulen, nämlich die, die ich in den Szenen davor und danach trug. Am Morgen dieses Tages glaubte ich noch, ohne wärmende Winterunterwäsche auszukommen, am Nachmittag bereute ich das bitter. Wärmesohlen in den Schuhen und Handwärmer in den Wartepausen helfen kaum. Die Kälte kriecht bis ins Mark, besonders wenn man steht und wartet. Beim Filmen wird sehr viel gewartet. Die Technik muss eingerichtet werden samt Kran und Kameras, es sollen vierzig Menschen in die Kirche laufen, und das immer wieder in einer vorgesehenen Reihenfolge, dazu bitte schön mit fröhlichen Gesichtern, denn es ist Weihnachten.

Drehen im Winter ist Horror, frieren ist einfach schlimmer als schwitzen. Es ist schon heftig, was Schauspieler auf sich nehmen, um eine Situation glaubhaft darzustellen.

In *Krauses Kur* suchten wir das Dübener Ei. Das war ein in der DDR ungemein beliebter, weil leichter und nicht mal zwei Meter langer Campingwagen. Fünfzig Jahre lang produzierte man ihn in Bad Düben. Er ließ sich mühelos von Krauses Motorrad samt Beiwagen ziehen. Das Ding, auch Kuschelkugel genannt, stand im Film unter Heu versteckt in einer Scheune, und wir mussten es laut Drehbuch suchen. Nicht nur einmal wurde diese Such-Szene gedreht, die ganze Scheune war eine einzige Staubwolke, uns piekten Spreu und Heu im Nacken, an den Armen und Beinen, ach überall, wir konnten kaum sprechen, weil wir dauernd husten mussten, aber später im Film sah alles wunderbar aus, und Böhlichs Lachen tröstete uns.

Im dritten Teil brauchten wir Regen, Wolken zogen am Himmel, doch es blieb trocken. Also regnete es aus Maschinen statt aus Wolken. Als wir trockenes Wetter brauchten, regnete es vom Himmel wie aus einer Autowaschanlage.

Das Wetter gehört eben zu den Unwägbarkeiten im Film – das und die Requisiten, die Anschlussfehler bergen. Trägt zum Beispiel eine Schauspielerin eine Kette, die sie nach einer Pause nicht mehr umhat, oder ist ein sichtbarer Knopf vorher geschlossen, später nicht mehr, muss das korrigiert werden. Ausgesprochen ärgerlich ist es, wenn eine lange Dialogszene mit Tränen oder tiefen Emotionen geprobt, wieder und wieder gedreht wird, der Regisseur endlich jubelt und nach ein paar Sekunden die Nachricht kommt »Fussel«.

In *Wege übers Land* bekam ich in einer Szene eine Ohrfeige. Mal war ein Mikrofon im Bild, dann das Material zu Ende, einmal ging der Wäscheschrank nicht auf, dessen Tür sich in dem Moment öffnen sollte – die Ohrfeige landete hingegen jedes Mal pünktlich auf meiner Wange, bis die knallrot und angeschwollen war. Der Regisseur setzte eine vorgezogene Mittagspause an, danach kriegte ich wieder mehrfach eine geknallt. Dann brauchte ich eine längere Drehpause.

Im vierten Teil gab es ein Essen für den Heimkehrer, den Armin Mueller-Stahl spielte. Es sollte eine richtig schöne Fress-Szene sein mit besonderen Leckerbissen, doch für das Besondere brauchte die Produktion eine Genehmigung. Wir drehten also die große Tafelrunde, jeder sollte ausgehungert und gierig in sich hineinstopfen, was nur ging. Es war eine lange Sequenz, für die zwei Tage angesetzt waren. Am zweiten Tag erkrankte Erik S. Klein. Nicht vom Essen, es war irgendwas anderes. Also wurde der Dreh auf den nächsten Tag verschoben. Das so mühsam beschaffte besondere Essen – frisches Obst, Gemüse, Fleisch – wurde abgedeckt und ruhte. Im Studio war es schön warm, die Fliegen hatten trotz der Abdeckung einen Weg gefunden und ihren Eroberungszug gestartet, das ganze Zeug hatte nicht nur farblich arg gelitten. Wir nahmen tapfer von den angegammelten Köstlichkeiten, zum Essen bekamen wir einige frische Sachen, das Bild wurde geteilt, und im fertigen Film ist davon natürlich nichts zu sehen. Aber die Kommentare der Kollegen und ihre Gesichter zwischen den Einstellungen, die waren köstlich.

Vor vielen Jahren, ich hab den Film vergessen, drehten wir in einem Wald, ich wurde erst kurz vor dem Drehen abgesetzt und sollte hinter einem Materialwagen warten. Ich saß da also in Maske und Kostüm und wartete auf meinen Auftritt. Bis mir eine große Stille zunächst auffiel, dann Angst machte. Als ich mich vorwagte, sah ich außer einem Mann, der auf den Wagen aufpassen sollte, keine Menschenseele. Die Crew war umgezogen und hatte mich vergessen.

In einem meiner ersten Fernsehspiele schlug ich dem Regisseur vor, eine Szene zu beleben, indem ich einen Tisch decke. Es ging, glaube ich, um eine Kaffeetafel am Weihnachtstag. Er fand die Idee großartig. Ich forderte in meinem Übereifer Kuchenteller, Tassen, Untertassen, Milchkännchen, Zuckerdose, Kaffeekanne, Untersetzer, Kuchengabeln, Teelöffel, Servietten für fünf oder sechs Personen an. Die Szene wurde, wie das so ist beim Film, x-mal gedreht, also musste ich immer wieder den Tisch neu decken. Ich bin fast wahnsinnig geworden und hab mir geschworen, mich nie mehr mit Requisiten zu befassen! Hätte ich damals einfach nur gesagt: »Der Tisch ist gedeckt!«, wie im Drehbuch vorgeschlagen, hätte ich mir viel Wirtschaft und den Kollegen Warterei erspart.

Zu dieser Erfahrung gehört auch die Erkenntnis: Beiße nie in der ersten Einstellung in eine Wurst – unter Umständen musst du aus Anschlussgründen sehr viele Würste essen!

Hotti Krause hat Glück, dass er ein so guter Esser ist. Sollten Gulasch oder Rouladen im Gasthof auf dem Tisch dampfen, schaufelte er »auf Anschluss« mühelos und mit größtem Appetit Fleisch und Kartoffeln in sich rein.

Krauses Gasthof entdeckte übrigens Peter Zadek, das heißt, er besuchte einmal in den Neunzigerjahren den Gasthof Naase in Gröben. Das liegt bei Ludwigsfelde, südlich von Berlin. Wie er so beim Bockwurst-Essen die Wirtin Johanna Naase und ihren Sohn Peter beobachtete, Oma Naases Bildnis an der Wand des großen Saales und auf dem Hof das Kopfsteinpflaster sah, muss ihm die Idee gekommen sein, im Tanzsaal Brechts *Jasager/Neinsager* aufzuführen. Das brachte viel Publikum ins Dorf und viele Presse- und Fernsehleute. Die fanden Haus und Hof und Scheunen ideal als Filmkulisse.

Mutter und Sohn Naase hatten zunächst nicht vor, ihren lauschigen Gasthof mit Filmleuten bevölkern zu lassen, doch sie ließen sich überreden. Und so wurden Gröben und das Wirtshaus Naase Schauplatz etlicher Filme und Filmszenen: *Der Sandmann* mit Götz George, *Liebling, bring die Hühner ins Bett* mit Barbara Rudnik und

Axel Milberg, ein *Kriminalist* mit Christian Berkel und etliche *Polizeiruf*-Folgen, bei denen auch Horst Krause mitspielte, wurden dort gedreht. In der Gröbener Kirche, in der wir beim dritten *Krause*-Film so entsetzlich froren, entstand die Hochzeitsszene für *Effi Briest* mit Julia Jentsch und Sebastian Koch.

So manche Requisite ist im Gasthaus geblieben. Die Täfelung in der Schankstube zum Beispiel und der Kunststoff-Schneemann, hinter dem sich Dorfpolizist Krause versteckte, um Gänse-Schlunzke zu beobachten.

Ich verstehe die Kollegen gut, die nie Theater spielen, sondern nur Filme machen. Nach der Arbeit in einem Team, das, wenn's gut geht, wie eine Familie auf Zeit ist, hoffen sie auf eine große Premiere, auf den roten Teppich, die Kolleginnen ziehen sich toll an, es gibt Fotografen, Reporterfragen, man wird gesehen. Auch die Premiere eines Fernsehfilms findet im Kino statt. Die für *Krause* Nummer drei im International in Berlin. Das gesamte Team war da, viele Freunde, meine Kinder und deren Freunde waren gekommen, interessiertes Publikum, rappelvoll der Laden. Das organisiert die Eva-Martens-Produktion einfach klasse.

Dann sehe ich den Film mit Distanz und Neugier, freue mich über Gelungenes und die Lacher des Publikums. Aber: Es ist ein Endprodukt, nicht mehr korrigierbar wie im Theater. Denn auch dort ist die Premiere ein Höhepunkt. Die eigentliche Arbeit aber beginnt erst nach der Premiere, vielleicht bin ich am Abend danach erst besser, und oft ist es so, dass die Rolle von Vorstellung zu Vorstellung mehr an Brillanz gewinnt. Nach dem Premierenabend sind wir Theaterschauspieler genervt von den Kritiken. Die sind fast immer negativ, jedenfalls gilt das für die Stücke der vergangenen zehn Jahre am BE. Nichts an der Darstellung ist beschrieben, es findet eine Schlacht von Gesehenem und Gedachtem auf Kosten der Schauspieler statt. Uns sind fast die Voraufführungen lieber, darüber berichtet niemand.

Ich liebe beides – filmen und Theater spielen. Die anfängliche Scheu vor der Rolle spüre ich bei jeder Arbeit. Beim Filmen müssen Mimik und Gestik leiser, kleiner, intensiver ausfallen, und das beschränkt auf eine bestimmte Zeit. Nur der Ehrgeiz, das Beste zu geben, der ist der gleiche wie auf der Bühne.

Zweimal Teheran

Mein Bild vom Iran war geprägt durch das Fernsehen. Angefangen beim Schah von Persien und seiner Frau Farah Diba und den stürmischen Protesten in Westberlin über den Ayatollah Khomeini bis hin zu Mohammad Chatami – mehr als die Gesichter und ein paar Informationen hatte ich nicht im Kopf, als uns die Einladung zu einem Theaterfestival nach Teheran erreichte. Im Februar 2002 sollte das Berliner Ensemble dort mit *Richard II.* gastieren. Wir waren gespannt und freuten uns darauf.

Schon im Vorfeld geschah Ungewöhnliches. Wochen zuvor besuchte uns eine Abordnung aus Teheran. Sie begutachtete die Aufführung und legte fest, welche Szenen geändert werden müssten, um den dortigen Moralvorstellungen zu entsprechen. Wir Frauen dürften auf der Bühne keinen Zentimeter Haut zeigen, müssten die Arme bis über die Handgelenke bedecken. Keine Körperpartie sollte deutlich zu erkennen sein. Körperliche Berührungen wurden strikt untersagt, damit sollte auch der Abschiedskuss unterbleiben, den normalerweise Richard seiner Isabella gibt. Das klang in unseren Ohren wie Theater in Trainingshosen.

Claus Peymann ging mit uns halb belustigt, halb zornig alle Szenen durch, noch amüsierten wir uns über diese Vorgaben. Die Damen des Ensembles fuhren nach Kreuzberg und Neukölln, um in entsprechenden Läden Tücher und Schleier zu kaufen, eine erstand sogar einen Tschador. Dabei flogen wir in das Land, in dem Chatami sich seit 1997 um Liberalisierung und eine Öffnung gen Westen einsetzte!

Im Flieger von Istanbul nach Teheran schien alles normal zu sein; europäisch gekleidete, schicke Damen saßen gelassen da, in nichts schien sich dieser Flug von einem anderen zu unterscheiden. Bis kurz vor der Landung. Alles Weibliche stürzte plötzlich in Richtung Toilette, kehrte verwandelt, vermummelt, durch schwarze Tücher unkenntlich gemacht zurück.

Wir landeten in der Nacht, und auch alles andere um uns herum war schwarz. Der Dolmetscher, der uns empfing, ein attraktiver junger Mann, bat uns dringlich flüsternd, ihm nicht die Hand zu reichen. Wir hielten uns, eingeschüchtert von dieser Kulisse, fast scheu zurück.

Das Hotel war ausgebucht von Festivalgästen. Vor den Zimmern saßen schwarz gekleidete, verhüllte Frauen auf Stühlen und bewachten den Flur, um zu verhindern, dass ein Mann in das Zimmer einer Frau eindringt.

Immerhin hatte Peymann durchgesetzt, dass wir Frauen und Männer des Ensembles zusammen essen konnten, nicht in getrennten Räumen, wie dort üblich und vorgeschrieben.

Gleich am ersten Tag erneuter Knatsch. Im Programmheft zeigte ein Bild William Shakespeare als Baby, nackend. Das ging gar nicht. Peymann drohte, mit dem gesamten Ensemble abzureisen. Nach einigem Hin und Her wurde angewiesen, die Bilder in allen Programmheften zu schwärzen.

Am Abend wartete vor dem großen Theaterbau, diszipliniert aufgereiht, eine kilometerlange Schlange vorwiegend junger Leute auf Einlass. Westliches Theater ist im Iran selten, das weltbekannte Berliner Ensemble war ein ersehnter, sehr besonderer Gast, alle Vorstellungen waren ausverkauft.

Die Halle hat 1200 Plätze, rote Plüschsessel, über denen ein gewaltiger Kronleuchter funkelt. An der einstigen Loge des Schahs prangt das Wappen der Islamischen Republik. Rechts neben der Bühne hing ein Bild des Ayatollah Khomeini; vor Beginn jeder Vorstellung wurde es angestrahlt, von einem Tonband ertönte eine Art Gebet, erst danach ging der Vorhang hoch.

Die Reaktionen im Publikum glichen einem Spektakel, das seinen Höhepunkt bei der Liebesszene fand. Michael Maertens als Richard II. gab seinem Affen Zucker: Statt des Abschiedskusses näherte sich sein Mund dem Isabellas, kurz davor winkte er ab, gab den Kuss auf seine Hand und hauchte ihn weg. Die jungen Frauen im Publikum kreischten vor Vergnügen, schrien auf, sobald sich ein weiblicher und ein männlicher Körper einander näherten – es war unglaublich.

Nach der Vorstellung trafen wir im Hof des Theaters etliche Zuschauer. Die Gespräche versöhnten uns mit dem ungewohnten Spiel. Die jungen Leute zeigten überhaupt keine Scheu, sprachen flüssiges Englisch, interessierten sich für europäisches Theater. Sie trugen die Kopftücher leger umgelegt, hier und da lugte eine Haarsträhne hervor. Ich war erleichtert, dieses junge, moderne Bild von Teheran zu sehen.

Die Botschaft gab für uns nach der ersten Vorstellung einen Empfang, endlich bekamen unsere Kollegen ein Bier, die Damen ein Glas Wein. Ich erwähne das, weil man sonst nirgends auch nur einen Tropfen Alkohol findet.

Dass man auch Alkohol trank und ein ungezwungenes Leben ohne Kopftuch führte, erfuhr ich durch Michael Wenzel, einen sehr netten Pfarrer aus Halle, der islamisch-protestantische Ehen betreute. Er betrieb im wahrsten Sinne des Wortes Seelsorge. Er lud mich zu einer Tour in die Berge ein, um etwas mehr zu sehen vom Land. Mit ihm bin ich bis heute befreundet.

Die Stadt ist umschlossen vom Elburs-Gebirge. In der Unterstadt wohnen die Armen, der Wohlstand zeigt sich an der Höhe des Wohnsitzes.

Wir fuhren mit einem Jeep nach »oben«. Mehrmals hielten uns Männer an, die den Pfarrer fragten, was er allein mit einer Frau mache. Ich habe nicht genau verstanden, was Michael erklärte, wir durften jedenfalls weiterfahren. Irgendwo luden uns zwei Männer zu einem Tee ein. Ich erfuhr, dass sie das Trinkwasser der Stadt bewachten.

Es war Februar, die Vermummung hatte wenigstens einen wärmenden Effekt. Die Straßen boten einen ungewöhnlichen Anblick: keine Farben, keine Geschäfte mit Blumen, keine mit Kosmetika, die Mode in den Schaufenstern nur für Männer.

Die Frauen huschten mit gesenkten Blicken an den Hauswänden entlang – Frauen im schwarzen Mantel mit Kopftuch, Frauen unter schwarzem Tschador, manche ließen nur einen Sehschlitz frei, Frauen, die vor dem Sehschlitz sogar noch eine Art Schutzbrille trugen. Die Männer hingegen promenierten breitbeinig und gemächlich, wichtig-wichtig, ihre Gebetsketten schwingend. Keine Musik war zu hören, ab und zu rief ein Muezzin zum Gebet.

Ich sah das Meer und die stillgelegten Skipisten, die noch unter der Herrschaft des Schahs angelegt worden waren.

Beeindruckend ist der Basar: über zehntausend Läden unter einem Dach, es ist der größte Basar der Welt. An einem Stand mit Damenwäsche drängte sich eine Traube von Männern, ihre schwarz verhüllten Frauen beschirmend. Die Männer suchten die Wäschestücke aus.

Ich kaufte kandierte Nüsse und Safran. Das kannte ich nur aus dem Kinderlied »Safran macht den Kuchen gehl …« Schon früher konnte ich mir nichts darunter vorstellen, wusste nur, es ist eines der teuersten Gewürze der Welt, »rotes Gold«. Nun hatte ich Safran.

Das Kopftuch nervte mich sehr. Allein in meinem Hotelzimmer und in der Garderobe durfte ich es absetzen. Ich schwitzte darunter. Im Restaurant kam ich mir vor, als würde ich in Skiausrüstung essen. Kein einzelnes Haar durfte vorgucken. Mein Leben lang trage ich Pony, den musste ich zurückkämmen. Nahm ich abends das

Tuch ab, sah ich aus wie ein Rosettenmeerschweinchen, das in den Regen gekommen war.

Ich konnte mir nicht vorstellen, als Frau in diesem Land zu leben.

2008 lud uns das Dramatic Arts Center of Iran zum zweiten Mal zu diesem Festival ein. Diesmal sollten wir mit der *Mutter Courage* kommen. Wie ich bei dieser Gelegenheit erfuhr, ist Bertolt Brecht im Iran einer der beliebtesten deutschsprachigen Schriftsteller. Fast alle seine Dramen sind ins Persische übersetzt worden. Und Claus Peymann genießt unter iranischen Theaterleuten einen hervorragenden Ruf.

Er war sehr fair, fragte uns, ob wir die Einladung annehmen wollten oder nicht. Die inzwischen veränderte politische Lage dort war uns bekannt, das Mittelalter hatte wieder Einzug gehalten. Dass es möglich ist, im 21. Jahrhundert Frauen öffentlich zu steinigen, erschüttert mich. Die Atompolitik Ahmadinedschads und sein Hass auf Israel sind abstoßend und erschreckend. Peymann nannte uns gute Argumente für und gegen eine solche Reise.

Ich erinnerte mich an den Enthusiasmus der jungen iranischen Besucher sechs Jahre zuvor, an ihr Interesse am Theater. Und ich dachte an die Courage, die ich spielte – ich fand es richtig und wichtig, noch einmal in dieses Land zu reisen, wollte mich couragiert verhalten und nicht verweigern.

Als unsere Zusage auf diese Einladung in der Berliner Öffentlichkeit bekannt wurde, protestierten Menschen vor unserem Haus am Schiffbauerdamm: Das BE würde ein Land unterstützen, dessen Diktator ein Mörder ist. Es waren nicht viele Demonstranten, aber sie erregten Aufmerksamkeit.

Wir kamen in ein völlig anderes Land. Derselbe Flughafen, dasselbe Hotel. In meinem Zimmer ließ ein Loch den Blick in den Himmel frei, in einer Nacht musste ich mehrmals das Regenwasser aus dem darunterstehenden Eimer leeren.

In allen Fernsehern, in den Zimmern, im Foyer, auf der Straße, lief eine Rede des Mahmud Ahmadinedschad als Dauerschleife, den ganzen Tag. Zwischendurch wurde immer wieder jubelndes Volk eingeblendet. Es nervte kolossal.

Auf dem Marktplatz vor dem Basar und in den Straßen patrouillierten Moralwächter, die hysterisch jede Frau zurechtwiesen, erblickten sie unter deren Kopftuch auch nur ein Haar. Wer Widerspruch erhob oder sonst etwas Unerwünschtes sagte, verschwand in einem Bus. Abseits stand ein großes Kranauto. Einige Zeit zuvor hatte ich zu Hause im Fernsehen mit Entsetzen gesehen, wie eine Frau und drei Männer öffentlich gehenkt worden waren – der Galgen hatte auf einem solchen Kranauto gestanden. Ob das dieses Auto gewesen war? Ich musste meine Fantasie stoppen, den Film in meinem Hirn ausschalten.

Wo immer ich bin auf dieser Welt, schicke ich bunte Postkarten an Freunde und Nachbarn. In Teheran suchte ich vergeblich danach. Ich sah nicht ein einziges Geschäft mit dem in aller Welt üblichen Kram für Touristen. In einer Post gab es Briefumschläge ohne Verschluss, dafür mit religiösen Motiven. Verlangte man danach, wurde man gefragt, wohin der Brief gehen solle und warum. Ich habe das Kartenschreiben gelassen.

Was wir dann im Theater erlebten, übertraf unser Vorstellungsvermögen. Peymann wollte mehr als einmal abreisen.

Man muss sich einen langen, schmalen Gang vorstellen, von dem viele Türen abgehen – Garderoben für die Schauspieler, die Maske, der Raum für die Garderobieren, der für die Technik, die Toiletten und die Duschen. Auf diesem Korridor läuft dauernd jemand hin und her, Tür auf, Tür zu. Die ungewohnte Situation, die Aufregungen und Änderungen bei einem Gastspiel verdoppeln das Tempo des Hin und Her. Auf diesem Gang saßen rechts und links Moralpolizisten, deren Aufgabe darin bestand, jede Bewegung argwöhnisch zu verfolgen und zu kontrollieren. Einmal zur Toilette gehen bedeutete, alles bedecken, Kopftuch auf, den Gang entlang unter den Blicken dieser Männer. Etwas mit jemandem in einem anderen Raum bereden, das ganze Getue von vorne.

Als erschwerend erwies sich, dass ich einen männlichen Garderobier habe, eine Unmöglichkeit in diesem Land! Kam Andreas Zahn in die Nähe meiner Tür, hielt ihn einer der Wächter laut schimpfend zurück. Sobald ich das Getöse hörte, öffnete ich meine Tür und zog ihn rein. Die Wächter spektakelten draußen weiter. Schließlich verlangte ich nach einem Dolmetscher, dem ich erklärte, Andreas sei mein Bruder, der mich bewache. Dann war Ruhe. Fürs Erste.

Zwei Tage vor unserer Vorstellung hatte Ahmadinedschad in dieser Halle eine Rede gehalten. Aus diesem Anlass hatten seine Sicherheitsleute das ganze Haus auf den Kopf gestellt. Dabei waren sie auf unsere Requisitenkisten gestoßen, in denen sich Gewehre und eine Pistole befanden. Schließlich spielt das Stück im Dreißigjährigen Krieg. Die Waffen wurden beschlagnahmt. Nach Peymanns heftiger Intervention wurden die Gewehre zurückgegeben, die Pistole nicht. Der Besitz von Pistolen sei nur staatlichen Organen erlaubt. Warum für Gewehre eine andere Regelung gilt, blieb im Nebel. Die stumme Kattrin wird aber mit einer Pistole erschossen. Nach etlichen Telefonaten mit »höchsten Stellen« wurde die Pistole zurückgegeben, allerdings hatte man sie funktionsuntüchtig gemacht. Peymann tobte, ohne Pistole keine Aufführung. Er wollte abreisen. Das Gezerre dauerte an, schließlich entschied er, Kattrin mit einem Gewehr erschießen zu lassen. Das Publikum sollte nicht enttäuscht werden.

Eine halbe Stunde vor Vorstellungsbeginn berichtete irgendjemand Peymann, während der Probe habe man etwas von meiner Unterwäsche gesehen, so sei kein Auftritt möglich. Außer meiner Unterwäsche trug ich eine dicke schwarze, absolut undurchsichtige Strumpfhose, darüber einen langen Rock, eine schwarze Bluse, deren Ärmel extra für das Teheran-Gastspiel verlängert worden waren, sodass sie die Hände bis zu den Fingern verdeckten. Darüber ein Sakko, dicke Socken – von mir war wirklich nur das Gesicht zu sehen.

Wieder begann ein Geschrei der Moralwächter, das Peymann und ich mit Geschrei beantworteten. Ich durfte in diesem Kostüm auf die Bühne. So ging ich fünf Minuten, bevor sich der Vorhang hob, als Courage den Gang entlang Richtung Bühne, als das nächste Gezeter anhob: Ich trug die Perücke der Courage. Doch mit Haar auf dem Kopf darf nicht gespielt werden, es muss bedeckt sein. Punkt.

Die Nerven zum Zerreißen gespannt, erklärten wir, das sei eine angeklebte Perücke, eine Perücke habe bekanntlich Haare, meine eigenen seien darunter und nicht sichtbar. Die Männer blieben stur, Haare jeglicher Art auf Frauenköpfen haben unsichtbar zu sein. Was jetzt?

Peymann ging mit mir zurück in meine Garderobe. Wir hielten Kriegsrat. Doch abreisen? Nicht spielen?

Es lief dann so: Die Maskenbildnerin löste die Perücke wieder ab, mein Garderobier Andreas zerschnitt einen schwarzen Nylonstrumpf und zauberte daraus eine Kappe, meine eigenen blonden Fusseln wurden mit Haarklemmen geschneckelt, darauf stülpte er die Strumpfkappe. Ich bekam frischen Mastix, das ist ein Perückenkleber, auf die Haut geschmiert und ging mit der Perücke in der Hand auf die Bühne. Der Vorhang hob sich, und ich klebte mir selbst ohne Spiegel vor dem Publikum die Perücke auf die Strumpfkappe, darauf setzte ich dann den Hut. Ein ungewöhnlicher Start für eine Courage, eine ungewöhnliche Aufregung vor einem Auftritt, aber Zorn und Fassungslosigkeit setzen bekanntlich ungeahnte Kräfte frei.

Als ich in einem Bild meinen Sohn Eilif in den Kriegswirren wiederfand, stürmte ich wie gewohnt auf Winfried Goos zu, stoppte meinen Lauf aber kurz zuvor mit ausgebreiteten Armen. Lacher im Publikum, man ahnte wohl, was mich bewogen hatte zu bremsen.

Beim Applaus fassten wir uns an den Händen, ließen uns dann aber schnell los, als hätten wir uns an heißen Kartoffeln verbrannt. Auch diese Geste quittierte der Saal mit dröhnendem Beifall.

Trotz all der Querelen wurde es eine kraftvolle, freche, erfolgreiche Vorstellung. Sie wurde ausgezeichnet mit ersten Preisen für die Inszenierung und für uns Darsteller.

Ahmadinedschad hat die Hoffnungen des iranischen Volkes auf Öffnung und Liberalisierung vorläufig erstickt. Doch ich denke, dass wir mit unserem Gastspiel ein Zeichen gesetzt haben.

Noch eine Auszeichnung wurde mir zuteil. Ein Sponsor des Festivals, ein Scheich, bot mir an, seine vierte Frau zu werden. Ich solle ihn unbedingt besuchen, er würde mich gut behandeln. Jeden Tag saß er im Hotel und wartete auf mich, er schenkte mir seine Lieblingsgebetskette und hoffte.

Ein Lichtblick war für mich die Begegnung mit dem damaligen Leiter des Teheraner ZDF-Studios, Ulrich Tilgner. Nach einem Interview zeigte er mir die Schönheiten dieser Stadt, die Parks und Moscheen, erzählte einfühlsam vom Alltag der Menschen. Er hat meinen Zorn auf dieses Land ein wenig gemildert.

Brasilianische Begegnung

Auf jedem Fleckchen dieser Erde lebt mindestens eine beseelte Person, die für das Theater glüht. In Porto Alegre, einer Millionenstadt in Brasilien, fast an der Grenze zu Uruguay gelegen, ist das Eva Sopher. Sie war über sechzig Jahre alt, als sie ihren Lebenstraum verwirklichte und das in portugiesischem Barock erbaute Theatro São Pedro restaurieren ließ. Nun, mit fast neunzig Jahren, erfüllte sie sich einen weiteren Traum und lud das BE mit der *Mutter Courage* anlässlich eines Festivals in ihr Theater ein.

Im September 2012 flogen wir nach Brasilien. Meist reisen wir in drei Gruppen: zuerst die Techniker-Crew und der Bühnenmeister, dann die Hauptdarsteller und die älteren Kollegen, zuletzt die anderen Ensemblemitglieder. Die Techniker hatten Pech, denn das Kabinenpersonal der Lufthansa streikte, sie mussten den Zug nach Frankfurt nehmen. Dann landeten sie wegen einer Sturmwarnung nicht in São Paulo, sondern irgendwo anders. Sie waren 25 Stunden unterwegs. Wir nur 17 Stunden: Berlin – Frankfurt am Main – São Paulo – Porto Alegre. Drei Starts und drei Landungen, dreimal Wasserflasche leeren und neu füllen, weil man keine Flüssigkeiten durch die Kontrollen mitnehmen darf. Da weiß man, was Wasser wert ist. Und dreimal die bange Frage: Landet mein Gepäck mit mir?

An einem Montag flogen wir los, am Dienstagvormittag kamen wir an, Mittwoch und Donnerstag Probe, am Abend die erste Vorstellung, Freitag und Samstag zwei weitere, Sonntagmittag Rückflug, Montagabend Landung in Berlin. Von dem Reiz, den einst Gastspiele in fernen Ländern ausmachten, ist wenig übrig geblieben. Zeit ist Geld, das Geld überholt uns.

Eigentlich war nicht ich in Brasilien, sondern nur meine Mutter Courage. Porto Alegre, was »fröhlicher Hafen« heißt, soll die beste Lebensqualität aller lateinamerikanischen Großstädte bieten? Ich konnte es nicht überprüfen. Es soll einer der Austragungsorte der Fußballweltmeisterschaft 2014 sein? Meinetwegen. Das Theatro São Pedro liegt mitten im reizvollen Zentrum. Ich habe kaum etwas davon gesehen.

Wir präsentieren uns, aber wir erfahren wenig von unseren Gastgebern und ihrem Land. Wir atmen erst im Flieger aus und erzählen zu Hause mehr von unseren Erschöpfungen als von den Abenteuern.

Meistens werden Bühnenbild und der Wagen Wochen vorher mit dem Schiff vorausgeschickt, dieses Mal flog alles als Frachtgut mit.

Da die Bühne des Theatro São Pedro wesentlich kleiner ist als die im BE, bauten unsere Techniker dort eine kleinere Scheibe, die sie auf die Bühne montierten. Der Wagen und zwei Häuserwände nahmen fast den ganzen Raum ein, somit gerieten meine Wagenfahrten kürzer, und es war viel komplizierter zu rangieren.

Eigentlich begeht man zu Beginn eines Gastspiels die Bühne, prüft die Arrangements und Auftritte, die Möglichkeiten der Umzüge – also alles Organisatorische, dazu die Garderoben und die Wege. Mehr nicht.

Im Gastland beginnt Claus Peymann meist nur eine »kleine« Probe. Hört er einen falschen Ton, bemerkt ein verändertes Arrangement oder entdeckt eine Nachlässigkeit, geht es los. Er fordert ab, reglementiert, übt, spornt an, lobt, tadelt, schreit, und alles schwitzt, rennt, stöhnt und spielt. Mit seinem Perfektionismus treibt er uns an die Grenze unserer Belastbarkeit. Diese Erschöpfung schon vor der ersten Vorstellung bringt jeden Schauspieler in bedingungslose Wut, die letztendlich Kreativität freisetzt – also man wird besser. Darauf setzt er, und der Erfolg gibt ihm recht.

Am meisten aber interessierte mich Eva Sopher. Schon in Berlin sprach man voller Hochachtung über diese außergewöhnliche Frau.

Wie ich hörte, war Claus Peymann ihr nur kurz begegnet. Er hatte sie dem Ensemble nicht vorgestellt. Vielleicht bittet man die Prinzipalin nach unserer ersten Vorstellung auf die Bühne, hoffte ich. Vergebens. Auch danach, als für die Schauspieler ein Essen in einem Restaurant arrangiert worden war, kam sie nicht. Ich begann, mich zu sorgen. Wo war sie, diese Prinzipalin?

Vor der zweiten Vorstellung machte ich mich im Theater auf die Suche nach Eva Sopher.

Im Keller des Theaters gibt es ein kleines Museum, das die Phasen der Restaurierung des unter Denkmalschutz stehenden Theaters zeigt, dazu Ehrungen für Eva Sopher. Eine junge Frau, die mich durch die kleine Ausstellung führte, erzählte, dass zwar Eva Sophers Eltern mit ihr und ihrer Schwester Deutschland 1937 verlassen konnten, da war Eva vierzehn Jahre alt gewesen, dass aber viele Familienmitglieder und Freunde in Konzentrationslagern umgekommen seien.

Und plötzlich stand sie vor mir: eine kleine Dame, ebenso groß oder so klein wie ich, mit schlichter Eleganz gekleidet und dem schönsten Lächeln. Sie hat das bestimmte Auftreten einer Chefin, aber ungeheuer warme braune Augen. Offenbar ist sie so eine Theatermutter, wie die Weigel eine war, trotz ihres Alters unermüdlich. Derzeit beaufsichtigte sie den Ausbau eines zweiten Theaterflügels.

Nach der dritten Vorstellung klopfte sie an meine Garderobentür. »Das wird zu den größten Erlebnissen in dieser Stadt gehören«, sagte sie, »die *Courage* vom Berliner Ensemble ist der Höhepunkt für eine ganze Generation. Ich war in allen drei Vorstellungen, Sie haben mich berührt und gerührt!« So stand es dann auch in etlichen Kritiken.

Eva Sopher umarmte mich lange wortlos. Leider hatte ich kein portugiesisches Wort des Dankes zur Verfügung, aber sie sprach sehr gut Deutsch. Sie schenkte mir ein Buch über ihr Theater mit einer wundervollen Widmung. Ich sah darin ihr Porträt in Bronze und Gedenktafeln für sie – und sie stand so vital vor mir, ich war überwältigt von der Kraft dieser Frau, mit der sie ihre Lebensträume verwirklicht hat. Und zugleich war ich unglaublich beschämt. Wir eilen von Stadt zu Stadt, von Erdteil zu Erdteil, doch wir nehmen uns keine Zeit mehr für die Menschen. Wir hatten für diese Abende bis zum Umfallen geprobt, mit Jetlag, mit Hunger, mit Lust und Verzweiflung – aber diese kleine Geste, jemanden zu begrüßen, jemandem zu danken, die hatten wir einfach vergessen. Ich danke ihr an dieser Stelle, auch wenn Versäumtes nicht nachzuholen ist.

Proben gibt es eben nur auf der Bühne, nicht im Leben.

Epilog

Jeden Tag höre ich in den Nachrichten Meldungen, die am nächsten Tag bereits dementiert oder korrigiert oder aktualisiert oder ignoriert werden. Die Medien lügen, verschleiern, plustern Nichtigkeiten zu großen Geschichten auf – doch kein Rauch ohne Feuer.

»Es ist schwer, die Wahrheit zu sagen, denn es gibt zwar nur eine, aber sie ist lebendig und hat daher ein lebendig wechselndes Gesicht.« Das steht irgendwo bei Franz Kafka.

Jetzt habe ich meine Wahrheit aufgeschrieben, habe mich auf mein Gedächtnis verlassen, auf Rezensionen, Briefe, Glückwünsche, auf eigene Aufzeichnungen. All das kann bei einem anderen Menschen natürlich andere Bilder erzeugen, jeder Kollege kann eine andere Sicht auf das Geschehene und Geschilderte haben. Die Erinnerungen, von Erfahrungen gestützt und von Wünschen begleitet, sind eingefärbt, manches Mal sehr bunt, manchmal aber auch schwarz.

Ich habe die DDR bewusst erlebt, und ich lebe nun in der Bundesrepublik Deutschland. Die DDR will ich nicht zurückhaben. Ich war weder Mitläufer noch rote Socke, aber immer ein links denkender Mensch, der sich politische Weitsicht zu verschaffen suchte. Denn wenn ich rechts denke, bin ich falsch.

Brecht hat einmal gesagt, »Glück ist Hilfe«. Ich hatte großes Glück im Leben. Ich konnte und kann das tun, worauf ich Lust hatte und noch immer habe: Theater spielen, Filme drehen, Bilder malen, lesen, mit Freunden feiern und lachen und eine verrückte, liebende Mama sein, bis der Vorhang fällt.

Bildnachweis

Ute Eichel (S. IX unten links)
Susi Haas (S. XI unten)
Ingrid Handel (S. VIII oben)
Conny Klein (S. XIV oben)
Ute Kranich (S. III unten)
Stephanie Kulbach / Moovie (S. XIV unten)
Tassilo Leher (S. VI oben)
Martin (S. XVI oben links)
Helga Paris (S. IV unten links, S. V oben)
Monika Rittershaus (S. I, S. X unten, S. XI oben)
Vera Tenschert (S. VIII unten rechts, S. IX oben)
Peter Ziesche (Seite 6 / 7, S. XVI unten)
© DEFA-Stiftung / Siegfried Skoluda (S. VI unten)
© DEFA-Stiftung / Waltraut Pathenheimer (S. VII)
Masken Berliner Ensemble (S. XII und XIII)

Nicht in allen Fällen konnten wir die Urheber der Fotos ermitteln. Berechtigte Honoraransprüche bleiben gewahrt.

Claudia Wenzel

Mein Herz ließ sich nicht teilen

Eine Wendegeschichte

*»Wäre ich vor 1989 bei irgendeiner Gelegenheit
im Westen geblieben, dann hätte ich nie gewusst,
wann ich meine Familie, meine Freunde wiedersehen kann.
Das hätte mir das Herz zerrissen,
und das ließ sich nicht teilen.«*

Bei Gastspielen in der Bundesrepublik Deutschland hatte Claudia Wenzel zahlreiche Möglichkeiten, im Westen zu bleiben – und dennoch kehrte die Schauspielerin stets in ihre ostdeutsche Heimat zurück. Gleichzeitig beunruhigten sie die politischen Zustände in der DDR zunehmend, bis der Mauerfall endlich die langersehnte Befreiung brachte.

Claudia Wenzel erinnert sich an die Wendezeit, die sie und das ganze Land nachhaltig geprägt hat. Sie denkt zurück an ihr Leben in der DDR, an ihre Zerrissenheit und wirft einen Blick auf das wiedervereinigte Deutschland.

KNAUR